U0604370

天命之争

中国历史上的统一与分裂

朱 磊◎著

九 州 出 版 社 | 全国百佳图书出版单位
JIUZHOUPRESS

图书在版编目（CIP）数据

天命之争：中国历史上的统一与分裂 / 朱磊著. --
北京：九州出版社，2019.5
ISBN 978-7-5108-8149-7

Ⅰ．①天… Ⅱ．①朱… Ⅲ．①中国历史－通俗读物
Ⅳ．①K209

中国版本图书馆CIP数据核字(2019)第119748号

天命之争：中国历史上的统一与分裂

作　　者	朱　磊　著
出版发行	九州出版社
地　　址	北京市西城区阜外大街甲 35 号（100037）
发行电话	(010)68992190/3/5/6
网　　址	www.jiuzhoupress.com
电子信箱	jiuzhou@jiuzhoupress.com
印　　刷	三河市九洲财鑫印刷有限公司
开　　本	787 毫米 ×1092 毫米　16 开
印　　张	22
字　　数	320 千字
版　　次	2019 年 7 月第 2 版
印　　次	2019 年 7 月第 2 次印刷
书　　号	ISBN 978-7-5108-8149-7
定　　价	59.80 元

★版权所有　侵权必究★

目　录

序　言

　　本书是关于中国历史上国家统一与分裂的故事书。与该题材目前已有书籍的最大不同，是本书讲述了中国 6 个不同地区（江南、台湾、青藏、新疆、宁夏、云南）的国家统一故事，以及 3 个邻国（越南、朝鲜和蒙古）曾经与中国统一但后来分离出去的故事。

　　在讲述以上历史故事的过程中，本书力求体现以下特色：

　　一是视角的独特性。从国家统一的地域角度讲述 2000 年来的中国历史故事，改变历史故事的叙述视角，增强新鲜感和纵深感。

　　二是故事的趣味性。用故事化的叙述方式再现历史场景，以人物故事讲国家统独，将大部分历史上的官职、地名用现代称呼表述。

　　三是史料的可靠性。采用正史和主流文献资料，坚持历史人物和故事的真实性与可靠性，是有别于"戏说"的"正说"风格。

　　四是文字的简洁性。既不同于历史小说的细节想象描写，也有别于历史著作的繁密学术考证，是强调可读性的"历史科普读物"。

　　五是评论的谨慎性。本书以讲述故事为主，间或夹叙夹议，注重普及历史知识，历史规律及点评曲直交由读者评判和解析。

　　在讲述故事的过程中，本书遵循了以下观点与思路：

一、统一的特征

　　国家统一问题，从主张统一的政权角度看是统一与分裂的对立，而从反对统一的政权角度看是统一与独立的选择，这里"独立"和"分裂"实质上是一回事，本书采用统一与分裂的矛盾视角。

从历史的角度看，统一和分裂都是人类社会的组织方式，或组织方式的变化过程。在某地域范围内，存在一个最高权力中心即为统一；反之，若存在两个或两个以上的互不隶属的权力中心则各自独立，或称分裂。

以上是就某一历史时点的静态的横截面观察。动态观察，统一的过程是指在一定时期内，某地域范围由多个互不隶属的权力中心转化为具有一个最高权力中心的状态，反之则为独立或分裂的过程。

从统治集团的微观层面看，统一和分裂之争是一种关系到情感、荣誉、利益和欲望的权力之争；但从人类社会的宏观层面看，统一和分裂之争是人类对秩序和发展方式的选择。追求成为权力中心也许只是出于个人或党团的目的，但客观上却是人类文明进化的组成部分。

人类社会的文明进化，是从无序到有序的演进。自原始社会，人类为获取更多的自然资源更好地生存，会不断聚集，虽然处理人与自然关系的能力大大增加，但如何处理人与人的关系也面临越来越大的挑战，人类需要通过某种组织方式来有效协调人与人的关系，使人类社会由无序状态向有序状态演进，从而降低合作成本，增加合作效能。

于是政权产生了，并出现了统一和分裂，还有一些介于统一和分裂之间的模糊形式，例如朝贡体制。统一与分裂何者更有利于人类生存发展，及人类社会如何向有序状态演进，仍是人们必须思考的问题。

二、统一的益处

单纯从字面看，统一和分裂并不存在优劣的价值判断。但从经济学角度看，由于统一存在降低交易成本和实现规模经济的双重好处，哈耶克、布坎南、科斯等国际著名经济学家都认为统一优于分裂。从人类社会的发展历史角度看，从部落到城邦，从主权国家到全球范围的联合国组织，总体发展趋势也是由分裂走向统一。

虽然统一或分裂状态下都可能出现国泰民安的繁荣景象，也都可能出现民不聊生的暴虐政权，但从中国历史来看，多数时候统一状态更易出现和平安定的局面，有利于生产力发展和增进民众福祉。具体表现在政治、经济、社会、文化和生态五大方面：

一是统一状态更有利于和平安全。统一状态比分裂状态避免战争的概率更大，分裂状态下出于互相防范的需要，各政权均需保持相当的军队与国防开支，总成本高于统一状态，但和平稳定的程度却远不如统一状态。中国历史上几次人口快速增长均出现在统一时期，西汉人口由 2000 万快速增至 6000 万，盛唐则至 8000 万，北宋超过 1 亿，明朝接近 2 亿，清朝超过 4 亿。而分裂时期则多因战乱而出现人口骤减，如东汉末年至三国时期，人口骤减 7/8，全国只剩不足 800 万人；唐末至五代纷争，人口骤减 5/8，全国人口降至 3000 万以下。

二是统一状态更有利于发展经济。统一状态下较易清除人为的政策障碍，整合市场，便利自然资源与生产要素流动，充分发挥经济潜力；统一政权便于开展大型公共工程基础建设，可为民众提供更多的社会福利。灵渠与京杭大运河是秦、隋以统一政权的力量开凿而成，分裂时期即使有，如五代时吴越大兴水利，规模也多为中小型。[1]

三是统一状态更有利于民众融合。统一状态更便于民众往来，通婚通商，有利于增进相互间的感情与融合，消除敌意与对立。汉朝的统一局面融合出世界上最大的民族—汉族，而十六国时期的分裂局面却使民族矛盾尖锐化，乃至出现冉魏政权的"杀胡令"造成数百万胡、汉人民的死亡。武力统一的过程中可能会出现暂时的矛盾激化和生灵涂炭，但统一后随着矛盾平息，总体好于分裂下的持续杀戮。

---

[1] 葛剑雄：《统一与分裂——中国历史的启示》，中华书局 2008 年版，第 151 页。

四是统一状态更有利于共创荣耀。统一状态下的综合国力必然大于分裂状态下的各自实力，由此可以为人类社会做出更大贡献，并在此过程中享有更多的尊严与荣誉。秦汉、隋唐、明清等以统一状态为主的帝国阶段为后世留下繁荣强大的深刻印象，对世界的政治、经济影响也更优于春秋战国、三国两晋南北朝、五代十国等大分裂时期。

五是统一状态更有利于应对灾难。统一状态下发生天灾时可以大规模调动资源对受灾地区民众进行救助，或有组织迁移灾区民众。例如西汉初年全国暴发大面积饥荒，政府令饥民到蜀汉地区就食；汉武帝元狩三年（公元前120年）山东水灾，汉政府为救济70万灾民"费以亿计，不可胜数"；唐太宗贞观三年（629年）关中大霜，民无所食，朝廷"敕令道俗逐丰四出"，就食它地；明朝洪武至永乐的50多年间，为缓解灾情、解决人地资源配置问题进行了中国历史上规模最大、时间最长，范围最广的有组织、有计划的移民；清朝光绪二年（1876年）江北旱灾较重，政府令山东、安徽灾民渡江，"前赴苏、常就食者千万"；等等。史不绝书。

统一在现代社会还有提高国际地位、保障合法权益等优势。虽然分裂政权辖区相对较小，各地与政治中心的距离大大缩短，行政层次减少，理论上有提高行政效率的作用，但这种优势随着管理方式的改变和信息传递技术的进步完全可以在统一政权内实现。

三、统一的方式

统一的方式有和平自愿、武力威慑、军事战争三种主要方式。

和平自愿统一是一个政权自愿接受另一个政权的统治，或两个政权自愿合组新的单一政权。明朝建立后，明太祖朱元璋派人深入藏区招抚政教首领，包括元朝帝师在内的大批藏族首领归降明朝，并赴南京接受统一。清朝定都北京后，统治青藏的固始汗派其子赴京上书顺治帝，表示对清政府的谕旨"无不奉命"。清政府给固始汗送去金册金印，承认他统治藏族地区的汗王地位。西藏蒙古贵族与藏族宗教首领几乎年年遣使莅京，通贡不绝，清朝也厚给回赐。此外，清朝康熙年间外蒙古（喀尔喀蒙古）归附清朝中央政府属于和平自愿的类型，但这是外蒙古在被噶尔丹的准噶尔部击溃后做出的决定。

介于和平自愿与军事战争之间的统一方式是武力威慑，即一方在另一方的武力威胁下，和平但并不自愿地完成统一。中国历史上经常出现诸侯割据的形势下，当某一势力明显强大时，其他诸侯即可"传檄而定"，这就是武力威慑的力量。例如南唐曾在北宋强大的武力威慑下自动取消帝号，宋军攻取其都城南京后，南唐各地均传檄而定。此后吴越降宋更是如此。清朝康熙年间收复台湾时，清朝水师大败澎湖郑军后，郑军在台湾本岛的数量仍为攻台清军的近两倍。但以郑克塽和刘国轩为代表的郑氏集团已经无心再战，直接上表求降，台湾本岛在未进行军事作战的情况下与大陆和平统一。

通过军事战争完成统一的案例在中国历史上最为常见。战争有两种方式：一种是通过战争展示自身实力优势，使独立势力放弃分裂企图。如诸葛亮率蜀国军队南征平叛，对叛军首领孟获"七纵七擒"，叛军不仅心服，甚至为诸葛亮立有生祠，四时享祭，皆呼之为"慈父"。虽是通过战争，却能深得民心。另一种是通过战争彻底歼灭对方军力。典型的案例如秦国在运用军事手段恢复中国统一秩序的过程中，曾经坑杀赵国降卒 40 万，使赵国政权的军事实力无法恢复。再如清朝平定西北分裂势力的过程中，经过从康熙到乾隆近百年的用兵，最终以对漠西蒙古准噶尔部的大量杀戮解决统一问题。①

历史经验中军事战争在三种统一方式中最为常见。通过战争手段实现国家统一，不同于吞并或征服。统一是在某地域内恢复曾经同属一个权力中心的状态，吞并或征服则是原本不是一个权力中心合并成一个权力中心。二者的重要区别在于是否还原上一个历史阶段的政治地理版图。

---

① 〔清〕魏源：《圣武记》卷四，中华书局 1984 年版，第 11—12 页。据载：当地人 40% 死于瘟疫，30% 死于战争，20% 逃亡，10% 归降，"数千里间无瓦剌一毡帐"。蒙古族人在新疆衰亡导致此后其他民族在该地比重迅速增加。

世界范围内，一个权力中心的管辖范围主要有先占、征服、割让等方式确立，但古代与现代的游戏规则有所不同，其中以前常见的军事征服方式在现代国际法上是无效的。现代国际法中承认的变动方式包括民族自决、全民公决、收复失地、交换领土。[①] 与古代相比，现代社会在不排除战争和胁迫统一方式的同时，更重视以和平自愿的方式完成国家统一，这就需要弄清统一与分裂本质上是由什么决定的。

四、统一的条件

国家能否及以何种方式实现或保持统一，取决于"势、力、策"三方面要素：统一形势、政权实力和策略运用。统一形势是政治、文化、社会等方面的客观条件，政权实力指的是政权在经济、军事、人才等方面的硬实力，策略运用是政权对软、硬实力的运用方式。如果三方面条件均不满足，国家统一无法实现。在三方面条件基本满足的情况下，如果"势"最充分，则和平自愿统一实现概率较大；如果"力"最突出，则武力威慑或军事战争实现统一可能性较大；如果前两者势均力敌，"策"的运用得当也有助取得国家统一的胜利。

统一形势包括政权的政治影响力、统一意志力、文化凝聚力、社会控制力和民意向心力。这些内容虽然无法进行量化对比，但却客观存在，类似"软实力"。古代中国人历来相信"天命"，认为统治者的道德品质是决定政权兴亡的最重要因素。政权统治者是否具有公正、仁慈和真诚的美德，决定其是否有资格代表上天统治人民。说到底，"天命"就是政权被民众的接受程度，争取民众支持的"天命"之争本质上是政治影响力和民意向心力之争。当一个政权做到了政治清明、社会稳定、文化昌盛、四海归心，就具备了有

---

① 范宏云：《国际法视野下的国家统一研究——兼论两岸统一过渡期法律框架》，广东人民出版社 2008 年版，第 136 页。

利的统一形势，追求或确保统一就成为水到渠成、自然而然的事业。

政权实力包括经济、军事和人才等方面的实力，这些内容可以进行量化对比，是政权的硬实力。在统一与分裂的斗争中，具备实力优势的一方有更多的主动权和决定权。在没有外部政权介入统一和分裂的情况下，中央政权综合实力越强，地方政权自然受到的影响和控制也越强，当实力对比差距明显时，和平自愿与武力威慑的统一方式就可能会发生。同样，中央政权实力越弱，地方政权的分裂倾向越明显。但当某一地方政权实力足够强的时候，反而有可能由追求分裂转向追求统一，成为新的中央政权。

策略运用包括政权对统一的前期准备工作以及为实现统一目标采取的战术行动。策略运用的好坏不仅决定着统一目标能否实现，还必然直接影响到人民的生活方式与幸福程度。政权围绕国家统一进行斗争的客观效果，是追求更有利于社会发展和人民幸福的组织形式。

五、统一的案例

案例一：江南的统一。位于黄河中下游的中原地区是华夏文明的主要发源地。由于开发较早，历史上中原地区文明较周边地区发达，统治该地区的政权也往往成为中国的中央政权。随着长江中下游地区逐步得到开发，统一长江中下游也就成了中央政权必须面对的任务。秦灭楚、晋灭吴、隋灭陈、宋灭南唐、元灭南宋均成功统一江南，赤壁之战、淝水之战（前秦主力部队未至长江）、采石之战（金攻南宋）则是统一江南失败的案例。

从统一形势看，前五种成功情况均是在北方政权处于蓬勃发展的上升阶段、政权内部对统一战争充满共识和信心的形势下发动的统一战争；后三次战争则是在北方政权内部尚未达成发动统一战争共识的背景下进行的失败尝试。赤壁之战前贾诩等谋士劝说曹操不该在士卒疲敝的状态下急于与东吴开战；淝水之战前包括前秦天王苻坚最信任的弟弟、大将苻融在内的绝大多数将领均反对伐晋；金朝完颜兀术和完颜亮两次大举南下进行灭亡南宋战争期间，均有主战派与主和派的争斗。共识不足则政权意志力不强，统一的形势也就不够充分。

社会文化方面也是统一形势的重要内容。前秦攻东晋是中国历史上第一次由一个少数民族政权对长期拥有更先进文明的汉族政权发起的国家统一战争，此前近百年间北方地区胡汉之间的民族仇杀造成的民族对立尚未化解，东晋民众对异族政权的认同还远远不够，由此导致东晋军队保家卫国的斗志高昂。苻坚在形势不具备的条件下急于伐晋，失败就不是偶然的。此后经过200年的民族融合与适应，鲜卑成分浓重的隋政权以摧枯拉朽之势伐陈成功，统一南北。金朝攻南宋时也还没有得到汉地民众的政权认同，当时女真族文明程度远低于汉文明，原属北宋的中原地区刚被占领，统一的社会文化条件尚未具备。辽金300余年的少数民族统治加速了北方各民族的融合及汉人对少数民族统治的认同，为元朝蒙古政权入主中原奠定了统治基础。

案例二：台湾的统一。台湾是中国东南海疆的重要屏障，宋、元、明时期，中央政府在澎湖派兵驻防，元、明还设立澎湖巡检司，管理包括台湾在内的附近岛屿。明末清初，中国大陆政权更迭，亡明故臣退守台湾，与定鼎中原的清政权展开了跨越台湾海峡的统一和分裂较量，最终以郑氏的归降完成了版图的统一。

在清政权与郑氏政权的斗争中，清政权抓住了有利于己的形势，利用经济、军事及人才优势，最终确定"剿抚并用、以剿为主"的方针，运用正确策略完成台海统一。郑成功收复台湾4个月后病逝，同年清圣祖康熙继位，第二年清朝组建第一支海军并试图武力攻台，因遇台风而未果。此后康熙重视内政，剪除权臣，平定三藩，治黄河，通漕运，尊儒学，用汉臣，国家政局稳定，经济恢复，政治清明，民心归附，这就取得了有利的"势"。清廷利用这一形势开始重新规划统一事宜。此时台湾却政局生变，郑经一死其长子郑蝥即遇害，次子郑克塽继承王位，实权却旁落权臣。清廷敏锐把握时机，正确选用人才，以坚持武力平台且精通海战的明郑降将施琅为清军统帅，并赋予专征权，以灵活策略发动统一战争，并在取得澎湖海战胜利后采取怀柔政策，倾心安抚，秋毫无犯，乃使台湾本岛不战而降。

案例三：西藏的统一。西藏自元朝起纳入中央政权的版图；明朝中央政权继续对西藏实施管辖，但未派驻军进藏；清朝管辖西藏期间，蒙古准噶尔部从新疆突袭西藏，吞并整个青藏高原，清军入藏击溃准军后，建立了对西藏的直接统治，在拉萨设立了驻藏大臣，直接监督地方政权，留驻藏清军数千人，归驻藏大臣指挥。

几千蒙古骑兵长驱直入就能占领西藏，这在历史上出现过三次：1239年蒙古大汗窝阔台之子阔端率军征服西藏、1642年蒙古和硕特部首领固始汗率兵占领西藏、1716年蒙古准噶尔部首领策妄阿拉布坦发兵吞并西藏。原因主要是自从藏传佛教在西藏地区广泛传播，藏人便不再如吐蕃时期尚武，加之青藏高原生存条件艰苦，经济落后，人口稀少，交通通讯困难，如无外力，西藏实力难以支撑独立政权。

在维护西藏的统一和稳定的过程中，清朝中央政府是以实力为后盾，凭借对西藏僧俗首领的尊重与控制来影响西藏民心，也就是在"势"的方面加强藏区的民意认同。清朝通过尊奉藏传佛教、拨款修建寺庙、免征喇嘛赋税、差役和兵役等政策措施，与西藏民众建立了强有力的共同精神信仰，使西藏宗教领袖乐于配合中央对西藏的管辖。康熙五十五年（1716年）准噶尔军突袭西藏之所以势如破竹，很大程度上是准军利用西藏民众对拉藏汗更换达赖喇嘛的怀疑和不满。两年后（1718年）清军进藏也是以护送青海的六世达赖格桑嘉措到拉萨坐床的宗教名义出兵，并赢得西藏民众的欢迎和支持。

案例四：新疆的统一。新疆是占地160多万平方公里的中国西北边陲，古称"西域"，乾隆二十四年（1759年）改称"新疆"或"西域新疆"。清朝前期新疆地区发生清朝中央政府与准噶尔政权为主的分裂势力近百年的军事斗争，最终确保新疆保留在中国版图。

自噶尔丹、策妄阿拉布坦至阿睦尔撒纳的几代蒙古准噶尔部的首领，一心想以新疆为中心建立与清朝中央政府平起平坐的蒙古汗国，并时时有沙俄支持的背景，但清政府依靠强大的经济、军事实力武力平叛，确保了新疆与中央政权的统一。在此过程中可以发现：中央政权越稳定、统一意志越坚定，分裂的可能性越小。康熙统一立场坚定，与沙俄军事斗争结束、签署《尼布楚条约》后，立即对噶尔丹用兵，彻底消灭噶尔丹势力，新疆形势就趋稳；雍正放弃对吐鲁番地区的控制，从新疆撤兵，反使新疆分裂势力嚣张；乾隆再次展现坚定的统一态度，全力消灭不断制造分裂图谋的准噶尔政权，叛乱首领阿睦尔撒纳即使逃到沙俄病死也被清政府索回尸体，最终平息新疆的分裂活动，确定了统一格局。

从上述案例中还可发现以下几个现象：

其一，国家统一最终是由多数人的意志决定的。如果多数人有统一意愿，且代表多数人的政权有蓬勃的生命力、坚定的意志力、清明的政治和社会凝聚力，大体就具备了国家统一的有利形势。江南、台湾、西藏、新疆的案例均是人口较多政权统一人口较少政权。

其二，国家统一方式可以是多样的。案例中五次统一江南与清朝维护新疆统一虽都是通过战争实现，但仍可看出二者之间存在"攻心为主"与"攻地为主"的区别。清朝统一台湾时，澎湖战后台湾本岛不战而降，某种意义上也算是武力威慑统一。明初与清初统一西藏均为和平自愿方式，只有在外力介入时，中央政权采用军事手段维护西藏统一，康熙与乾隆分别派兵入藏击溃侵藏的准噶尔军和廓尔喀军。

其三，国家统一过程中策略运用非常重要。如在以战争方式进行统一的过程中，准备工作是否充分、战术制定是否正确对统一战争成败至关重要。以军事策略为例，北方政权发动统一南方的渡江战争时，能否在长江上游先取得胜利，往往影响到战争成败。三个失败案例都是在北军尚未控制长江上游的条件下发动的，而五个成功案例都是先取长江上游、共享制江权而后进行渡江统一战争才获得胜利的。秦国先据有巴蜀再渡江灭楚，西晋先有蜀汉再渡江灭吴，隋朝先有巴蜀才渡江灭陈，北宋先灭后蜀再渡江灭南唐，元朝不惜以蒙哥大汗阵亡的代价攻占四川后，才发动襄阳战役渡江灭南宋，这些历史经验显示出军事策略的重要性。

如选择和平自愿统一方式，能否建立和强化两个政权及两个地区民众的心理认同尤其重要。这种心理认同主要包括：

一是强调宗教与习俗方面的信仰认同，如明清和平统一西藏时充分展现对藏传佛教的信仰认同；

二是强调执政效能、制度与政策方面的政权认同，如北宋和平统一吴越时强调北宋政权的高效与强大；

三是强调文化与情感方面的民族认同，如南北朝时期控制北方的冉魏政权曾经想与南方的东晋政权和平统一，强调的是汉民族认同；

四是强调历史与地域方面的国家认同，如清朝与台湾郑氏谈判时康熙坚持台湾不能"独立"："朝鲜系从未所有之外国，郑经乃中国之人。"

六、民族的融合

国家会统一，也会分裂，但总体趋势是走向统一。与此相类似，民族会融合，也会分化，但总体发展是趋于融合。民族的融合有助于群体的进化和发展，新形成的民族往往具有更强的环境适应能力。历史上中华民族的形成与发展就体现出这样的规律。

当一些原始的部落聚集在一起，产生共同的语言及风俗习惯的时候，也就产生了民族（此处"民族"概念不同于有人将其定义的社会发展到资本主义时代的产物）。在中国历史的传说时代，大体有五大族群：发展水平最高的是位于黄河中游的炎黄族群，黄河下游及淮河流域则是东夷族群，黄河上游及华北地区分布着戎狄族群，长江中上游是苗蛮族群，长江下游沿海地区及岭南则是百越族群。这些族群内部还细分为若干民族。

禹（黄帝的玄孙）治水患、划九州、用青铜，标志着中原的主体民族——

夏族的逐步形成。历经夏、商、周三代，不断与四周的东夷、南蛮、西戎、北狄等民族融合，至春秋时期形成华夏民族，在先秦典籍中多称为"夏"或"诸夏"，又称为"华"或"诸华"（许倬云认为"华"与"夏"古语发音相同）。周朝"同姓不婚"的制度客观上鼓励民族融合，促进了周人800年的王朝统治和文明发展。

华夏民族不断融合周围的少数民族，使其成为具有蓬勃生命力的伟大民族。中国历史上的三个帝国时代（黄仁宇称其为秦汉帝国、隋唐帝国和元明清帝国），其开创者都有少数民族色彩，民族融合为国家强盛、社会繁荣、民族发展和文明演进注入了绵绵不绝的新鲜血液。

秦国本是少数民族犬戎的一支，而非"诸夏"。西周时期秦地长期与西戎杂处交战，因秦嬴（大骆）为周孝王养马有功，受封立国，并赐姓嬴。后秦襄公在反击犬戎时作战有力，并派部队护送周平王有功，被封为诸侯，秦国自此逐步由戎狄之国融入诸夏。商鞅变法后秦国实力后来居上，不但兼并了周围的少数民族，还消灭和融合"诸夏"，一跃成为华夏民族的骨干和核心。

华夏民族统一于秦王朝，改称为"秦人"，西域各国就有称华夏民族为"秦人"的习惯，有西方学者认为中国的英文名称China源于"秦"的音变（一说是辽王朝时"契丹"的音变，"契丹国"意为"大中国"）。秦亡汉兴，国势强盛，在对外交往中，其他民族称汉朝的军队、使者、人民为"汉兵""汉使""汉人"。

秦汉以降，汉民族以世界历史上独一无二的稳定性、少有的凝聚力和吸引力，不断在民族融合中发展壮大，人口不断增加，最终发展成为世界第一大民族。众多周边少数民族在与汉族接触的过程中逐渐失去本民族特征，成为汉族的一部分。

魏晋以后汉族政权南迁，中国北方由不同少数民族交替统治，极大地促进了民族融合，当时最强大的匈奴、鲜卑、羯、氐、羌五个北方主要少数民族后来基本都失去了原有的民族特征，融合到其他民族。

南北朝时期，北方鲜卑族的崛起对中国产生深远影响。鲜卑族发源于大兴安岭（"兴安"与"西伯利亚"皆为"鲜卑"的音变），属东胡的一支。战国时期北方少数民族有两强：西为匈奴，东为东胡。匈奴分裂后，南匈奴附汉，北匈奴西迁，留在漠北的 10 余万匈奴人并入快速成长中的鲜卑，鲜卑日益强大，鲜卑族建立的北魏政权统治中国北方达 140 余年。

北魏政权几经演变被隋政权取代，开国皇帝隋文帝杨坚家族有鲜明的鲜卑族色彩：杨坚祖辈世代在鲜卑族的北魏政权为官，是鲜卑化的汉人，其父被赐姓普六茹，其妻独孤氏为鲜卑人。隋亡唐兴，开国皇帝唐高祖李渊的母、妻也是汉化的鲜卑人。隋唐两朝的达官显贵有很多鲜卑人，仅宰相就有 20 余位鲜卑人。因此唐太宗说："自古皆贵中华贱夷狄，朕独爱之如一"，"王者视四海如一家"，唐朝少数民族的名将显贵也不胜枚举。

五代乱世以后，中国进入南北对峙的两宋时期。宋朝是汉族人政权，中国北方的辽朝是契丹人政权，金朝是女真人政权。契丹族发源于辽河流域，根据当代相关的古人遗骸 DNA 研究，契丹人与鲜卑人遗传距离最近，[1] 契丹可能源于鲜卑。女真族早先主要生活在黑龙江流域，"女真"的意思为"捕狍子的人们"。金灭辽后将契丹人也称为汉人，元灭金后将北方的汉人、契丹人、女真人统统称为汉人。

开创元朝的蒙古族源于东胡，也称"狄历""丁零""敕勒"（也有人认为源于鲜卑或契丹，或为新兴民族）。东胡被匈奴击败后东迁，后在南北朝时期于漠北建立柔然王朝（北朝称其"蠕蠕"，南朝称其"芮芮"），呈三足鼎立之势，与统治中国北方的北魏政权多次交战。柔然后被突厥击败，一支逃到外兴安岭地区，成为蒙古人的祖先之一室韦（一说室韦与鲜卑为同一民族 Sirbi，室韦山即鲜卑山）。铁木真建立了蒙古族的统一政权，至其孙忽必

---

① 　许月：《辽代契丹人群分子遗传学研究》，吉林大学博士论文，2006 年。

烈完成灭南宋建立元王朝的历史业绩。元朝实行的四等人制的民族分化政策常为后人诟病，但如果我们看到早先蒙古人的对手金朝和宋朝也是实行民族等级政策，就不难理解一个长期受歧视的民族强大后以其人之道还治其人之身的做法。当然这种民族等级政策肯定是错误的，尤其不利于民族融合。

明朝创始人朱元璋一般认为是汉族人，也有人研究他是回族人[①]，不过朱元璋周围以回族人为代表的少数民族亲人将领众多，原配马皇后、义子沐英、悍将常遇春、胡大海、蓝玉等均为回族人，后来的郑和、海瑞、铁铉等人也是回族人。

清朝是满族人创建的政权。"满族"也称"满洲族"，这是一个长期居住在白山黑水一带的历史悠久并不断与其他一些民族融合的民族，先秦称"肃慎"，汉代称"挹娄"，南北朝称"勿吉"，隋唐称"靺鞨"，辽代以后称"女真"或"女直"，直到清朝的第二代皇帝皇太极才称为"满洲"。满族人统治中国近 300 年，满汉民族融合过程中出现了强盛繁荣的"康乾盛世"，奠定了当今中国的辽阔版图。

"中华民族"的概念产生于 19 世纪末 20 世纪初的社会大变革时代。梁启超在 1902 年《论中国学术思想变迁之大势》一文中最早提出"中华民族"的概念，他在 1905 年《历史上中国民族之观察》一文中表示："今之中华民族，即普遍俗称所谓汉族者"，它是"我中国主族，即所谓炎黄遗族"。后来"中华民族"的内涵扩大，被引申为在中国境内接受中华文化的各民族的统称，并被社会各界逐渐接受，于是"中华民族"成为中国 56 个民族所组成的共同体的代称。

值得一提的是，在后来外蒙古独立的过程中，"中华民族"成为反对国家分裂的重要旗帜。1913 年初，针对外蒙古的分裂叛国行为，内蒙古西部

[①] （台）马明道：《明朝皇家信仰考初稿》，"中国回教文化教育基金会"印行，1973 年。白寿彝《中国伊斯兰史纲要》（1946 年）有脚注提到"父老相传，明太祖原是回回；建文帝的出走，系赴天方朝觐"。

22 部 34 旗王公在归绥（今呼和浩特）通电全国申明："数百年来，汉蒙久成一家，我蒙同系中华民族，自当一体出力，维持民国。"这是第一次在政治文件中，少数民族代表人物共同决议宣告自己的民族属于"中华民族"。当时的中华民国总统袁世凯，致书库伦活佛哲布尊丹巴写道："外蒙同为中华民族，数百年来，俨如一家。"

中华民族与中国国家版图一样历经分分合合，与中华文明一道历经起起落落。在历史的长河中观察，人类社会的发展趋势是由无序走向有序，由分散走向统一。世界必将走向融合。中华民族和中国有理由在这一过程中肩负历史使命，承担更大责任。中华文明在世界文明的历史上以其长期性、完整性、稳定性、开放性、包容性等特点而与众不同。中国传统政治中的"和而不同"的天下主义精神、儒家文化中的"修身齐家治国平天下"的人文主义价值观、道家思想中的"天人合一"的和谐哲学，都使中国有条件引领世界走向文明融合、秩序井然与永久和平。当然，人类发展的历史具有阶段性。在当前历史阶段，中国首先要完成的历史任务，是实现国家统一与民族复兴。只有在自身的政治、经济、社会、文化、军事等方面取得举世瞩目的辉煌成就，才能成为引领世界文明走向天下和谐有序的楷模与典范。

本书所提出的国家统一分析框架还相当粗浅，需要不断充实完善。如果本书能够在历史的浪花中拍摄到真切的一瞬，让读者感觉值得一读，也就得偿所愿。受个人学术水平和涉猎资料所限，本书如有不准确之处还请读者批评指正，文责自负。

朱磊

2013 年 3 月于北京

天堑之叹——江南的故事

位于黄河中下游的中原地区是华夏文明的主要发源地。由于开发较早，历史上中原地区文明较周边地区发达，统治该地区的政权也往往成为中国的中央政权。三国两晋以后，长江中下游地区逐步得到开发，经济重心逐渐南移，统一长江中下游也就成了中央政权必须面对的任务。然而江河水道常常是北方骑兵统一进程的天然障碍，跨越天堑成为中原政权能否实现南北统一的关键。秦灭楚、晋灭吴、隋灭陈、宋灭南唐、元灭南宋均是统一江南成功的历史案例，赤壁之战、前秦攻东晋、金朝攻南宋是统一江南失败的案例。

南京阅江楼

鼎足归一

临江仙

滚滚长江东逝水，浪花淘尽英雄。

是非成败转头空。

青山依旧在，几度夕阳红。

白发渔樵江渚上，惯看秋月春风。

一壶浊酒喜相逢。

古今多少事，都付笑谈中。

这首由明代文学家杨慎所作《廿一史弹词》中的一段开场词，被小说《三国演义》放在卷首，与三国的故事一起，传唱后世，耳熟能详。我们的故事，也就从江南地区开始被大规模开发的三国讲起。

东汉末年，天灾频繁。除水灾、旱灾外，蝗灾多发，最严重的一次波及整个长江以北的中原地区。草原鼠疫等瘟疫伤寒盛行多年，当时非正常死亡者"十居其七"，于是有了东汉末年医圣张仲景的横空出世，写出了流芳百世的《伤寒杂病论》。此外，地震连连，波及甚众，汉朝官员（尚书郎、太史令）张衡也由此研究发明了早于西方1700多年的世界上第一架测定地震及方位的地动仪。

多灾多难引发政治动荡，流民四起，战乱频仍，死者枕藉。中国人口由黄巾起义时的5500万（汉灵帝光和七年，184年）骤降至三国建立前的1500万（汉献帝建安二十二年，217年），全国人口锐减了70%。三国时全国总人口仅约 1000 万，不足当今北京市人口的半数。

变乱蜂起导致群雄并立。天下逐鹿，政权归于谁手？从黄巾起义（184年）到赤壁之战（208 年）的 24 年，大体形成了以曹操、刘备、孙权为代表的三个主要势力集团，后来分别建立了魏（220 年）、蜀（221 年）、吴（222年）三个政权，延续了 426 年的汉朝被三国取代。

为巩固实力，争夺天下，三国时期各政权均重视招揽人才，发展生产，人口和土地规模最大的魏国经济军事实力日益领先，40 多年后灭亡了实力最弱的蜀国（263 年）。魏国随后祸起萧墙，内部政权更迭，由司马氏建晋。晋国最终灭吴完成国家统一（280 年）。

回顾东周时期，三家分晋，开启了战国时代（史学界将其作为中国封建制度的开端）。683 年后，三家归晋，中国结束了三国时代，复归天下一统的格局。没能完成国家统一，而是交给了司马氏建立的西晋政权？

司马氏夺权篡位

灭亡魏国、建立晋国的奠基人是司马懿。他很擅长权谋。在他年轻时就在当地颇有名气。曹操令其出来做官，他可能是当时看不准政治形势，瞧不起曹操，或者想沽名钓誉，就以中风（风痹）为名推托不就，说自己下不了床。曹操命人晚上偷偷到他家里侦察，司马懿早料到这手，硬是挺在床上整夜不动，以示自己真的四肢麻痹了。[①]

---

① 《晋书·帝纪第一·宣帝》。

曹操像

唐代阎立本所绘的《历代帝王像》，描绘了从西汉至隋朝十三个皇帝的形象，此图为魏文帝曹丕。

当然，这种理由只能瞒得了一时。后来曹操又让人催他出来做官，并传话说"不做官，就坐牢"，司马懿只好在曹操手下做了个不太重要的官。对曹操的治国方略和军事战术多有建言，很多未被采纳。

司马懿的建议显示出其独到的眼光，如蜀国大将关羽水淹七军、大败曹兵时，曹操因都城许昌距离前线过近想迁都，司马懿极力反对，并分析吴蜀的矛盾，认为令孙权出兵袭击关羽后方是可行的。曹操用其策，果然关羽溃败，曹军解围。此前司马懿曾警告说魏境的两个边将不称职，应该撤换，曹操不听，结果关羽进攻时两将果然降蜀。

司马懿像

曹操长子曹丕继位不久后废汉称帝，司马懿因早就是曹丕的人而受到重用，并开始掌握曹魏兵权。曹操生前曾对曹丕说"司马懿是不会甘心做臣子的"[1]，曹丕不但对司马懿百般保护，还将其作为托孤重臣。曹丕之子曹叡（ruì）继位后，与司马懿彼此信任，司马懿也在此期间率军东征西讨，灭辽东，平鲜卑，败诸葛，在曹魏朝野树立了极高的威望，并在曹叡临终前再一次成了托

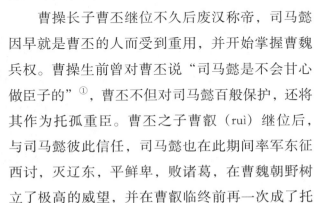

---

[1] 《晋书·帝纪第一·宣帝》。

孤大臣。

后来曹氏宗族意识到司马懿的能力和声望对曹家政权产生威胁，就刻意削夺了他的兵权。受到排挤的司马懿赋闲在家，但暗中为发动兵变做准备。曹氏派人以上任辞行为由侦察司马懿的动静，时年 70 岁的司马懿假装老病，听不清来者的话，拿衣服掉在地上，喝粥时洒满前胸，于是来者回去报告说司马懿已是快死的人了，不必担心。

第二年春天魏帝离开洛阳扫墓时，司马懿发动兵变，占领洛阳，挟持太后，要求废除对手兵权。洛阳城内有能力平叛的将士因看不清形势保持观望。魏帝与曹氏大臣当时并不在司马懿手中，本可号令全国起兵讨逆，但慑于司马懿的威名不敢与之对抗。在司马懿发誓不会伤害对手的前提下，以曹氏大臣的投降结束了这场争斗。但司马懿最后还是将曹氏大臣及亲信杀光。在后来的各种平叛事件中，常常使用欺骗对手相信自己，再突然出兵、得胜后诛灭三族的手段消灭对手。

司马懿死时 73 岁，虽未称帝，但已为灭亡曹魏奠定好基础。司马懿两个儿子先后把持曹魏大权，次子司马昭主政期间，魏国消灭了一直做北伐努力的蜀国，三国只剩魏、吴两国。55 岁的司马昭因中风（其父司马懿曾几次诈称中风）猝死后，30 岁的长子司马炎继承晋王之位，数月后（265 年）逼迫魏帝禅让，称帝建晋。

晋国灭亡吴国的统一战争逐渐拉开。从气势上来看，蜀国被灭后，司马氏立即着手灭吴的战争准备，而吴国朝野则大多放弃了"争天下"的想法，晋、吴之战成了晋国谋求统一、吴国力争偏安的统独之战。

中国历史上偏安东南的割据政权总是习惯依赖长江作为防守天堑，这条中国最长的大河横贯东西把中国划为南北两大地理区块，却很难真正阻挡国家统一的步伐。

孙仲谋晚年昏聩

孙权在江东建国称帝是东汉末年的一个政治奇迹。汉朝延续400余年，在当时华夏民众心里的正统性很难替代。曹操以"匡扶汉室"为名挟天子以令诸侯，刘备以"天子皇叔"的名义继承汉统，都有政治上的优势，唯有孙权，凭借父兄基业，选贤任能，在赤壁北退曹操，于夷陵西败刘备，而后竟能称帝江东，鼎足三国。

孙权虽无攀附汉朝的政治优势，但依靠英明识才、果敢用人，保住了东吴政权：先后用鲁肃

孙权像

而有帝业之想，用周瑜而有赤壁之胜，用吕蒙而有荆州之得，用陆逊而有夷陵之功。

其兄孙策临终前曾评论孙权："举江东之众，决机于两阵之间，与天下争衡，卿不如我。举贤任能，各尽其心，以保江东，我不如卿"。孙权文武双全，喜欢射虎，曾经被虎咬伤坐骑，从马上摔下来，用双戟与虎搏斗，最后在侍卫的帮助下杀死了老虎。因此后来苏轼有名句："亲射虎，看孙郎。"

然而孙权晚年却日益保守昏聩，疏远贤臣，不听劝谏，多疑嫌忌，果于杀戮，造成君臣离心，宗室不和，东吴开始衰败。

魏国的辽东太守公孙渊派使者向孙权称臣，作为吴国皇帝的孙权对此很得意，打算派遣使者和军队赴辽东支援。文武大臣都极力反对，认为这是公孙渊的计谋。孙权不听群臣所劝，坚持派了使者和将领前去，果然上了当，公孙渊杀了孙权派去的使者。

在这件事中，辅命老臣张昭苦心相劝而孙权不从，张昭一气之下称病在家。孙权闻知竟命人弄来泥土，将张昭家的门口堵住。张昭气愤之余，也让家人从里边也用泥土堵住。另一个吴国功臣陆逊因不支持孙权废长立幼，其

亲属被处罚流放，孙权还多次遣使责骂陆逊，导致陆逊忧愤而亡。

孙权晚年不仅对大臣缺乏信任，更糟糕的是私心过重，行事欠妥，皇室内部不和。对吴国真正的开国奠基人孙策，孙权称帝后并未追谥其帝号，对孙策的子嗣和自己的弟弟们也相当冷遇，只对自己的儿子们晋爵封王，又冷热不均，废长立幼，最终自相残杀。

孙权共有七个儿子，长子（孙登）做了几年模范太子，但与二子均早逝。三子（孙和）被立为太子，本也不错，可孙权又更喜欢四子（孙霸），造成三子与四子周围各有一批文臣武将依附，展开权力争夺。孙权无法平衡两派，最后废掉三子，赐死四子，而立七子为太子。

七子孙亮自幼聪慧，继位时年仅10岁。一次，孙亮想要吃生梅子，就吩咐黄门官去库房把浸着蜂蜜的蜜汁梅取来。这个黄门官和掌管库房的库吏素有嫌隙，他从库吏那里取了蜜汁梅后，悄悄找了几颗老鼠屎放了进去，然后才拿去给孙亮。孙亮发现蜂蜜里面有老鼠屎，果然勃然大怒，黄门官忙跪奏诬告库吏所为。孙亮马上将库吏召来审问，黄门官和库吏两人争执不下，侍臣建议将两人一起治罪。孙亮叫人当着大家的面把鼠屎切开，鼠屎外面湿润，里面干燥。孙亮由此判断出鼠屎是黄门官刚放进去，查出真相，惩治元凶。

后来孙亮因不甘受人摆布，被奸臣废黜后，在流放途中遇害。六子（孙休）继帝位，在其任内蜀国被魏国所灭，吴国想趁机扩大地盘，但收获不大。孙休次年病逝。吴国末代皇帝孙皓登上历史舞台。

孙皓是孙权的废太子孙和之子，孙权非常喜爱，以传说中长寿著称的"彭祖"为之命名。由于此前一年魏国刚刚灭蜀，吴国外受威胁，内有君主交替，人心不稳，朝野惶惶。而刚继位的23岁的孙皓却显示出贤明君主的风范，下令开仓赈贫、抚恤人民，又减少宫女和宫内珍禽异兽，赢得吴国上下称赞。

但好景不长。当孙皓感觉其皇权地位稳固后，很快露出暴君本色，骄盈暴虐，酒色无度，滥杀大臣。孙皓要求全国臣子的女儿必须每年上报情况，满 15 岁要由他挑选，落选的才可以出嫁，以致后宫佳丽近万，吴国灭亡时被晋国收入宫中的有 5000 余人。宴请群臣的酒席上，要求每人至少喝够 7 升，有的大臣以茶代酒，被发现后杀掉，有的大臣硬着头皮喝下去，酩酊大醉而被杀。杀人方式各异，凿眼睛，剥面皮，有个大臣整顿市场秩序得罪孙皓爱妃，被用烧红的锯锯掉脑袋。另一个大臣请求赈济灾民，孙皓认为他想树私恩将其砍头。当初迎立孙皓为君的太后和两个主政大臣后悔拥立孙皓，孙皓就将他们统统杀掉，并将其中一大臣的小女儿纳入后宫，极度宠幸后棒杀，因念其美，以木刻像，复夺其已婚的姐姐入后宫，封为左夫人。孙皓心志行为混乱若此。

孙皓不仅对朝中大臣残酷对待，对守边重臣也不能听取意见。东吴名将陆逊曾经大败刘备，威名远扬，陆家在东吴的世族地位也日益巩固。陆逊死后，其族侄陆凯和次子陆抗都曾为吴国守边。陆凯曾经南征海南岛，后来做了丞相，但刚一离世孙皓就将其家属全部流放。陆抗忠心耿耿，屡有谏言，孙皓置若罔闻，也曾因拂逆己意而给陆抗降职处分。陆抗生前化解了晋军多次攻势，临终给孙皓上书提防守之策，未被采纳，后来晋军灭吴的作战方略与陆抗的忧虑完全一样。

得民意者得天意。吴国统治集团不得人心为晋国统一创造了有利条件。

一片降幡出石头

孙皓即位的次年，晋武帝司马炎称帝建立西晋。其父司马昭曾有灭蜀后三年灭吴的设想，但因出现钟会叛乱，又缺乏强大水军，只好暂停灭吴之举。司马炎上台后有意立刻伐吴，但未能在朝中取得一致意见。转而采取措施整顿内部，任用贤能，废除苛法，减免赋役，劝课农桑，兴修水利，以此缓和社会矛盾，恢复经济，加强实力基础。

为显示宽厚，司马炎对蜀国降臣封侯者多达 50 余人，用了大量蜀臣在晋国担当职务，例如征用诸葛亮的孙子任职。诸葛亮儿子（诸葛瞻）和长孙

司马炎像

（诸葛尚）在抵挡魏军的战斗中殉国后，诸葛亮的次孙（诸葛京）因当时还小，得以幸存，后来被晋朝任命关中眉县县令（诸葛亮多次想攻打此地而未能如愿），最后官至省长（江州刺史）。

司马炎在统一事业中启用不少良将，例如任命羊祜（hù）主管湖北（荆州）对吴国的军事。羊祜出身名门士族之家，是蔡文姬（《胡笳十八拍》作者）的外甥，书法家兼文豪蔡邕的外孙，他姐姐是司马炎的姨母。很自然的，羊祜具有当时风流名士的兴致，喜欢游山玩水，打猎钓鱼，带兵期间也常随兴出游。

有一次羊祜出营被值班将领阻拦，死活不开门，说你身为将军，关系到国家安危，不能这样乱跑，除非杀了我，才可以出门。[1]羊祜正色改容，连连道歉，安抚下属。事实上，羊祜在保持个人性情、著述文学作品的同时，很有政治和军事头脑，并为晋国统一吴国打下坚实基础。

羊祜到任荆州后采取一系列措施开发荆州：开办学校，安抚百姓，并与吴国人开诚相待，不抢吴国人粮食和猎物，不偷袭吴军，凡投降之人，去留可由自己决定，深得民心。同时采取军垦颇见成效：羊祜刚来时，军队连一百天的粮食都没有，第三年时粮食积蓄可用十年。羊祜同时推荐良将在长江上游（益州）加紧备战，制造大船，训练起一支可与吴国抗衡的庞大水军。

羊祜还很注重增强己方政治影响力。他不仅在内政和战备方面颇有建树，而且对吴国将士及百姓采取了讲求仁义和怀柔的政策，在争取民心方面取得巨大成功。比如，他曾在襄阳与东吴名将陆抗对峙，善施恩惠，主动送还吴军俘虏、吴国禾麦、吴人射伤的禽兽等，使"吴人翕然悦服"，吴人北

---

① 《晋书·羊祜传》。

来归降者不绝。

陆抗曾经害病，羊祜送了一服药给他，吴将怕其中有诈，劝陆抗勿服，陆抗不疑，并说"羊祜怎么会给人下毒呢（岂鸩人者）"，仰而服下。孙皓听说此事，责问陆抗，陆抗回答说：国家以信义为本，我如果不讲信义而怀疑他，正是宣扬了羊祜的德威。陆抗每每告诫吴军将士：羊祜专以德感人，如果我们只用暴力侵夺，那就会不战而被征服的。羊祜的政治工作影响深远，羊祜死的时候连吴国将士都为他哭泣。

军事统一的条件具备后，羊祜一再上疏请求伐吴。他分析说：当前伐吴的条件比当初灭蜀时更好，因为吴国君主孙皓的残暴统治超过蜀国刘禅，吴国的离心离德和民众困苦都比当初蜀国更严重，同时晋国的军队和物资储备远远超过当初灭蜀之时，吴国的地势险峻比不上蜀国，其唯一所恃的长江天险一旦渡过，根本无险可守，攻城本就是武器装备更精良的北方军队的强项，因此伐吴时机已到，不抓住机遇，吴国君主如果换为一明君，上下齐心，即使有百万大军也很难灭吴了。

晋武帝虽然认为羊祜言之有理，但朝中大臣意见不一，伐吴之举一拖再拖。最后一直把羊祜拖到死，他感叹道："天下不如意，恒十居七八！"临终前，羊祜到都城洛阳再言伐吴的机不可失，并提出具体进攻方案和用人建议。晋武帝被羊祜的忠诚和尽责所感动，在羊祜的葬礼上，晋武帝的眼泪都在胡须上结了冰。

第二年（280年），晋武帝终于展开伐吴的军事行动。晋军基本上按羊祜生前制定的作战计划，分六路进攻。其中从四川出发的水军用大火烧融了吴军在长江水面上横置的铁锁，顺流而下，同时安徽、江西、湖北等处晋军一并出击。吴国数败之后，全国震恐，吴军毫无斗志，"望旗而降"。大军压境之下，吴主孙皓面缚出降，吴国灭亡。

唐代诗人刘禹锡对此有《西塞山怀古》一诗：

　　王濬楼船下益州，金陵王气黯然收。

千寻铁锁沉江底，一片降幡出石头。

人世几回伤往事，山形依旧枕寒流。

今逢四海为家日，故垒萧萧芦荻秋。

当国家完成统一、满朝文武欢庆的时候，晋武帝手举酒杯，流着眼泪说："此羊太傅（羊祜）之功也！"。此时晋武帝更预料不到，吴国这片刚刚收复的江南土地，日后将成为司马家族在北方大地胡骑纵横之时、保存帝祚（东晋）长达百年的悠悠乐土。

山形依旧枕寒流

以曹操之雄杰强势终不能扫平江东，而司马炎却能消灭孙吴，一统天下，原因何在？简言之，西晋灭吴与赤壁之战时相比，北军的政治对手弱了，自身实力强了，且有赤壁之战做教训。

从政治形势、实力对比、策略运用三方面进行具体分析：

政治形势方面，虽然晋伐吴时挟灭蜀余威，可曹操当年亦有灭袁绍、降荆州之余威，只不过对手不同，形势也不同了。曹操虽有席卷天下之势，却遇到了战略清晰、善于用人的孙权。司马炎尽管统一意志不坚，其对手孙皓却残暴昏庸、自失民心。而且，曹操的对手孙权、刘备皆有仁义之名，将帅同心；晋却是以有道讨无道，以仁义伐残暴，孙皓君臣离心离德，只能束手就擒。

司马炎与孙皓相比较为宽厚贤明，这属于个人政治影响力。《晋书》中评价司马炎"明达善谋，能断大事"，而且"宇量弘厚"。有一次，司隶校尉（司法监察部长）刘毅随晋武帝司马炎出游，司马炎问刘毅：你看我能与汉朝的哪位皇帝相比？出乎意料的是，刘毅回答说：可比桓、灵。桓帝、灵帝是东汉时期最昏庸腐败的两个皇帝，司马炎一听很不高兴，说我的作为虽然比不上古代圣贤，但我勤政天下，怎么能把我比作桓、灵呢？刘毅进谏道：

桓、灵卖官，钱入国库，陛下卖官，钱入私囊，仅这一点，您还不如他们呢。司马炎没有怪罪刘毅，只是说：桓、灵时听不到这样的忠言，我现在有你这样敢于直谏的大臣，说明我和他们还是不一样啊。

与之相比，吴主孙皓则远没有这种宽容的雅量，而是在国内大搞恐怖压制，《三国志》称其"粗暴骄盈，多忌讳"。平时上朝都不许大臣抬头看他。丞相陆凯说这样不行啊，万一出了问题，大臣们都不认识皇帝会不知所措的，孙皓就只允许陆凯一个人抬头。孙皓动辄杀人，对不能轻易杀戮的重臣就悄悄给其（右丞相万彧等）喝毒酒，或者派人刺杀（尚书熊睦等），致使大臣多存疑虑。有一次孙皓命某个守边的大将（步阐）回京述职，大将怕是要遇害竟举城降晋。

实力对比方面，首先是晋伐吴时江北人才明显多于江南人才。晋吴双方君主的政治影响力不同，直接导致江南人才实力与北方拉大，这与赤壁之战时大为不同。

赤壁之战孙刘联军得以取胜、三国鼎立最终形成的重要原因之一是当时曹孙刘三大集团的人才均势起了决定性的作用。[1] 东汉豪强地主集团分为士族地主集团和庶族地主集团两个阶层。士族地主集团多谋士，庶族地主集团多武将。曹操、孙权、刘备三家都是庶族地主集团，凭借个人的政治魅力和用人路线，收罗众多庶族战将，又得到出色士族谋士的支持，所以在赤壁之战中各有出色人才，江北政权对江南政权的人才优势不大。但到了晋伐吴时，江北人才储备充足，而江南在孙皓的统治下少有人才施展的空间。良臣稀少，将士疲弱，陆抗死后已没有能与晋军对抗的出色将领。体制相似的情形下，君主贤明程度决定人才聚散。

其次是军事实力方面晋胜于吴，较之赤壁之战时更具优势。

---

① 张大可：《三国鼎立形成的历史原因》，《青海社会科学》1988 年第 3 期。

晋、吴军队数量分别是 50 万[1] 和 23 万[2]，最后进行统一战争时晋国动员了 20 余万军队包围南京，与吴军的数量比例基本上是 1∶1。虽然吴军数量也不少，水陆两军各在 10 万以上，且水军庞大，舰船 5000 余艘，有可以容纳上百匹马的大船，但晋国凭借雄厚的经济实力迅速建造大型船队，抵消了东吴水军的优势。晋军大船可容纳 2000 人，能跑马。晋军在长江上游巴蜀地区造战船时砍削下的木片，遮蔽江面，长达 7 年，这使晋军已经有了一支足以与东吴抗衡的强大水师。

楼船

三国时期，魏国军队 40 余万，吴国军队 20 万，蜀国军队 10 万，未失荆州势力最强时约有 16 万。而赤壁之战时，曹军约动员了 20 万军队，孙刘联军应该不足 10 万，北军对南军的数量优势高于晋灭吴之战。但不同的是，晋已有自己的水军，且养精蓄锐已久，而曹操当时只能靠刚刚投降的荆州水军伐吴，军心稳定程度和忠诚度都不够，遇乱则溃。战争中，人心之向背与士气高低往往是胜负的决定性因素。

最后是经济实力。晋对吴的优势超过三国时期曹魏的优势。

三国时期，魏国人口 440 万，吴国人口 240 万，蜀国人口仅 90 万。赤壁之战前，中原地区战乱频繁，对经济破坏严重，《三国志》载"中国萧条，或百里无烟，城邑空虚，道殣相望"，"天下户口减耗，十裁一在"，加之庞大的养兵开支，曹魏财政紧张，经济优势不明显。

曹操采纳毛玠"修耕植，畜军资"的建议，制定了以解决军粮为主要目的屯田政策和租调制。这两大重要财政经济政策的实行，有力地支持了北方

---

① 《资治通鉴》卷七十。
② 《三国志·吴志·孙皓传》。

经济发展。① 后来魏国基本奉行"发展经济，以守代攻"的政策，"数年之间，中国日盛，吴、蜀二寇必自疲弊"（孙资语）。

晋武帝对农业问题极为重视，采取重农抑商政策，大兴农田水利，拓展军队屯田，为后来的灭吴战争提供了坚实的物质基础。晋伐吴时，晋国土地面积是吴国的 3 倍（晋约 700 万平方公里，吴约 240 万平方公里），人口是吴国的 6 倍（分别约为 1360 万和 230 万人）。②

晋国的田租高出以前曹魏一倍，绢、绵税收高出一半，吴国也将税收提高一倍，粮食纳税十取四五。但晋国统治下的北方地区生产工具和耕作栽培技术继承了汉代的成就并有重大创新与发展，农业生产恢复较快，而吴国所统治的岭南地区开发程度非常低，人口稀少，生产水平也远远落后于中原地区，其经济力量并不足以与晋国抗衡，在军备竞赛中日益暴露出经济上的不足。东吴宰相陆凯向孙皓指出："臣闻国无三年之储，谓之非国，而今无一年之蓄"，可见东吴经济屡弱。晋对吴的经济实力优势已经相当明显。

策略运用方面，晋国统一吴国策略与时机选择正确，准备工作充分，用人得当，军事指挥有方，成为统一成功的重要条件。

曹操在赤壁之战中失败，策略运用是否得当是有争议的。不少学者认为他应听取贾诩意见，不该在士卒疲敝的状态下急于与东吴开战。当时谋士贾诩提出了安民休军的建议，认为可"不劳众"而可使"江东稽服"。曹操不从其议，"军遂无利"。倘使曹操采纳其计，也许会有此前从谋士郭嘉之言、按兵不动而收辽东的效果。

而孙、刘集团的抵抗策略事后来看判断准确。

谋士鲁肃早对孙权说："夫荆楚与国邻接，水流顺北，外带江汉，内阻山陵，有金城之固，沃野万里，士民殷富，若据而有之，此帝王之资也。"

---

① 周红：《曹魏西晋统一方略的财政经济分析》，《中国社会经济史研究》2002 年第 3 期。

② 林晓虢：《晋灭吴之战》，http://lt.cjdby.net/archiver/tid-1390057.html。

孙权本欲按鲁肃设想先沿长江发展，竞长江所极与北方曹操争夺天下，但荆襄投降使曹操突然占领长江中游，强敌当前，孙权改变策略，借荆州给刘备，是极其明智的战略抉择。

谋士诸葛亮早在《隆中对》中就给刘备分析到：以曹操势力之大，"诚不可与争锋"，而以孙权实力之强"可以为援而不可图"，因此要联吴破曹。诸葛亮游说孙权时准确预测到："操军破，必北还，如此则荆、吴之势强，鼎足之形成矣。"

当发动统一战争的时机不成熟时，战争结果的不确定性会增大。

晋灭吴的统一战争因准备充分，条件也较赤壁之战时成熟许多。从晋武帝司马炎与羊祜密谋伐吴开始，到发动统一战争，西晋准备了11年的时间。期间晋朝多数大臣反对伐吴，而羊祜、杜预、张华、王濬等则力劝晋武帝下决心伐吴，完成统一。王濬以"臣作船七年，日有朽败，又臣年已七十，死亡无日"等理由劝说晋武帝伐吴。从后来的灭吴战争进程来看，羊祜等人的判断是正确的和及时的。

晋灭吴的战争规划也比曹操清晰。曹操在赤壁之战时，虽也兵分水陆两路，以江上水军为前锋，以北岸步骑重兵为接应的战略部署，事后又部署了江陵、当阳、襄阳等地的守卫工作，然后北还，[①] 但多为随机应变之举，不似晋军出兵前的缜密规划。

羊祜在《平吴疏》中指出，灭吴战争要多路进兵、水陆俱下，从长江上游、中游、下游同时发起进攻。同时还要用旗鼓来迷惑敌人，用各种方法造成敌人的错觉，分散吴军兵力。趁其慌乱以益州（四川）和荆州（两湖）的奇兵乘虚而入。一旦晋军占据长江，吴军只能退保城池，放弃水战，如此则必败无疑。这是一份科学的消灭吴国的军事战略规划，被实践证明是正确的[②]。

---

① 施丁：《论赤壁之战的几个问题》，《史学月刊》1981 年第 6 期。
② 袁延胜：《论西晋统一的历史经验》，《中州学刊》2009 年 7 月第 4 期（总第 172 期）。

　　羊祜在荆州的军事实践中对伐吴的策略有了新认识，认为伐吴最好的办法是从长江上游的巴蜀出兵，顺江而下，一举灭吴。这在一定程度上也可视为赤壁之战的失败给予后人成功的教训和启示。

投鞭断流

东汉末年至三国时期，人口骤减 7/8，为弥补人口减少造成的兵源不足，魏、蜀、吴三国均在鼓励人口生育的同时，大力征招少数民族加入军队，故在史料中看到魏有鲜卑兵，吴有山越兵，蜀有蛮夷兵，晋有匈奴兵。中原人口骤降也导致周边大量少数民族主动或被动内迁，为西晋以后"五胡时期"埋下伏笔。

中原浩劫五胡起

"五胡"是指匈奴、鲜卑、羯、氐、羌五个北方主要少数民族，西晋以后他们均在中国北方建立过重要政权，后来都在民族融合中消失了，史料中也称这一时期为"五胡乱华十六国"。

这五个少数民族建立的主要政权依次是：匈奴刘氏汉朝，鲜卑慕容燕国，羯（jié）族石氏后赵，氐（dī）族苻（fú）氏前秦，羌族姚氏后秦，鲜卑拓跋（bá）北魏。其中，匈奴和羯族（匈奴的分支）来自漠北草原和中亚地区，氐族和羌族来自青藏高原，鲜卑族来自大兴安岭（鲜卑山）。本时期其余北方政权均实力弱小或立朝短暂而相对次要。

最先崛起的是匈奴人刘渊建立的汉政权。匈奴贵族认为祖先数次与汉室通婚，也属汉室宗亲，就改姓刘，刘渊的爷爷是南匈奴的单于。曹操平定北方后将匈奴部落分为五部管理，刘渊的父亲是其中一部的首领，刘渊以人质身份住在洛阳，因文武双全、射术精湛名闻当时。

晋武帝司马炎曾对他非常欣赏，但考虑到他是匈奴人而没有重用。后来西晋发生八王之乱时，作为拥有 5 万兵马的大将，刘渊没有按命令去征讨鲜卑军，而是趁乱攻占山西。以汉室后人的身份自立为汉王，从刘邦到刘禅都奉为祖宗一起祭祀，得到大量汉人的拥护。

随着归附人口的增多和自身实力的增强，刘渊在山西正式称帝（308年），国号汉，在中原地区建立了第一个少数民族政权。接下来，刘渊父子两代对西晋发动攻击，攻破西晋首都洛阳后屠城，晋帝被掳至汉都（平阳，今临汾），在宴会上作为侍者倒酒，被戏弄后与晋朝被俘臣子一起毒杀。晋朝太子在长安继位，汉军又攻占长安将其杀死。于是西晋被匈奴刘汉所灭，距司马炎统一天下仅 36 年。

第二个崛起的主要政权是羯族石氏建立的后赵。创始人叫石勒，这个名字是他 20 几岁后才有的。早年他地位卑贱，连个固定的名字都没有，四处给人打工，还曾被军人抓去卖给大户人家做奴隶。他后来跟了一个土匪混日子，从此有了"石勒"这个汉名。

在长期的漂泊和军旅生涯中，石勒练就了精湛的骑射武艺，带兵能力也越来越强，但在土匪与军阀混战的乱世中长期默默无闻，直到他遇到了匈奴皇帝刘渊。刘渊起兵叛晋后，四处征讨，收编了石勒的这支部队。石勒此时30 岁，被刘渊一眼看中，委以重任（平晋王），在刘氏家族后来扫除群雄、灭亡西晋的过程中立下汗马功劳。

在威风一时的匈奴汉政权中，石勒是称雄一方的将领。刘渊死后，又过了两任刘氏皇帝，匈奴汉政权发生内乱，汉族大臣杀掉刘氏皇帝而向东晋称臣。匈奴汉政权残余势力反扑，杀掉了发动兵变的汉族大臣，并且建立了新政权。在这场变乱中，石勒不肯屈居人下，经过多次战争，这位奴隶将军最终登上了皇帝的宝座，建立了后赵（319 年），定都襄国（今河北邢台），并用 10 余年时间消灭主要对手，统一了中原大部分地区。

石勒虽目不识丁，但重文人、爱学习、善纳谏，经常让大臣给他读讲中国历史典故，边听边评判，常与历史结局吻合，显示出其优秀的战略眼光。因此石勒曾问大臣："朕能和哪个开国皇帝相比？"大臣说："陛下神武超过汉高祖，雄才超过魏武帝，三皇五帝后排名第一，只比轩辕黄帝差点。"石勒笑答："人贵有自知之明，朕如遇到汉高祖只能做他的臣子，遇到汉光武帝还可在中原较量，不该与欺负孤儿寡母的曹操比，应当是在刘邦与刘秀之间吧，比轩辕黄帝差远了。"

石勒减免税赋，征集人才，建立考试制度，提倡节俭薄葬，后赵实力有所恢复，战力也较强。东晋虽有闻鸡起舞、击楫渡江的爱国将领祖逖，可以纵横于淮河以北、黄河以南，却因面对石勒这样的对手最终难展北伐大志。早年石勒也曾挥师南下，因江淮河道困阻骑兵和瘟疫流行而未能与东晋决战。后赵与东晋政权北南对峙的局面形成。

这种局面很快被一个叫冉闵的人给打破了。冉闵是汉族人，其父勇悍善战，被石勒发现，非常喜欢，让侄子石虎认其作义子，冉闵即义孙。石虎做了后赵皇帝后虽残暴嗜杀，但对冉闵一直不错。石虎死后皇室争权，冉闵本也有继位可能，却遭到欺骗和算计，冉闵发动政变，并杀光了石氏全家。建都邺城（今河北临漳），国号魏。

冉闵一度想请东晋汉族政权统一华夏，但东晋政权对其采取怀疑和敌视的态度，错失南北统一的机会。

魏晋以降，汉族内部已形成以门阀制度为代表的等级制度，来自落后地区的少数民族内迁后普遍社会地位更低，而在汉族政权衰落后，不少新兴的少数民族政权对中原地区汉族百姓实施报复性压迫，民族矛盾日益尖锐。汉人冉闵在取得政权后，以官俸奖励汉人杀胡人。

"杀胡令"一出，民间压抑情绪爆发，汉人纷纷响应，羯族几乎灭绝。因羯族人相貌多为高鼻深目多须，冉魏境内有胡人长相而被误杀的不在少数，仅邺城一地被杀者就达20余万。整个北方地区，加上胡人对汉人的报复性杀戮，一时间死者不下百万。

冉闵采取的民族对立政策导致社会内部混乱、周边政权敌对。当时没有外逃的少数民族则占据一些地方拼死反抗，冉闵不得不东征西讨。周边的少数民族政权，趁机对冉魏招降纳叛，壮大自己实力。

在这个过程中，出现两股重要的政治势力。一股是来自辽东的鲜卑燕国，后来灭亡了冉魏政权；另一股是源于甘肃的氐族势力，借冉魏民族纷争收聚流民，扩充军队，最终建立了统一北方全境的前秦。

先说鲜卑灭冉魏。鲜卑人有几个分支，其中的慕容家族在辽东建立了燕国，较早时定都龙城（今辽宁朝阳），后来随着版图不断扩大，先迁至蓟城（今北京），再到邺城（今河北临漳）。此时的燕国史称"前燕"，版图最南曾到达淮河流域（有韩国学者将之视为韩国史）。

慕容鲜卑在先征服高句丽后，积极扩军备战，准备问鼎中原。正赶上冉魏局势动荡，出兵20万直扑河北。冉闵未料到辽东铁骑会突然出现在家门口，率1万多步兵仓促应战。

冉闵是项羽式的人物，身高八尺，力大无比，勇猛善战，亲善士卒，作战胜多败少。此次与燕军交锋，冉闵仍是冲杀在前，以寡击众，竟对燕军铁骑十战十捷。燕军最后想出将骑兵绑在一起的"连环马"战术，包围冉闵。冉闵坐骑累死，仍手刃300多劲敌，最终力竭被俘。燕王杀害冉闵前曾责问："你本是石虎的一个家仆，有何资格登上天子之位？"冉闵高喊："天下战乱不断，尔等蛮夷都敢自称九五之尊，我华夏豪杰为何不敢登基称帝！"[1]

再说氐族趁势崛起。"五胡时期"第三个少数民族主要政权是氐族苻氏建立的前秦。石勒称雄时期，氐族苻氏在甘肃起兵，为石勒的后赵政权立下汗马功劳。后来受到继任者的猜忌，苻氏就向南投靠了东晋。冉魏时期，苻氏借中原变乱，吸纳和组建了10万人的军队，袭取长安，占领关中，称帝建政（351年），国号秦，史称"前秦"。

---

[1] 《资治通鉴》原文："天下大乱，尔夷狄禽兽之类犹称帝，况我中土英雄，何为不得称帝邪！"

开创前秦辉煌时代的君主不是奠基者（苻洪）和开国君主（苻健），而是在杀死暴君（苻生）后脱颖而出的苻坚。苻坚一继位就展示低调的风范，去帝号，谦称"大秦天王"。专心内政，任用贤达，很快国富兵强，开始向外扩张。由于君臣同心，将士用命，前秦顺利地消灭了除东晋外的几乎所有政权，建立了幅员辽阔的庞大国家。周围的小国纷纷向其称臣纳贡，高句丽、新罗、大宛、高车、康居、吐谷浑、天竺、倭国、琉球等62个国家先后遣使到长安，一个汉唐帝国式的强大政权隐然成型，一个受人爱戴的杰出政治人物将成后世典范。

但苻坚的性格特点和领导风格既是优点也是缺点。他胸襟开阔，与人为善，往往在击败敌国前就为对方建造府第，对手投降后从不杀戮，并设法保护其不受仇人攻击。虽然被征讨的政权容易望风而降，前秦朝廷里充满各民族的文臣武将，显示出极大的包容力，但这也使一些有野心的政治人物保留了自身的实力，成为威胁前秦的隐患。

当苻坚满怀自信地发动他的完成一统华夏的最后一战时，却意外地被东晋军队击败。庞大的帝国也瞬间分崩离析，各族豪杰纷纷独立复国，并对元气大伤的苻坚政权发动攻击，苻氏前秦就此灭亡。

"五胡时期"第四个重要的少数民族政权是鲜卑慕容建立的后燕。其创始人慕容垂是个传奇式人物。他13岁就作为先锋官在前燕征讨高句丽的军事行动中将对手打得落花流水，并在日后的军事生涯中几乎攻无不克、战无不胜，因此功高震主，受到排挤。为了保命，他带着儿子投降了前秦。苻坚待他甚厚，在有人陷害他时给予了坚定的保护。在苻坚决定进攻东晋前，朝廷内外一片反对，慕容垂却给予高度支持，成为苻坚非常信任的重臣。

苻坚亲率大臣南征失败后，逃到慕容垂部队，当时慕容垂周围的亲信均劝他趁机除掉苻坚，慕容垂感念苻坚待己之恩，没有下手，反而将部队交给苻坚，说自己想替苻坚安抚一下北方边境，顺便祭祖。苻坚当然放行。但慕容垂一去就如鸟出樊笼，蛟龙入海，凭借其多年的声望，在前燕故地一呼百应，重建队伍，复燕（史称"后燕"）称帝，迁都中山（今河北定州），并先后击败各方割据势力，大体完全恢复了前燕版图，成为北方第一强权。但慕容垂直到 71 岁病逝，这位十六国时期最长寿的帝王始终未曾进军苻坚的老巢——关中。

杀害苻坚的是他信任的另一个部下：羌族的姚苌。后赵曾将 10 万余户氐族和羌族迁至关东，各自形成自己的势力。早年姚苌跟着父兄率领的这支羌族部队四处打仗，也投降过东晋，后来在被前秦击败后，姚苌投降了前秦，差点被杀掉，苻坚认为他是英雄而把他救了下来。苻坚待之不薄，直到征讨东晋前还亲自授予其"龙骧将军"的称号，勉励姚苌说：以前自己曾任过这一官职，未来要努力战斗，争取和自己一样能干。当时周围的大臣觉得此举很不吉利。

苻坚兵败后，慕容垂在北方反叛，其他几处慕容家族将领也纷纷响应，苻坚派姚苌率部平叛关东。作战失利后，姚苌派两个使者先赴长安向苻坚解释，苻坚一怒之下杀了这两个人，姚苌惊恐，干脆造反。苻坚亲自率军讨姚，姚军几次陷入绝境而脱困。随着其他独立势力对长安的进攻，苻坚转攻为守，又逢天灾，长安断粮，力不能支。苻坚在逃离长安的途中被姚苌抓获缢死，姚军都为之流泪。

羌族姚苌进长安，384 年以此为都城建立了"五胡时期"第五个重要的少数民族政权，史称"后秦"。姚苌善打运动战，在其建秦称帝后的时间里，屡败强敌，将后秦发展成为北方第一强国。其后的两任接班人无力维持这份家业，最终（417 年）被东晋大将刘裕消灭。

刘裕不仅消灭了北方强国后秦，也消灭了自己所在的南方强国东晋。他通过政变清除了皇室司马家族，建立了属于自己的政权，称帝建康（今江苏南京），史称"刘宋"。但北方并没有在他的掌控之下，一个新兴的政权军队席卷中原大地，再一次完成了中国北方的统一。这支力量就是来自山西的鲜卑族拓跋部，其建立的北魏政权与南方的刘宋政权共同将中国带入南北朝时期。

以上是所谓"五胡乱华十六国"时期的历史主线。

苻坚雄心统六合

在五胡称雄的年代，苻坚统治下的前秦格外引人注目，国力强盛，一度几乎完成了统一大业，这与苻坚善于用人、推行仁政密切相关。

苻坚的前任君主是个典型的暴君，喜怒无常，滥杀无辜，酒宴上也会引弓射杀大臣，整日弄得人心惶惶。苻坚作为皇室中的杰出将领，通过政变除掉暴君，稳定朝政，任用贤良，开创了前秦的辉煌时代。

苻坚一生用了不少能人，最成功的莫过汉人王猛。

王猛是个诸葛亮式的人物，生于山东，隐于华山，但声名远扬，南北皆知其有治国安邦之才。东晋大将桓温率军北伐，曾经一路打到长安，四处寻访三秦豪杰，王猛与之"扪虱而谈"，桓温赐其车马，拜为高官，欲同归东晋，王猛经过慎重考虑还是留在了北方。

苻坚在发动政变前，听手下人说附近有个叫王猛的隐士极有谋略，就请人安排见面，结果与王猛一见如故，相谈甚欢，苻坚感慨如同刘备遇到了诸葛亮一样。苻坚上台后立刻重用王猛，王猛也不孚所望，严法纪，抑豪强，整治安，齐风俗，稳内政，灭强邻，协助苻坚建立了东到大海、北至大漠的强盛国家。

苻坚对王猛推心置腹，完全信任，曾经一年之中五升其官。有嫉恨王猛的贵族皇亲将其投入监狱，苻坚不但释放王猛，还诛杀以言语恫吓王猛的氐族重臣，即使王猛擅自设计陷害鲜卑降将（慕容垂）被苻坚阻止，仍不肯对其治罪。苻坚对王猛几乎是言听计从，使其将国家治理得井井有条，国力蒸蒸日上。

王猛死后，苻坚悲痛欲绝，对儿子说：过去王猛在，做帝王感觉很轻松（往得丞相，常谓帝王易为）。上天不想让我统一天下吗？为什么让王猛这么早寿终？王猛死后苻坚继续大力搜罗和延揽人才，即使在他淝水之败后被叛将姚苌俘虏后，仍能发现姚苌派来的官吏尹纬很有才干，询问其原来所任官职后慨叹说：我手下有这样的人才却没有发现，难怪会败亡（朕不知卿，宜其亡也）。

苻坚崇尚文教。其政权版图虽急剧扩张，却一直坚定地施行仁义德治，此举是促成前秦政权兴盛的重要原因。

前燕的慕容垂因内讧投奔前秦，苻坚立即予以重用。王猛建议宜早除慕容垂，苻坚不肯，称"吾已推诚纳之矣。"[①] 灭亡与之抗衡的大国前燕后，前燕君臣皆受封官职，布满朝廷，引起了苻坚旧臣的恐惧。包括苻坚最信任的弟弟苻融也上疏说："（慕容氏）父子兄弟，森然满朝，执权履职，势倾勋旧。臣愚以为虎狼之心，终不可养。"苻坚却回答说："朕方混六合为一家，视夷狄为赤子。汝且息虑，勿怀耿介。夫惟修德，可以镶灾。苟能内求诸己，何惧外患乎！"

苻坚以武力征服各族割据政权后，不是继续用刑戮，而是改用安抚怀柔的所谓德政来笼络人心，使之真心降服，在淝水之战前起到了很好的效果。而且苻坚推行的怀柔民族政策，对缓和下层各民族矛盾，增进互相谅解，起了巨大作用。苻坚手下边将率骑兵掠夺已经投降的匈奴部落，苻坚大怒，说："朕方以恩信怀戎狄，而汝贪小利以败之。"[②] 不但将该边将免官，还归还俘获，遣使修和，示之信义。

在淝水之战前，苻坚的德治显示出巨大成就，中国北方迅速得到统一，国力也得到大幅提升。显著的成就激发了苻坚统一南北的信心。苻坚在长安皇宫太极殿召集群臣商议，说："自吾承业，垂三十载，四方略定，唯东南一隅，未沾王化……吾欲自将讨之，何如？"

发动这场战争的目的，一不是扩大地盘，二不是掠夺人口，而是要乘胜

---

① 《资治通鉴》卷一百二。
② 《资治通鉴》卷一百一。

消灭偏安东南一隅的东晋王朝，实现统一中国的宏伟大业，让民众安居乐业（"非为地不广，人不足也，但思混一六合，以济苍生"）。为此，苻坚表白说："每思天下不一，未尝不临食辍哺。""岂敢优游卒岁，不建大同之业。""吾终不以贼遗子孙，为宗庙社稷之忧也。"显示苻坚在国家统一事业方面始终有强烈的使命感和紧迫感。

苻坚决心发动伐晋战争后，征集了 80 余万军队，号称百万，在他 46 岁那年秋天（383 年 8 月），率军从长安出发，仅骑兵就多达近 30 万，前后绵延千里，东西水陆并进，万船齐发，声势浩大。

东晋偏安士气在

面对苻坚百万大军征讨的是南方的东晋政权。司马氏靠政变自曹魏手中取得政权，总结经验认为中央政权的稳固需要有本家族的外藩支持保护，因此西晋开国之初就大肆分封，后果之一是各分封王拥兵自重，不但没有护卫中央，反而时常觊觎帝位，导致自相残杀，战事不断，国力因此迅速衰落，异族一击，西晋遂亡。皇室庞大的优点是西晋虽亡，仍有分封王可以延续香火，于是原本毫不起眼的江南一带，成为汉族政权的根据地，史称"东晋"。

东晋政权虽有祖逖北伐和桓温北伐，但前者是爱国将领自发北伐，后者是东晋权臣自重之举，从东晋皇帝的本意看，并不能看出有真正实现国家统一的强烈意愿和实际作为。东晋的士大夫阶层也多缺乏"求统"的志向，历史上最著名的书法家王羲之就反对北伐，主张"还保长江"，称"以区区吴越经纬天下十分之九，不亡何待"。[①] 因此，东晋政权更多地表现出只图自保的"求独"倾向。

即使不求统一，东晋朝野对维护自身利益、抵御北军入侵还是有共识的。此事由东晋实际执政者谢安（司徒）负责。

---

① 《资治通鉴》卷九十九。

谢安出身名门世家，在德行、学问、风度等方面都有良好的修养，青少年时代就已在上层社会中享有较高的声誉。十三岁时，声名就已经传到辽东，连当时才七岁的慕容垂（后燕开国皇帝）都特地给他送来礼物。谢安以有病为借口推辞了东晋朝廷征召其做官，隐居到浙江绍兴会稽的东山，与王羲之等名士交游。后来家族衰落，谢安被迫入仕，于是有"东山再起"的说法。

谢安像

东晋权臣桓温三次北伐均告失败，但仍企图在傀儡皇帝病逝后篡位。此时谢安凭借其冷静的风度和机智的言辞化解了这一危机，并因桓温的及时去世而延续了晋祚。桓温病死后，军权由其弟（桓冲）接管，但谢安负责防务。

谢安命人招募北方流民及江淮善战之士，组成赫赫有名的"北府兵"。这支军队后来在淝水之战中击败了实力强大的劲敌，收复了江北六州之地，培育出灭亡东晋政权的将领刘裕，并在其率领下曾一度收复长安。

前秦苻坚率军百万伐晋的消息传来，东晋自然朝野震恐。谢安在这种压力下，不改其两晋盛行的从容态度，对稳定君心民心起到积极作用。不过除此之外，他的贡献似乎不多，因为并未看出他对抵御强敌出过什么良策。当时一线将领前来问御敌之计，他只说"另有安排（已别有旨）"。当时负责长江中游防务的荆州将领担心下游京师安全派遣精锐部队援助抗秦，谢安以"京城不缺甲兵"为由将其打发回去。

谢安在战前的所作所为与东晋军队在淝水之战的胜利没有直接关系，但谢安却因战事的胜利以及其对待胜利的平淡态度获得巨大声望，以致皇帝有意疏远他。当东晋军队取胜的捷报传到谢安手中时，他正在下棋，阅后面无喜色，继续对弈。客人问及，谢安淡然地说："孩子们打赢了（小儿辈遂已破贼)。"

前秦倾全国之力的伐晋战争，非但没有形成击卵之势，反而出人意料地一败涂地，原因何在？

首先，前秦兵力过多，战线过长，在战役发生的局部地区反而没有军队的数量优势。开战时前秦进驻前线（寿春及其附近）的军队不过 10 万左右，而当地迎战的晋军则超过 8 万，前秦军队数量未明显占优。且秦军多为"每十丁遣一兵"的新征士兵，训练不够，而以"北府兵"为代表的晋军则是多年训练、久经沙场的雇佣兵，战力强悍。

其次，前锋苻融缺乏经验，误判形势。苻融是苻坚的弟弟，虽然有文武盛名，"聪辩明慧，下笔成章"，"膂力雄勇，骑射击刺，百夫之敌也"，但是他缺少指挥重大战役的经验。作为前锋，他在抓住晋将向东晋主帅求救的使者后，未加慎重分析就驰报苻坚："贼少易擒，但恐逃去，宜速赴之！"致使作为一国之君的苻坚轻率赶赴前线，只带 8000 轻骑，而留大军于后，未能在战场对晋军形成压倒性优势。

第三，苻坚用人不当导致泄露军机，扰乱军心。秦军攻陷湖北襄阳后，镇守襄阳的东晋名将朱序被俘至长安，后又企图潜逃未遂，苻坚保持其宽大作风，不予追究，还委以重任。伐晋时苻坚亲至一线指挥，要求军队严守机密，有敢泄露其亲临前线者割掉舌头，结果苻坚自己却派朱序去劝诱东晋速降。朱序本就一心报国，到了晋营就将一切都告知晋将，并献策说："若坚百万之众悉到，莫可与敌。及其未会，击之，可以得志。"于是晋军改变以逸待劳的策略，先派北府兵主动进攻秦军，斩杀秦将，挫敌士气。在淝水之战中更是因朱序在阵中高呼"秦军败了"，使后撤的秦军不明就里，以为前面已经战败，军心崩溃，一败涂地。朱序在秦军败后也重新归晋，重新成为东晋边境的大将，但他只是主张防守，并不积极北伐。

第四，前秦整军不严，军心不稳。前秦与东晋军队于 383 年 11 月在淝水（今安徽省寿县）隔河相望。晋军主帅遣使说：你如想速战速决，不如稍稍后撤，我军渡河与你一决胜负，好不好？苻坚认为可以稍稍后撤，等晋军渡河一半时，用前秦骑兵截杀，即可取胜。苻融同意。却不料秦兵一退竟不可复止。晋军渡水发动攻击。苻融骑快马在阵前阻止秦军后退，不小心坐骑摔倒，为晋兵所杀，秦兵彻底溃散。

实际上的苻坚失败后并不像后世史书描写得那样狼狈，他仍然能够保持英雄本色，但坏运气确实一直伴随他，直到他两年后遇害。

淝水战败后苻坚为流矢所中，单骑逃至淮北。在洛阳收集了 10 余万残兵败将，回长安准备重整河山。到了长安附近的行宫，苻坚哭祭阵亡的将领，表示后悔不用朝臣之言，犯了决策错误，告罪太庙。

回长安后，他厉兵课农，存恤孤老，对阵亡或失踪士卒的家庭予以国家赡养，各种举措深得民心。但此时政治形势已经大变，淝水战败后，以鲜卑和羌族降臣为主的将领纷纷反叛前秦，割据复国，并且聚众拥军进攻长安。

苻坚在长安受到多方敌军夹攻的不利形势下，亲自率军迎战，"身贯甲胄，督战拒之，飞矢满身，血流被体。"此时关中民众坚定支持苻坚，冒死送粮，并自发组织敢死队赴敌营纵火，让人感受到苻坚德治的威力。无奈运气实在不好，送粮的被敌军截杀，纵火的反倒被火烧到自己。敌人没打退，长安已发生了严重饥荒，出现了"人相食"的悲惨景象，苻坚军队的战力受到极大削弱。史载当时苻坚好不容易杀只羊设宴款待群臣，大臣们也分不到几片肉，塞进嘴里不敢咽下，回到家赶紧吐出来喂给饥饿的妻子儿女。

两晋时期颇流行民谣预言（谶言），其中有一句是"坚入五将山长得"，这是苻坚在处于极度困境期间在长安流行的预言，字面意思是苻坚进入五将山才得长生。苻坚原本不信预言，但因此前诸多流传的预言多已应验，此时也就对此深信不疑，认为长安已不可久留，到了五将山即可久安，便对太子说：这个预言大概是上天对我的指导。

于是苻坚在数百名骑兵的护卫下，逃出长安，到了五将山。但被姚苌（苻坚曾经解救而此时已经反叛的羌族将领）俘获，始觉"坚入五将山长得"

是预言苻坚进入五将山被姚苌（"长"与"苌"同音）所得。

此前不久，苻坚曾亲自率军讨伐姚苌，姚苌屡败后，更遭苻坚军断绝水源。然而苻坚运气不好，就在姚苌军中有人渴死而陷入恐惧时，天降大雨，营中水深三尺，姚苌军军心复振，得以反击而去。

苻坚在五将山被俘后押解到新平佛寺，姚苌又派人向苻坚索要传国玉玺。苻坚大骂："国玺已送晋朝，怎能送给你这个忘恩负义的叛贼！"姚苌又让苻坚把帝位禅让给他，苻坚又骂："禅代是圣贤之间的事。姚苌什么东西，敢自比古代圣人！"羞愤的姚苌派人把苻坚缢死。苻坚死时，姚苌手下的羌族将士"皆为之哀恸"。当然，国玺并未真的送与晋朝，但巧合的是，苻坚遇害当月，东晋谢安也病死。

前秦君主苻坚因伐晋失败结束了其辉煌的统治。当初他最信任的丞相王猛临终前曾叮嘱他万万不可伐晋，而且要重点提防鲜卑和羌族降将："晋虽僻陋吴越，乃正朔相承。亲仁善邻，国之宝也。臣没之后，愿不以晋为图。鲜卑、羌虏我之仇也，终为人患，宜渐除之，以便社稷。"[①] 苻坚没有听从王猛的建议，结果伐晋果然失败，也正是鲜卑人纷纷反叛瓦解了前秦版图，羌人最后一击则结束了苻坚的生命。

英雄功败谁之过

淝水之战爆发前，东西万里战线前秦大军压境，其声势与百年前西晋大军讨伐东吴何其相似！然而当年西晋完成了国家统一，为什么庞大的前秦却瞬间解体？

关键是苻坚发动统一战争的时机尚不成熟，也就是"势"还没到，政治形势和统一条件不充分，表现就是苻坚伐晋的一系列坏运气。

深层原因是前秦还需要用足够长的时间来解决政权认同问题，毕竟这是

---

① 《晋书·王猛传》。

中国历史上第一次由一个少数民族政权对长期拥有更先进文明的汉族政权发起的国家统一战争，此前近百年间北方地区胡汉之间的民族仇杀造成的民族对立尚未化解，东晋民众对异族政权的认同还远远不够，由此导致东晋军队保家卫国的斗志高昂，而北方各少数民族刚刚统一于氐族政权，也还没有建立起牢固的政权认同，大量手握兵权的将领各怀异志，一有机会就可能兴风作浪，在这样的背景下发动大规模战争有很高的政治风险。

如果苻坚能将伐晋战争推迟 10 年，利用这段时间坚持德治，继续巩固社会基础，扩大政治影响，增强国内外对其政权的认同，捕捉东晋政权内部混乱的时机，那么西晋伐吴时摧枯拉朽的局面完全可能再现。苻坚急于伐晋的结果，是将这一局面推迟了 200 年，直到隋朝伐陈时才得以实现。

因此，总的说来，前秦虽有政治、经济、军事等方面的优势，但在社会、文化和政府意志方面还需要时间巩固，以实现政权认同。

淝水之战爆发前，前秦的政治影响力高于东晋。前秦疆域"东极沧海，西并龟兹，南包襄阳，北尽沙漠"①，周围 62 个国家都进贡臣服，"鄯善王、车师前部王来朝，大宛献汗血马，肃慎贡楛矢，天竺献火浣布，康居、于阗及海东诸国，凡六十有二王，皆遣使贡其方物。"②前秦朝中也是布满各族大臣将领，北方各族均臣服于前秦政权。

前秦君主苻坚的个人魅力也远在东晋君主孝武帝司马曜（yào）之上。当时执掌东晋实权的谢安虽有冷静风度，却少机谋权变。而苻坚几乎具备各种大国明君的素质和特点，尤其是善用贤能。苻坚的信条是"王者劳于求贤，逸于得士"③。而且即位初始，苻坚便对振兴儒学，兴办学校倾注了极大热情，制定了"开庠序之美，弘儒教之风"的德治政策。苻坚很频繁地亲临太学，考学生经义优劣，因其自身儒学深厚，有时考得博士张口结舌。这样的君主

① 《高僧传·释道安》。
② 《晋书·苻坚传》。
③ 《资治通鉴》卷一百四。

历史上也是不多见的。

泗水之战爆发前，前秦经济实力优于东晋。前秦统治人口约 2000 万，其中汉族人口约 1600 万。东晋统治人口约 600 万，其中在籍人口（非流民）约 350 万。前秦劳动力是东晋的近 3 倍。当然，江南地区自然条件较好，雨量充沛，气候温润，土地肥沃，加之北方战乱，北人南迁，使南方劳动力技术迅速提高，农业产出与北方的差距可能不似人口差距那么大。白寿彝主编的《中国通史》认为从财政上看，泗水之战前是东晋财力较为充足的时期。晋帝曾下诏说：京师已有足够消费一年的储备，暂停一年向京师运米、布。[①]但这是建立在高税赋的基础上的，王羲之称其为"重敛以资奸吏"。[②]有东晋官吏在泗水之战后五年上疏揭弊说："今政烦（苛）役殷（众），所在凋敝，仓廪空虚，国用倾竭，下民侵削，流亡相属。略计户口，但咸安已来，十分去三。"[③]（可见若泗水之战推迟 5 年东晋将处于财政困难。）无论东晋在战前的年景有多好，其经济实力肯定是无法与前秦比肩的。

泗水之战爆发前，前秦军事动员力强于东晋。前秦伐晋动员兵力约为东晋的 10 倍。苻融等人率步骑 25 万为前锋，苻坚又发长安戎卒 60 余万，骑兵 27 万，计 112 万；而东晋动员兵力约 8 万多。有学者（翦伯赞）认为，苻坚发动南征的总兵力是 90 万，而参加泗水之战的实际兵力是 25 万[④]。也有人（王仲荦）认为，苻坚南征的总兵力是 100 万，参加泗水之战的实际兵力是 30 万，而东晋北府兵不满 10 万[⑤]。当然，如前所述，泗水之战局部地区双方兵力应该相差不大。

另一方面，泗水之战爆发前，前秦的社会控制力是相对薄弱的。主要是因为北方地区长期战乱，民族矛盾严重，统一局面更多是维持在表面上，社

---

① 《晋书·简文帝纪》。

② 《晋书·王羲之传》。

③ 《晋书·刘波传》。

④ 翦伯赞：《中国史纲要》（第 2 册），人民出版社 1965 年版。

⑤ 王仲荦：《魏晋南北朝史》（上册），上海人民出版社 1979 年版。

会融合步履艰辛。苻坚下令把氐族人分散到全国各地去居住。氐族人悲歌："远徙种人留鲜卑，一旦缓急当语谁！"可见氐族人对鲜卑人的敌视和提防心理还很严重。由于苻坚一贯宠任降秦的鲜卑、西羌等贵族，大臣多有建言多加防范，其最亲信的弟弟苻融也劝说：前燕降秦的慕容氏父子兄弟，"森然满朝，执政履职，势倾勋贵"，对前秦政权绝对是一大隐患。苻坚未能重视这一问题，以致后来在淝水之战中，前秦的多民族士兵互相产生消极影响，一退百退，而在氐族政权遭受重创后，异族反叛势力忽成星火燎原之势，不可遏制。与之相比，东晋的门阀制度虽然也有较严重的阶级对立问题，甚至后来爆发大规模五斗米教的农民起义，但内部较少民族矛盾。

淝水之战爆发前，前秦的文化凝聚力略逊于东晋。之所以当时南北多数人均以东晋为正朔，很大程度上是其继承了中华文化的主要衣钵，文化人才辈出，文化之风浓厚，有较强的文化凝聚力。其实苻坚本人的底蕴也相当深厚，只是从国家层面看尚未全面赶超东晋。苻坚8岁的时候突然向爷爷苻洪提出请个家庭教师的请求，身为氐族酋长的苻洪惊奇地望着孙子说：我们这个民族从来只知喝酒吃肉，如今你想求学，实在太好了。苻坚学习非常刻苦，潜心研读经史典籍，很快成了朝野享有盛誉的佼佼者。其执政后又开始礼治建设，设立学校办教育，提高民众的文化素质，扭转氐族普遍轻视文化知识的落后观念，广修学宫，强制公卿以下的子孙入学读书。苻坚定期到太学亲自考问诸生经义，品评优劣，挑选品学兼优的学生到各级权力机构任职。同时规定俸禄百石以上的官吏，必须学通一经，才成一艺，否则一律罢官为民。在苻坚的大力倡导下，前秦统治阶层的文化素质大有提高。但文化修养毕竟不是一朝一夕的事，更不能只看少数几个人，前秦的文化凝聚力若想赶超东晋尚需时日，甚至要几代人的时间。

淝水之战爆发前，由于统治集团内部意见严重不一，前秦政府意志力弱于东晋。当初西晋伐东吴前内部虽然也有分歧，但主流意见支持，而前秦伐东晋前内部主流意见持反对态度。淝水战前，苻坚曾与他的王公大臣们讨论伐晋问题。他说："今欲起天下兵以讨之，略计兵仗精卒，可有九十七万。吾将躬先启行，薄伐南裔，于诸卿意何如？"参与朝议的王公大臣几乎全部反对伐晋。朝会散后，苻坚独留最信任的弟弟苻融商议。他说："自古大事，定策者一两人而已。群议纷纭，徒乱人意，吾当与汝决之。"苻融说："岁镇在斗牛，吴越之福，不可以伐，一也。晋主休明，朝臣用命，不可以伐，二也。我数战，兵疲将倦，有惮敌之意，不可以伐，三也。诸言不可者，策之上也，愿陛下纳之。"苻坚很不高兴，批评说："汝复如此，天下之事吾当谁与言之！今有众百万，资仗如山。吾虽未称令主，亦不为暗劣。以累捷之威，击垂亡之寇，何不克之有乎？吾终不以贼遗子孙，为宗庙社稷之忧也。"苻融哭泣劝谏："陛下宠育鲜卑，羌羯布诸畿甸，旧人族类，斥徙遐方。今倾国而去，如有风尘之变者，其如宗庙何？监国以弱卒数万留守京师，鲜卑羌羯攒聚如林，此皆国之贼也，我之仇也。臣恐非但徒返而已，亦未必万全。臣智识愚浅，诚不足采，王景略（即王猛）一时奇士，陛下每拟之孔明，其临终之言，不可忘也。"苻坚仍坚持说："今四海事旷，兆庶未宁，黎元应抚，夷狄应和，方将混六合以一家，同有形于赤子，汝其息之，勿怀耿介。"① 在前秦朝野普遍厌战的情绪下，伐晋并未形成前秦统治集团的共识，与东晋上下同心抵御强敌的情绪相比，前秦在对待国家统一战争的问题上，政府意志力其实弱于对手，也是国家统一形势未到的重要表现。

---

① 《晋书·苻坚传》。

玉树庭花

苻坚伐晋失败后，中国北方重新陷入分裂和混战局面，南方的东晋虽趁机将版图向北推进，但也无北伐统一的意愿和能力。后来，鲜卑族拓跋部从山西、内蒙古一带崛起，建立北魏政权，并击败周围势力，重新统一了北方中国。南方东晋将领刘裕则凭借其灭二国、收长安、镇压农民起义军的一系列军事胜利树立起极高的威望，最终取代东晋政权建立刘宋政权，于是中国进入南北朝时期。南北双方互有征伐，均未能消灭对方。后来北魏分裂为东魏和西魏，东魏政权由高氏家族把持，后来取而代之建立北齐政权，西魏政权由宇文家族把持，后建立北周政权。北齐政权的经济、军事实力原本明显优于北周政权，但因君主无道，国力日渐衰微，最终被北周所灭。北周权臣杨坚称帝建隋，一个当时世界上最强大的国家出现于北方。隋文帝杨坚调动50 余万军队，一举灭亡了东晋以来偏安了近 300 年的江南政权。

隋文帝调兵遣将

与苻坚伐晋时不同，中国特别是北方地区又经过 200 年的民族融合，民族矛盾的尖锐程度已经大为缓解，为国家统一战争的顺利推进铺平了道路。这与北方统治者有意识推动民族融合也有直接关系。

北魏是鲜卑族拓跋部建立的国家，统治着从蒙古草原到江淮平原之间的北部中国。其北部是柔然政权，南方是刘宋政权，中国当时虽称作南北朝，但也可看作是三国鼎立。流传千古的花木兰的故事就是发生在北魏与柔然的战争时期。为更好地统治人数众多的汉人，孝文帝时期北魏政权将都城由平城南迁至洛阳，并进行了彻底的汉化改革。

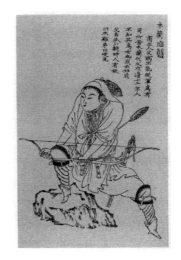

花木兰

中原地区的内迁鲜卑人有了较高程度的汉化，但北方边境地区的鲜卑人却较少汉化，且反对汉化态度强烈。最终酿成内乱，严重削弱了北魏的国力，并导致国家分裂为东、西两个政权。

东魏的实际执政者高欢是汉人，是一个典型的穷苦边民，由于世代所居住的六镇地区均以鲜卑族为主，所以高欢在文化上彻头彻尾是一个鲜卑人，能说流利的鲜卑语。六镇起义时高欢应运而起，政治行情渐涨，最终成为东魏和北齐政权的实际开创者。面对鲜卑人和汉人的矛盾，高欢采取的措施是：对鲜卑人说，汉民是你们的奴隶，男人为你们耕田，妇人为你们纺织，送给你们粟帛，让你们温饱，你们为什么欺压他们；对汉人说，鲜卑是你们的雇客，受你们的粟帛，替你们打仗，让你们安居，你们为什么仇恨他们。

高欢还为后世留下一首大气磅礴、粗犷雄放的敕勒族民歌《敕勒川》，史载是其战争失利后与群臣众将宴会时"哀感流涕"之歌：

敕勒川，阴山下，

天似穹庐，笼盖四野。

天苍苍，野茫茫，

风吹草低见牛羊。

西魏的实际执政者宇文泰是鲜卑人，但属于宇文部，不同于北魏政权的主体拓跋部。由于宇文部势力弱小，宇文泰需要依靠汉族士族对其支持。与孝文帝时期的政策相反，宇文泰想用汉人鲜卑化的方法来抵消鲜卑人的汉

隋文帝杨坚

化，包括改姓易服，客观效果上仍有助于民族融合。

后来宇文家族取代西魏建立北周，并灭掉取代东魏的北齐，这使汉族势力更大有增加，也为汉族大臣杨坚夺取宇文氏的政权创造了有利条件。

杨坚出身名门贵族，其家族曾被赐鲜卑姓"普六茹"。杨坚自幼虽不善读书，但颇具政治头脑，兼有治国之才。他将当朝贤士聚集在自己周围，同时利用姻亲关系，老婆是鲜卑大族，大女儿是当朝皇后，在仕途上平步青云，最后被封为隋王。

因为杨坚势大，北周皇族对其颇有疑忌，不断有人向皇帝说杨坚有"反相"（南朝皇帝陈叔宝曾让人画杨坚像，看后"大骇"，说"我不欲见此人"）。前任皇帝（宇文邕）曾对周围的人感叹：如果杨坚篡位真的天命所定，那有什么办法啊。后任皇帝（宇文赟）在皇宫内埋伏甲士准备找碴干掉杨坚，但杨坚不管别人怎么激他都不说不合规矩的话，屡屡化险为夷。后来7岁的皇帝（北周静帝宇文阐）即位，杨坚用计一举除掉北周宗室五王，再出兵击败拥护北周皇室的叛军，而后迫使小皇帝禅让帝位。

隋文帝杨坚是被后世评价甚高的开国明君，实施了很多开创性的政治经济举措，取得良好效果，史称"开皇之治"。在粮食丰足、国库充实的强大国力的支撑下，他将目光转向盘踞江南的陈朝。

平陈战名将如云

隋文帝杨坚善于用人。隋朝灭陈战争中涌现出来的名将各具传奇色彩，成为这一时代国家统一进程中的精彩画卷人物。

高颎（jiǒng）是隋文帝的心腹之臣，官拜尚书左仆射（相当于宰相），在长达二十年的时间里，高颎辅佐隋文帝，为隋朝在政治、经济、军事各方面做出了重要贡献。

伐陈之前，高颎献策说：江南农作物成熟早，我们可以在北方农作物成熟前一再大造南征声势骚扰南方，减少他们的农业收成，再利用南方不用地窖而将粮食储藏在地面仓库的特点，不断差人前去纵火焚烧，几年下来，陈朝财力就被耗尽，也对北军南征不再敏感，此时可趁机出兵，一战可定。①隋文帝依计而行。

开皇八年（588年）十月，隋文帝集中水陆军52万，分8路攻陈。高颎时任元帅长史，是隋军军事行动的实际总指挥。高颎进建康后，收图籍，封府库，资财一无所取，回来后也不争功，隋文帝将其与另一隋将贺若弼比功劳，高颎谦虚说贺若弼是大将，自己只是文官，怎么比得上呢。隋文帝对其晋爵赐物，并将告状中伤高颎的大臣全部罢官，公开称赞高颎说：你像一面镜子，每被磨一次就更明亮了。

然而就是这样的心腹重臣，在后来因为得罪了隋文帝的独孤皇后以及反对废长换储，遭受谗言而最终失去信任。对其怀恨在心的隋炀帝继位后将其诛杀。

隋文帝曾与高颎谈论的伐陈功臣贺若弼是位隋初猛将。他父亲受人陷害被杀，临刑前把贺若弼找来说：我一心要平定江南，没能实现心愿，你要完成我的志向。然后将贺若弼的舌头用锥子刺出血，说我是因为多言惹祸，你一定要记住管住自己的嘴。

当时有个大臣（上柱国乌丸轨）曾对贺若弼说太子能力不行（"必不克负荷"），贺若弼深以为然，认为应该告诉皇帝。皇帝听说后忙召问贺若弼，贺若弼牢记父亲临终遗言，恐祸及其身，于是回答说没看到太子有什么过失

---

① 《隋书·高颎列传》。

（"未睹其阙"）。后来太子继位，那位大臣被杀，贺若弼却免受其祸。①

伐陈前，高颍向隋文帝推荐说："朝臣之内，文武才干，无若贺若弼者。"贺若弼受命率军将要渡江时，酹酒发誓要平定江南，"如事有乖违，得葬江鱼腹中，死且不恨"。过江后所向披靡，降者甚众，贺若弼对俘众给予优待，发给资粮，尽皆释放。并且军令严明，秋毫无犯，有军士拿民间一物者，立斩不赦。进建康后，贺若弼令陈后主来见，陈后主惶恐流汗，股栗再拜。贺若弼对陈后主说："小国之君当大国卿，拜，礼也。入朝不失作归命侯，无劳恐惧。"

平陈之后，贺若弼与韩擒虎争功相骂，甚至挺剑而出。隋文帝为避免两败俱伤干脆两个人都厚赏。但贺若弼一直认为自己在平陈战争中居首功，屡屡攻击和轻视其他大臣，后来隋文帝责备其怨气太重，免了他的官，但还经常宴请和赏赐他，对他也不错。隋炀帝上台后喜欢炫耀，贺若弼私下非议终于惹来口舌之祸，与高颍等人一起被杀。

与贺若弼争功的韩擒虎得以善终。韩擒虎是俘获陈后主的隋朝名将，以胆略雄威见称。隋军伐陈时，韩擒虎任先锋，乘陈军欢度年节、疏于守备之机，率 500 锐卒夜渡长江，袭占重要据点。隋军主力过江后，陈军因惧韩擒虎勇猛善战纷纷投降。贺若弼军猛攻陈军时，韩擒虎利用建康城内空虚，率精骑 500 奔袭建康，兵不血刃，占领南都，生俘后主，灭亡陈朝。当夜，贺若弼军也从北门入城。

二人在回京后，在隋文帝面前争功。贺若弼说："臣在蒋山死战，破其锐卒，擒其骁将，震扬威武，遂平陈国。韩擒虎略不交阵，岂臣之比！"韩擒虎也说："本奉明旨，令臣与弼同时合势，以取伪都。弼乃敢先期，逢贼遂战，致令将士伤死甚多。臣以轻骑五百，兵不血刃，直取金陵，降任蛮奴，执陈叔宝，据其府库，倾其巢穴。弼至夕，方扣北掖门，臣启关而纳之。斯

----

① 《资治通鉴》卷第一百七十二。

乃救罪不暇，安得与臣相比！"隋文帝无奈，只好"二将俱合上勋"。

统一战争中提出平陈之策的重要大臣还有杨素。杨素在隋朝建立前就凭借累累战功深受隋文帝信任，受封上柱国。由于杨素曾多次上奏平陈之策，伐陈前杨素受命在巴东郡（今重庆市奉节县东）建造大型战船，船上楼高五层，可载近千士卒。训练水师，积极为伐陈做准备。

战争开始，杨素作为行军元帅之一，率领隋朝水师从重庆沿江顺流而下，水军突袭夜战，两岸步骑兵协同攻击，不断突破陈军防线。每次取得作战胜利，都实行优待俘虏政策，不杀不辱，慰劳后全部释放，并且沿途秋毫不犯，陈人大悦。最后与已经攻取南京的长江下游隋军会师武汉，为进军岭南扩大平陈战争做好准备。

平陈之战胜利后，杨素还曾北伐突厥，平叛杨谅，为隋朝稳定立下赫赫战功。在协助杨广篡夺帝位后，更是成为权倾一时的宰相。在与隋炀帝杨广出现疑忌之后，忧郁而亡，享年 66 岁。

隔江犹唱后庭花

南朝经历宋、齐、梁三朝后，进入了最后一个朝代—陈朝。陈朝历经四帝，大体用心治国，江南因之富庶，而后迎来了陈朝的末代皇帝——陈叔宝。陈叔宝是陈宣帝的长子，宣帝去世后他正在灵柩前大哭，他的弟弟陈叔陵趁机用磨好的刀砍他脑袋，虽击中颈部，却没砍死。大难不死的陈后主即位头两年还有些励精图治的举措，但很快就显露出缺乏事业心的本性，耽于诗酒，专喜声色。

陈朝后宫有一个美人叫张丽华，本为贫家之女，父兄以织席为业。张丽华入宫时年仅十岁，为陈后主最宠爱的孔妃的侍女。有一天，被后主偶然遇见，后主大惊，端视良久，对孔妃说："此国色也。卿何藏此佳丽，而不令我见？"孔妃说："妾谓殿下此时见之，犹嫌其早。"后来陈后主正式即位后册封张丽华为贵妃。为示宠爱，后主为其建造三座阁楼，阁高数十丈，衰延

张丽华像

数十间，穷土木之奇，极人工之巧。窗牖栏槛均以沉檀木为材，以金玉珠翠装饰。里面服玩珍奇，器物瑰丽，皆近古未有，张丽华居于阁楼，有如仙子临凡。

史料记载，张丽华不仅人长得漂亮，发长七尺，黑亮如漆，脸若朝霞，肤如白雪，目似秋水，而且吹弹歌舞，诗词曲赋，均有所长。更难得的是，张丽华还很聪明，记忆力特别好。曾经启奏百官的宦官忘记了奏章内容，张丽华却能逐条裁答，无一遗漏。以致陈后主对国家大事也"置张贵妃于膝上共决之"。

陈叔宝热衷于诗文声乐，聚集了一批文人骚客和才色兼备的宫女（女学士）宴会作诗，特别艳丽的诗词谱上新曲子，令聪慧的宫女们学习。陈后主曾作《玉树后庭花》被后人视为亡国之音：

> 丽宇芳林对高阁，新装艳质本倾城。
> 映户凝娇乍不进，出帷含态笑相迎。
> 妖姬脸似花含露，玉树流光照后庭。
> 花开花落不长久，落红满地归寂中。

北方的隋文帝本有削平四海之志，又听说陈后主不务正业，民生凋敝，就下诏数后主20大罪，写了几十万份诏书遍谕江南。有人劝隋文帝说兵行宜密，不必如此张扬。文帝说："若他惧而改过，朕又何求？我将显行天诛，何必守密？"

陈朝沿边州郡将隋兵即将入侵的消息飞报入朝，后主却笑着对侍从说："齐兵三来，周师再至，无不摧败而去，彼何为者耶？"大臣也奉迎说："长江天堑，古以为限，隔断南北，今日隋军，岂能飞渡？边将欲作功劳，妄言事急。臣每患官卑，虏若渡江，臣定做太尉公矣。"后主深以为然，君臣上下耽于歌妓纵酒，赋诗如故。

后主不仅对隋朝发动的统一战争认识不足，而且肆意妄为，自毁长城。陈朝北部边防最重要的著名将领萧摩诃丧偶，续娶夫人任氏。任氏貌可倾城，与张丽华结为姊妹。萧摩诃不在京城，任氏进宫被张丽华留住，而与后主私通。不难想象自幼勇冠三军的萧摩诃是何心情。

588 年 10 月，隋朝下达战争攻击令，8 路隋军，东至大海，西到巴蜀，旌旗舟楫，横亘千里。而陈军因长期被迷惑，并未准确察觉到此次是真的"狼来了"。

此时陈朝宫廷正忙着筹备一年一度的元旦大典，沿江战船随皇室子弟调往京师附近，造成江防空虚。虽然主要大臣和大将都向陈后主建议须重兵戍守要津，以防北军来袭。后主却认为隋朝只是虚张声势，此时若大规模调动军队，必致惊扰百姓。

趁陈军不备，隋军贺若弼从江苏扬州、韩擒虎从安徽合肥突然渡江，同时杨素按照灭陈作战部署发动长江上游的攻势作战。在湖北宜昌击毁陈军百余艘大型战船，一举突破陈军的第一道防线。

这时陈后主终于确信隋军是动真格的，召集大臣，下诏鼓舞士气说："犬羊陵纵，侵窃郊畿，蜂虿（chài）有毒，宜时扫定。朕当亲御六师，廓清八表，内外并可戒严。"① 然后分兵扼守要害，同时大肆扩兵，连僧尼道士也悉数征召入伍。

在陈朝上下的动员下，杨素水军在歧亭（今长江西陵峡口）遇到陈军有力阻击。陈军将领吕忠肃将自己私产全部捐出充军，激励士气。陈军在两岸岩石上凿孔，系三条铁索横截江面，拦截隋军战船。隋军猛攻陈军岸上营垒，吕忠肃率军据险抵抗，激战 40 余次，隋军伤亡惨重，死 5000 余人。

---

① 《资治通鉴》卷一百七十七。

但在隋军持续的猛烈攻击下，吕忠肃最终被迫放弃营栅，连夜退据荆门（今湖北枝江附近），凭借险要地形，再次阻遏隋军。杨素派大型高楼战舰 4 艘，用舰上拍竿击碎陈军战船 10 余艘，俘 2000 余人，再次大破陈军。屯守公安（今湖北公安）的 3 万陈军烧掉储粮，千余艘战船顺流东撤，企图入援建康，被中游隋军阻于汉口。

在援军受阻、建康也陷入隋军包围的情形下，陈朝慌乱。骠骑大将军萧摩诃建议："贺若弼悬军深入，声援犹远，且其垒堑未坚，人情惶惧，出兵掩袭，必大克之。"①镇东大将军任忠建议：国家足兵足食，应当固守，不与北兵交战，分兵截断江路，使他们彼此音信不通，然后精兵深入敌后，断彼归路，则敌军必不击自去。待来春水涨，上游陈军必沿流赴援，如此可保陈朝江山。后主对这些建议犹豫不决。

直到合围隋军立足已稳，陈后主才下定决心与隋军交战。陈朝将领率建康城中的 10 万大军出城列阵 20 里，但各部分首尾进退互不相知。陈军先锋部队被贺若弼军击退。陈将鲁广达等军继进力战，贺若弼军曾被迫 4 次后退。贺若弼仔细观察陈军队伍，集中兵力猛攻陈军薄弱部分，将其击溃后陈军其他各部受到影响也发生混乱，导致全线溃退，互相践踏，死 5000 人。隋军俘获陈军大将萧摩诃，贺若弼下令斩首，萧摩诃神色自若，于是贺若弼下令免罪，以礼相待。

另一个为后主出主意的大臣任忠也归降了隋军。他见前军溃散，先回宫对后主说：陛下请勿再战，臣已无力报国了。后主给他两袋金子，让他赶紧再去募兵。任忠说：为今之计，陛下唯一的出路就是准备舟楫，到上流去与我军会合，臣当舍死保驾。后主说那你赶紧去部署吧，我们一同出发。不过任忠出来后并未找船，而是直接投降隋将韩擒虎，领隋军直奔朱雀门（今南京市中华门）。任忠对反抗的陈军大呼说："老夫尚降，何况尔等！"众军一

---

① 《陈书·萧摩诃列传》。

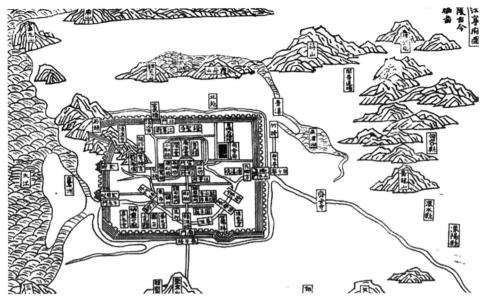

南唐江宁府图（明正德十一年版的《金陵古今图考》，陈沂编绘）

哄而散，韩擒虎率 500 骑兵入城，占据了府库。

隋军攻入南京后，有陈朝大臣劝后主"不若正衣冠，御正殿，依梁武帝见侯景故事"。后主不从："锋刃之下，未可儿戏，朕自有计。"隋兵入宫果然找不到后主，抓了内侍盘问，内侍指井。隋兵对井下呼之不应，威胁要往下扔石头，才听到里面有求饶的声音。用绳子拉上来，隋兵奇怪后主甚重，出来后才发现后主与张、孔二妃同束而上，隋兵皆大笑。检查后主寝室，尚有前线告急文书根本没有拆封。

贺若弼军乘胜推进至南京玄武湖南侧时，只有鲁广达还督余兵苦战不息，杀隋兵数百人。直到日薄西山，才面对宫阙恸哭再拜，解甲就擒，贺若弼遂从北掖门入城。降隋的萧摩诃听说陈后主被擒，对贺若弼说："愿得一见旧主，死无所恨。"得到许可后萧摩诃见到后主，伏地号泣，向后主进献食物后辞诀而出。

陈后主的井下之计并未保住张丽华的性命。晋王杨广（后来的隋炀帝）

素慕张丽华之美，私嘱负责伐陈战事的隋臣高颎："进入建康，必找到张丽华，勿害其命。"

高颎至，召张丽华来见，感叹说：想当年商纣王宠爱妲己以致亡国，姜太公率周军灭纣后，妲己之美竟令周兵无人忍心杀之，最后太公下令蒙面行刑，张丽华也像妲己一样啊。于是斩之于青溪。杨广闻之大怒，发誓报仇，后来继位登基，找个借口处死了高颎。

陈后主投降后，隋文帝赦其罪，给赐甚厚。他依旧过着饮酒作诗的日子，爱吃驴肉，15 年后病逝，52 岁。对亡国一直不以为意。隋文帝后来叹息说："陈叔宝全无心肝。"

陈朝统治集团颠顸腐败，虽从个人角度来讲沉迷诗词歌赋并没有什么不对，但如果忘记自己是一国之君而荒废国政，就不仅会亡国，还会给南国朝野带来灾难。

古铜镜

陈叔宝有一妹（乐昌公主），才色冠绝。隋朝伐陈时她丈夫预言说：未来几年陈朝必将亡国，你才貌俱佳，国亡必入权豪之家，我们可能再也见不到了。但念及我们的感情，我会寻你再见，需要先找个信物。于是两人将一面铜镜破开，各执一半，相约一旦分开每年正月十五执镜在闹市相寻。

后来陈亡，公主果然被置入隋臣杨素之家，受到优待。驸马流离辛苦，来到京城。正月到市场中发现有个老仆在卖半片铜镜，要价很高，行人都笑话他。驸马取出自己收藏的半片铜镜正好可以相合，在上面题了一首诗（镜与人俱去，镜归人不归。无复嫦娥影，空留明月辉。）让老仆带回去。公主得诗，涕泣不食。杨素知道这件事后，不但没动怒，反而将公主还给了流落的驸马，并给了他们一大笔钱，让他们可以终老江南。这就是"破镜重圆"的故事。然而在国家统一战争中，能有这样圆满结局的故事并不多见。以战争方式实现统一，对广大民众而言毕竟是残酷的过程。

席卷江南为一家

陈朝无法抵挡隋朝的统一战争，体现出"势、力、策"三方面的全面落后。与 200 多年前的淝水之战时相比，北军进行统一战争时君臣齐心，政治形势改善，经济军事实力有压倒优势，社会安定，策略正确，而对手较之淝水之战时更差，故一战克捷。

"势"的方面。一是形成于东汉、极盛于魏晋的士族阶层到南北朝后期已经衰落，分裂割据的主要社会基础受到削弱，为统一局面的形成创造了有利条件。二是长时间的民族交往，使北方地区各族人民在政治、经济、文化、社会生活、风俗习惯乃至血缘等方面都大体融合，各族间的对抗情绪大大降低。三是南北朝后期，南北平衡的局面被打破，北强南弱的局面形成。[①] 四是追求统一日渐成为世人的要求。

先看政治形势方面，隋朝政治清明，国家统一意志坚定，有强大民意支持。隋文帝励精图治，上下齐心，北击突厥后，君臣都认为平陈战争时机已到，而后向陈朝民众散发数十万份讨伐檄文，对瓦解江南民心起到作用。陈朝疏于防备，后主沉溺歌舞，败亡之兆，朝野可见，破镜重圆故事中的驸马预言将亡国即是一例。

杨坚本人颇有明君风范。其从辅政时开始便提倡节俭生活，积久成为风习。他也非常注重民生。关中饥荒，杨坚派人去看百姓所用食品，是豆粉拌糠。他拿食品给群臣看，流涕责备自己无德，命撤销常膳，不吃酒肉。他

---

① 樊广平：《杨坚建隋以及对全国的统一》，《文科教学》1996 年第 1 期。

率领饥民到洛阳就食，令卫士不得驱迫民人，遇见扶老携幼的人群，自己引马避路，好言抚慰。道路难走处，令左右扶助挑担的人。杨坚利用其总揽军政大权的重臣身份灭周建隋后，令汉人各复本姓，废弃宇文泰所给鲜卑姓。同时恢复汉、魏官制，轻徭薄赋，改革律法，减轻罚则，开创在中国沿用1300多年的科举制度，选贤任能，这些都符合各族尤其是汉族人的愿望，深得民心，为其统一事业奠定雄厚的执政基础。

社会文化方面，北朝地区的统治者和人民基本上完全汉化，皇帝杨坚本人就是汉族，南朝再以"犬羊"等言辞激发民族情结来抵拒北方军队已经难以奏效。在执政者意志方面，隋文帝杨坚对统一战争意志坚定，其与前秦天王苻坚的充满责任感的理由没什么区别："我为百姓父母，岂可因限一衣带水而不拯救江南百姓！"陈叔宝却明显缺乏坚定的政治理想，亡国之后还在向隋文帝讨要官职，理由是和人打交道可以方便一点。总体社会矛盾方面，北朝也较南朝缓和。①

实力对比方面，隋朝人才济济，隋朝开皇七年（587年），尚书左仆射高颎、信州总管杨素、吴州总管贺若弼、光州刺史高劢、虢州刺史崔仲方等人纷纷向隋文帝献平陈之策。在战争拉开之前，隋朝就已显示出政治和人才优势。战争期间，高颎、贺若弼、韩擒虎、杨素等名将均一时之人杰。陈朝也有萧摩诃、鲁广达等名将，却未能充分发挥其才能。从政治角度讲，唯有清明之治，方能人才济济，唯有政治清明，才可人尽其能。

军事实力方面，隋军战力明显优于陈军。淝水之战时东晋有由北方人组成的战斗力强悍的"北府兵"，在淝水前线一举击溃了前秦军队；陈朝时没有了这种以北方兵为主的部队，战斗力下降。正如南宋初年由北方人组成的岳家军、韩家军、吴家军曾大败金军，但到南宋后期也没有了北方兵一样，会对南方整体军事力量造成影响。当然这只是分析兵源，并不意味着北方兵

---

① 韩国磐：《简论隋朝的统一》，《历史教学》1962年第5期。

战力一定优于南方兵。隋朝在平陈战争中动员 50 余万军队，陈朝约有 20 余万水陆士兵，隋军数倍于陈军，而且局部战役看隋军往往能发挥以少胜多的更强战斗力。

经济实力方面，隋朝有 360 余万户，人口 2900 万，陈朝只有 50 万户，人口 200 多万。隋朝开垦土地激增，统一陈朝后的全国垦田数量（1944 万顷）及全国人口数量（4600 多万人）均为后来的盛唐时期所不及（唐玄宗开元时期全国 4100 万人）。

隋朝统治下的黄河流域当时比陈朝统治下的长江流域及其沿海地区经济更为发达，尤其是手工业方面，北方要远比南方先进。[①] 隋文帝进一步推行均田，几次减赋，缩短服役年限，缓和阶级矛盾。史载隋朝赋税富饶，官方文书称府库都满，不能再藏，只好堆积在廊庑下。而陈叔宝治下却赋税繁重，刑法苛暴，加之自耕农民的破产逃亡和豪强大族的兼并土地户口，小农大量破产，人民怨声载道。

为成功推动统一战争，隋朝做了充分的准备工作，内外建设取得丰硕成果，包括安顿内部、集权中央、平服外患等，费时约七、八年，实现了文化认同与中央集权、平服突厥与收并后梁、南北交战转守为攻、秘密进行军事部署等。[②]

隋军的军事策略和战术运用也很成功。战争打响前，长江下游隋军大量购买陈朝船只，藏匿起来，又将几十艘破旧船只泊于小河，使陈军以为隋军没有战船。同时，频繁换防士兵，大张旗帜，营幕遍野，还使士卒沿江射猎，人马喧噪，以迷惑陈军，使之习以为常，不加戒备。战争展开后，隋军突然大兵压境，陈军猝不及防，完全陷入被动。

---

① 魏明孔：《隋唐手工业与我国经济重心的南北易位》，《中国经济史研究》1999 年第 2 期。

② 高明士：《隋代中国的统一——兼述历史发展的必然性与偶然性》，《唐史论丛》（第七辑）1998 年。

卧榻之侧

隋唐盛世迎来了中国历史上政治、经济、文化、军事方面的发展高峰，但在"安史之乱"后，唐朝走向衰落，藩镇割据的局面最终导致国家分裂。军阀朱温结束了唐朝统治后，中国进入五代十国时代。在这段不到百年的时期里，中原政权先后经历了后梁、后唐、后晋、后汉、后周五个朝代，但每个中原政权都无力实际控制大大小小的周边政权。直到后周时期，君主有为，政权综合实力迅速增强，国力明显强于周边政权，于是拉开了国家统一的序幕。然而大体完成这一历史进程的却是后周将领赵匡胤，他建立了长达300年的宋朝。

赵匡胤

赵匡胤陈桥兵变

赵匡胤由普通士兵成长为君临天下的皇帝，这种经历颇具传奇色彩。但他并不是这种经历的开创者。此前有个叫郭威的人也是从普通一兵通过黄袍加身的兵变成为一国之君，创建了后周政权，而赵匡胤所取代的，正是这个后周政权。事实上，如果不是因为郭威父子均英年早逝，统一江南政权的很可

49

能是国力迅速膨胀的后周政权。

赵匡胤出身军人家庭，从小习武，武术功底相当不错。也正是因为武艺精湛，受到了军队主管将领郭威的赏识。当时郭威还只是后汉政权的一员大将，由于勇武善战，成为拥有较强军事实力的重要大臣。

有一天，忽然传闻契丹军队南下，年幼的后汉皇帝与太后母子命郭威率军北上抗敌。军队开出不远，包括赵匡胤在内的诸多将领将黄袍披在郭威身上，要求他做皇帝。郭威于是率军返回汴梁（开封），正式登基称帝，改国号大周（史称后周）。

郭威出身贫苦人家，深知民间疾苦。做了皇帝后，象隋文帝杨坚一样节俭勤政，兴利除弊，使后周国力迅速增强，其继任者柴荣得以有力量拉开国家统一战争的序幕。

柴荣被史家称为"五代第一明君"，作为郭威的养子，他15岁从军，24岁拜将，33岁称帝，不仅精明强干，而且节约简朴，志向远大，赢得了广泛的拥戴。在位短短的5年间，他清吏治，选人才，均田赋，整顿禁军，限制佛教，奖励农耕，恢复漕运，兴修水利，刻印古籍，大兴文教，纠正科举弊端，修订刑律历法，做出了许多超越前人、启迪后世的非凡之举。南夺江淮之地，北退契丹之兵，由于连年征战，积劳成疾，柴荣年仅39岁病逝，将已经开启的国家统一进程留给了后人。

事业的继承者正是赵匡胤。柴荣病逝后由7岁的幼子继位，军队实权掌握在节度使赵匡胤手中。历史重演了一幕：同样忽然传闻契丹军队南下，年幼的后周皇帝与太后母子命赵匡胤率军北上抗敌。

军队开出不远（陈桥驿，今河南封丘东南陈桥镇），赵匡胤的一些亲信在将士中散布议论，说"今皇帝幼弱，不能亲政，我们为国效力破敌，有谁知晓！不若先拥立赵匡胤为皇帝，然后再出发北征。"第二天，赵匡胤的弟弟（即宋太宗赵光义）和亲信（赵普）率众将士将一件事先准备好的黄袍披在赵匡胤身上，拥立他为皇帝，拜于庭下，高呼万岁，声音几里外都能听到。

赵匡胤说："你们自贪富贵，立我为天子，能从我命则可，不然，我不能为若主矣。"拥立者们一齐表示"惟命是听"。赵匡胤回军，兵不血刃占领开封，称帝建宋。

历经两次黄袍加身的兵变，赵匡胤当然要考虑如何防止这类事件的再次发生，避免政权的得而复失。他认为兵权集中于强将是发生兵变的客观条件，于是采取了"杯酒释兵权"的办法消除了这一隐患。

一天，赵匡胤在后花园设宴款待主要将领。酒过三巡，赵匡胤叹息说：我要不是靠你们出力，到不了这个地步，但做皇帝太艰难了，实在不如做节度使快乐，我整个晚上都不敢安枕而卧啊！诸将忙问其故，赵匡胤说：这不难知道，谁不想做皇帝呢？众将惊恐表白：陛下何出此言，今天命已定，谁还敢有异心？赵匡胤说：你们虽无异心，然而倘若你们部下希求富贵，一旦以黄袍加你之身，尽管你不想做皇帝，能办到吗？众将吓得离席叩头，请求皇帝指条生路。赵匡胤劝说：人生如白驹过隙，求富贵者，不过想多积金钱，多多娱乐，使子孙免遭贫乏而已。你们不如释去兵权，出守地方，多买良田美宅，为子孙立永不可动的产业，同时多买些歌儿舞女，日夜饮酒相欢，以终天年。朕再同你们结为婚姻之家，君臣之间，两无猜疑，上下相安，这不很好吗？众将拜谢，第二天都称病辞职。

赵匡胤运用政治手段，而非军事手段，解决了唐朝中期以来藩镇割据、拥兵自重导致的政权更迭频繁、国家实质分裂的主要问题，改以文官掌军，加强中央集权，使宋朝延续300年没再发生过藩镇割据的问题。赵匡胤为子孙后代定下规矩："不得杀士大夫及上书言事人"，"子孙有渝此誓者，天必殛（jí）之。"宋朝重文轻武、大兴儒学的政策使得社会比较安定，文学、哲学、美术、科技、教育等也空前发达，弊端是导致宋朝军事力量不足，和外族战争多以败仗收场。当然，这是后来的事，在宋朝初年，其军事力量还有朝气蓬勃的惯性，对南唐的渡江统一战争也是在这个时期发生的。赵匡胤登基的第三年（962年）开始，宋朝连续进行大规模的消灭各地割据势力的统一战争。用了 10 年时间，剿灭群雄，周围只剩下两个汉族政权还没有彻底臣服：北方的北汉政权和南方的南唐政权。赵匡胤考虑到北汉政权有强大的契丹（辽）政权支持，一时不易攻取，而南唐政权软弱，于是制定了"先南后北"的统一策略。

李后主忐忑奉宋

南唐是南方大国，地大物丰，带甲数十万，在当时政权林立的政治环境中，其军事力量仅次于契丹和宋朝，水师尤其先进。君主虽姓李，但与唐朝皇室并无关系，以大唐为国号也是附会已灭亡的唐朝。历任三代君主，先主时期尚能开疆拓土，中主时期被北方的后周政权夺去了江淮之地，完全退缩江南，后主时国库不丰，还要不停地向北方上贡，并且向宋朝称臣，去帝号改称"江南国主"。

李煜

南唐第三任国君李煜（yù），在位 15 年，史称李后主、南唐后主。他并非皇室长子，本无心争权夺利，一心向往归隐生活，登上王位完全是个意外，因为他的哥哥们都死光了。他被立为太子前就有大臣向他父皇上奏认为他不适合做一国之君，但他父皇很生气，杀了这个大臣。李后主继位后，果然对治国和用人极不在行，史载"性骄侈，好声色，又喜浮图，为高谈，不恤政事"。天生仁懦，体恤臣民，从不妄加杀戮，草菅人命。这些既是优点，也有缺陷。

李后主精书法，善绘画，通音律，工诗文，其中词的成就最高，是被后人千古传诵的一代词宗。同时李后主也是感情丰富的性情中人。皇后（大周后）生病，李煜朝暮看望、喂食，药要亲口尝，几天不解衣。皇后死后，李煜哀痛至极，亲自写了悼念文章，下笔千言，焚烧祭奠，极其痛楚。

李后主与被隋朝灭亡的陈朝国君陈后主有很多相似之处。例如他们都长于深宫，沉于诗歌，然而李后主的造诣远高于陈后主。陈后主独宠孔、陈二妃，李后主专情大、小周后，最后两个后主都未能保住江南政权，成了亡国之君。李后主因擅写怀旧诗词被宋太宗毒杀，陈后主虽无明显证据，但也有史家怀疑其被隋炀帝毒杀。

李后主在宋朝国力日益增强的压力下采取了"事大策略"，宋朝每次出兵，李后主都会遣使犒师，赵匡胤每次取得征讨胜利后南唐都要进表祝贺。宋灭南汉之后，李后主再次上表，将南唐各种制度进行降格改名，自己的命令由"诏"改"教"，以示自己对大宋的尊奉。李后主还派其弟李从善前往汴京，向赵匡胤表达顺从诚意，希望卑辞求和，但赵匡胤竟把李从善软禁起来，并且利用李从善除掉了南唐朝中岳飞式的大将林仁肇。

林仁肇是南唐名将，刚毅沉稳，勇气过人，胆识超群，而且善于抚恤士兵，与士兵吃同样的伙食，穿同样的粗布衣服，深得军中拥护，他带领的军队特别骁勇善战。在和宋朝及其前朝后周的多次交战中，战绩突出，屡有胜绩。唐周之战时他曾率敢死队冲上前去逆风举火焚桥力阻周军进击。面对宋朝统一的趋势，林仁肇提出主动突击、占领淮南重镇寿春的建议，"假臣兵数万，出寿春，渡肥、淮，据正阳"，可以收复江北全境。

林仁肇此计的考虑是：宋朝连年征战，军队疲惫，淮南防务空虚，南唐军队渡江北上突袭，占领淮南重镇寿春为据点，收复淮河失地，在长江以北留下对宋朝的军事缓冲地带。一旦寿春固守，南唐对宋就不再是单纯防守，而是进可攻、退可守的有利形势。为避免给李后主惹麻烦，林仁肇奏称可在自己起兵之日，将眷属拘捕下狱，然后再向宋朝皇帝赵匡胤上表报告林仁肇违命叛乱。事成，国家或可受益；事败，李后主可将其杀身灭族给宋朝一个解释，可保南唐无祸。如此忠贞智勇的将领千古少有，可惜未遇明君。

李后主没有接受林仁肇建议，他的想法是：宋军强，唐军弱，宋军以步骑兵为主，南唐以水军为主，要攻占淮南，是以弱击强，风险很大。不如依靠长江天险，以守代攻，挫敌自保。因此，李后主要求林仁肇"无妄言"，说这可是亡国灭族的事情啊。

但林仁肇献策的事情被赵匡胤知晓。宋朝于是设反间计，派人秘密潜入南唐林府，将林仁肇画像偷回开封，私下让被拘禁在开封的南唐王爷李从善看，假装不经意地透露此人欲归降宋朝，已经先将画像送来，宋朝已准备好赏赐给林的府第。李从善中计，派遣亲信秘密返回南唐禀报李煜。李后主大怒，以毒酒赐死林仁肇。

李后主自毁长城，让赵匡胤加快了统一的步伐。赵匡胤在开封为李后主修建了精美的园林宅第，两次遣使让李煜到开封面圣，均被拒绝。宋使责备说："朝廷兵甲精锐，物力雄富，南征北伐，所向披靡，尚无一国能为其锋刃。但愿国主明智，切莫以卵击石，还是权衡轻重，及早入朝为好。"李后主回答说："臣年来体弱多恙，不禁风寒，眼下更艰于长途跋涉，实难入朝。"宋使以出兵威胁，李后主慷慨表示要"亲督士卒，背城一战，以存社稷"，战败也要"聚室而焚，终不做他国之鬼"。赵匡胤听了笑称："徒有其口，必无其志。"

李后主果然被说中。宋军攻破南京时，李煜本来堆好了柴草，准备自焚殉国，到最后一刻却放弃了，随着大臣肉袒出降，不过这种情形毕竟强于陈后主被隋军从井里搜出来。

当然，李后主还是尽了全力争取避免与宋朝进行一场实力不对称的战争。他派学识渊博、能言善辩大臣（徐铉）到开封游说赵匡胤，大臣说"煜以小事大，如子事父，未有过失，奈何见伐？"赵匡胤反问"你说父子能分为两家吗？（尔谓父子为两家，可乎？）"后来被劝烦了，干脆回答："不须多言！江南亦有何罪！但天下一家，卧榻之侧，岂容他人酣睡耶！"

浮桥渡江灭南唐

赵匡胤为出兵南唐做了精心准备。在北宋军队一举克敌平定了以广州为中心的南汉之后，宋朝已对南唐形成包围之势。但赵匡胤并没有急于南征，而是命人在荆湖地区准备物资，修建大型战舰，日夜训练水军，三年后水军训练基本完成。然后赵匡胤先与辽国议和，解决后顾之忧；再联合吴越，分兵五路进攻南唐。

宋军中路主力由曹彬、潘美率十万精锐，渡江进攻金陵（南京）。曹彬利用当时的先进技术，指挥大军在长江上搭起了浮桥。这座浮桥应该是中国历史上第一座长江大桥。后来数十万宋军正是凭借此桥，陆续过江，如履平地，突破天险，兵入金陵。这是继晋灭吴和隋灭陈后，第三次大规模的渡江作战，宋军在长江下游成功地架通浮桥，是中国古代战争史上的一个创举，南唐朝野均对此认识不足。

李后主听说宋军在长江搭建浮桥后对大臣说：曹彬此举近于儿戏，江上架桥，亘古未闻，怎么可能会成功呢！李后主过分依赖长江天险，欲"坚壁以老宋师"，却坐失利用宋军渡江时反击的时机。南唐守将（皇甫继勋）自恃水军强大，又有长江天险，且十月江水寒凉，水流湍急，难建浮桥，于是放松警戒。宋军大部队突然渡江后，李煜怒斩守将。

面对宋军兵临城下，李后主紧急下令调来附近守军 10 万余众，在金陵城下布阵，企图依托秦淮河背城一战，挽回危局。他下达了戒严令，宣布全国进入紧急状态，动员群众出钱出力保卫国家。同时，他还下令，在各种公私的文书上停止使用北宋年号，改用天干地支纪年，以此来表示不再接受赵匡胤的领导。

李煜本以为宋军只有前锋一万余人渡江，势必不能立即发动总攻，因此南唐的军队集结速度也比较慢。可没想到宋将潘美见南唐军布阵未完备，下令不等渡河船只到达，率部强涉秦淮河，包围南京。

李后主再次下令紧急征调长江中游 10 万水师东下救援。但南唐援军遭到宋军的阻击。南唐军火攻宋军，宋军稍退，后因风向改变，火焰反烧南唐军，南唐军不战自溃，被宋军歼灭。

宋军在围城多日后，发动了总攻。此时的金陵，外无援军，内无后继，死伤惨重。绝望中的李煜终于作了投降的决定，但南唐的开国元老（陈乔）将降书扔到水沟，劝李后主拼死一战："自古无不亡之国，降亦无由得全，徒取辱耳，请背城一战。"可是李煜已经毫无斗志，拉着这位重臣的手直哭。这位重臣无奈之下回到自己家中自缢。

宋朝第一名将曹彬在接受李煜投降时，后主率领诸王公大臣缓缓自宫中步出。他们一律免去冠服，只穿着贴身白衣，戴着青布小帽，以示"肉袒"请降。后主自捧皇印玉玺，宰相等大臣跟在后面。不待他们走近，潘美和曹彬都起身迎上前去。后主诚惶诚恐地先向走在前面的潘美施礼，潘美马上施礼以还。后主再向曹彬施礼，曹彬微笑说道："在下甲胄在身，不及答拜。"后主惶恐地答道："待罪之身，岂敢有劳元帅答礼？今率子弟僚属 45 人，恭候元帅发落。"

曹彬接过御玺和降表，和颜悦色地安抚后主说：阁下化干戈为玉帛，免使生灵涂炭，正合天心民意。这也是你的功劳，过去的事就休再提它了。李后主作为俘虏，随宋军离开了南唐故都。临别时留下"江南江北旧家乡，三十年来梦一场"的诗句。

南唐灭亡后，李煜被带到了开封。赵匡胤责备他没有奉命面圣，封其为"违命侯"，但对他还算不错。有一次宋太祖赵匡胤宴请群臣，也请他前去吟诗，听到李煜念到"揖让月在手，动摇风满怀"，赵匡胤笑道：满怀的风能有多少？又让李煜与群臣谈论他所擅长的诗词、音律，李煜旁征博引，赵匡胤赞道："好一位翰林学士！"

赵匡胤逝后，继任的宋太宗赵光义表面对李煜还算宽容，但却屡屡伤其自尊。有一次，赵光义带李煜去看新落成的图书馆（崇文院），指着馆内藏书说："据说你在江南喜欢读书，这些书大多是你的藏书，不知你自归顺以来，是否经常来这儿读书？"李煜极其尴尬。

在失意的心情下李煜写下一些深怀亡国之痛的词曲，并后悔没有听从以前忠臣的建议远离奸臣努力治国，这些情况传到宋太宗赵光义那里，赵光义对李煜牢骚满腹而没有对自己感恩戴德的做法勃然大怒。于是在李煜42岁生日时命人以祝寿为名送来毒酒，将其毒死。李煜死后，江南人闻之，"皆巷哭为斋"。

李后主笔下令人痛彻心扉的词句成为传统汉文化的千古绝唱：

浪淘沙

帘外雨潺潺，春意阑珊。

罗衾不耐五更寒。

梦里不知身是客，一晌贪欢。

独自莫凭栏，无限江山。

别时容易见时难。

流水落花春去也，天上人间。

虞美人

春花秋月何时了，往事知多少？

小楼昨夜又东风，故国不堪回首月明中。

雕栏玉砌应犹在，只是朱颜改。

问君能有几多愁？恰似一江春水向东流。

春花秋月映刀光

从政治形势、实力对比、策略运用三方面看，宋政权均有南唐政权所无法比拟的优势，宋灭南唐即使在当时看来也没有悬念。

　　赵匡胤具备推动统一的政治意志和手段。与此前推动渡江统一的君主一样，赵匡胤也有旺盛的企图心、权力欲和责任感，这一点从他们大多通过兵变方式获取政权就可见一斑。例如西晋的司马氏通过兵变夺取曹魏政权，再渡江统一孙吴；前秦苻坚通过兵变除掉暴君苻生夺取政权，后发动对东晋的统一战争；隋朝杨坚通过兵变夺取北周政权，进而渡江统一陈朝；赵匡胤也是通过兵变夺取后周政权，才发动对南唐的渡江统一战争。

　　政治的核心是民心。赵匡胤是中国古代皇帝中比较宽容和不爱杀大臣的。他运用"杯酒释兵权"的办法不但巩固了中央集权，还赢得了朝野的赞誉和社会的稳定。对外征讨赵匡胤也秉持争取人心的怀柔政策。每次出兵之前都要强调，天下战乱频繁已久，采取武力征讨是迫不得已，将领们要争取做到战争中不杀人或少杀人。

　　平定南唐前，赵匡胤对大将曹彬当面交代："破城日，不可妄杀一人。朕宁不得江南，不可辄杀也！"后来曹彬率军快要攻克金陵时忽然卧床不起，众将探望，曹彬说自己的病不靠吃药，"以克城之日，不妄杀一人，则自愈矣。"众将焚香发誓不乱杀人，他才下令破城进军，完成了赵匡胤的交代。灭掉南唐后，赵匡胤流泪说："宇县分割，民受其祸，必有横罹锋刃者，此实可哀也！"下令出米十万斛赈济城市饥民。这些举措无疑对争取民心大有助益。

　　宋初，赵匡胤已被儒生官僚们视为真命天子，相信必将统一。后蜀官员（孙光宪）对蜀主（孟昶）说："中国自周世宗时，已有混一天下之志。圣宋受命，凡所措置，规模益宏远。今伐文表，如以山压卵尔。"[1] 南汉大臣（邵廷琄）也告诫君主："幸中国多故，干戈不及，而汉益骄于无事。今兵不识旗鼓，而人主不知存亡。夫天下乱久矣，乱久必治。今闻真主已出，将尽有海内，其势非一天下不能已。"[2]

---

[1] 《续资治通鉴长编》卷四，乾德元年二月。
[2] 《续资治通鉴长编》卷五，乾德二年九月戊子。

　　赵匡胤的政治吸引力影响到南唐士人。有个南唐读书人（樊若水），认为宋朝平定南唐是迟早的事，自己以垂钓为名，在采石矶一带勘察丈量江面宽度，绘制测量图纸潜往开封，向宋朝献平唐之计。宋朝众将认为架设浮桥没有先例，而赵匡胤以为可行。宋军进至采石后，曹彬命他主持架桥。时值长江枯水季节，采石一带浪平滩浅，浮桥十分顺利，竟"三日而成，不差尺寸"，宋军渡江，若履平地。

　　南唐李煜在政治号召和用人方面则明显暗弱。一位南唐开国元老（陈乔）曾断言有林仁肇主外、自己主内即可保住南唐江山："令仁肇将外，吾掌机务，国虽蹙，未可图也。"当听说李煜鸩杀林仁肇后惊叹："事势如此，而杀忠臣，我不知道自己将要葬身何方了（国势如此，而杀忠臣，吾不知所税驾也）。"

　　另一位南唐忠臣（潘佑）八次呈上奏疏，要求李煜远离奸臣，避免亡国："臣终不能与奸臣杂处，事亡国之主。陛下不必以臣为罪，则请赐诛戮，以谢中外。"李后主对这样的批评很生气，将他投入监狱。他在狱中悬梁自尽。他的好友（李平）也对李煜万念俱灰，同样自缢于狱中。几十年后，身为俘虏的李煜对旧臣倾诉错杀此二人的悔意，并由此招来杀身之祸。凡此种种均可看出李煜之亡国在政治上已世人皆知，很多人只是出于忠贞理念以死

韩熙载夜宴图（局部）

报国，有些人看出南唐必亡而明哲保身。有个被李煜父子都很器重的大臣（韩熙载）故意在生活上放纵，蓄养40多名妓妾，每日纵情歌舞，寻欢作乐，他背地里对心腹说："我这样做是故意搞坏名声，以免被任为宰相。国事如此，我已无能为力。"

文化方面，虽然南唐李后主才情难以匹敌，但北宋赵匡胤在推动文化建设方面绝对不遑多让。赵匡胤尊孔崇儒，完善科举，创设殿试，知人善任，厚禄养廉等一系列重大举措，成为中国历史上最受推崇的一代文治之君，彻底扭转了唐末以来武夫专权的局面，使宋代的文化空前繁盛。

赵匡胤本人亦非纯粹武夫，他不仅自己手不释卷，也倡导手下大臣读书。南唐李后主曾遣人（徐铉）在赵匡胤面前夸赞李煜如何博学多才，怜民惜民，不该征讨。赵匡胤问他能不能背诵一二首李煜的诗来听听，大臣朗声念道："月寒秋竹冷，风切夜窗声"，并说这篇《秋月》诗天下传诵。赵匡胤笑道："此寒士说，朕不为也。"大臣反讥道："陛下有高明之篇，微臣愿闻玉音。"赵匡胤说自己还不是皇帝时，也曾有一句咏月诗："未离海底千山暗，才到中天万国明。"诗句气魄之大令南唐大臣也暗自折服。

经济实力方面，南唐最盛时幅员35州，大约地跨今江西全省及安徽、江苏、福建和湖北、湖南等省的一部分。但被后周军队击败（958年）后，被迫割让长江以北领土，失去江苏产盐区，从以前的食盐出口国，迅速跌落为食盐进口国，这对南唐经济是个极为沉重的打击。南唐不得不每年由北周供给南唐30万石食盐，需要支付铜钱60万贯以上，加上此外每年必须支付的数十万贡纳，南唐财政已是捉襟见肘。

宋灭南唐那一年（975年），北宋与南唐的户口分别为244万户和66万户，人口分别约为1200万和400万。但南唐东侧的钱氏吴越政权还有55万户约300万人，在宋灭南唐的战争中坚定地站在宋朝一边，协同出兵进攻南唐，因此交战双方的人口对比接近4∶1。

北宋经济实力雄厚，赵匡胤也很注意经济与政治和军事的关系，他曾经从经济角度探讨制服契丹之策："我以 20 绢购一契丹人首。其精兵不过 10 万人，止费 200 万绢，则敌尽矣。"

军事实力方面，宋太祖时北宋禁军不过 20 万，禁军厢军合计不过 40 万，对南唐发动军事进攻大约动用了 20 余万的兵力，曹彬、潘美率水军、步军、骑军 10 万作为攻唐主力。南唐全国大约有 20 万士兵，几乎全部调动抵抗宋军南下，其中保卫南京的兵力有 10 万人，因此在宋灭南唐的统一战争中双方的兵力基本是在伯仲之间，但宋军的战力和士气明显更强。

北宋开始发动统一战争后，南方各国在赵匡胤政权的威慑下无一具有抵抗宋军坚定信念的心理基础。各国弃春秋战国时代合纵连横传统于不顾，多讨好宋朝以自保，最终被各个击破。一个重要的原因是，隋唐几百年统一和稳定的社会环境，使大一统观念深植于汉民族心理，在分裂割据的乱世里，军事力量强大的王朝往往成为一统天下的符号，多数对手闻风丧胆，会失去抵抗的勇气和力量。[①]

---

① 章深：《宋朝统一岭南的战争——兼论古代"合纵连横"传统的湮没》，《学术研究》2007 年第 10 期。

金戈铁马

北宋时期，崛起于中国东北的女真人建立金政权。金兵一路南下，亡辽灭宋，占领北宋都城，俘虏北宋皇帝。幸运的是，皇室赵构逃跑到南方居然重新受到拥戴，继续维持相对独立的赵宋汉人政权，史称"南宋"。南宋与金大体以江淮为界，金兵几次南征，虽曾跨越长江，却始终未能灭亡南宋。

海上盟约共灭辽

宋政权在与辽政权战争失败后就一直延续军事孱弱的特点，对外战争败多胜少，因此才有宋神宗时期推动的旨在富国强兵的王安石变法。然而变法并未改变北宋重文轻武的传统，战斗力始终不强。靖康年间，灭亡辽政权的金朝出兵北宋，宋神宗的第11个儿子宋徽宗（赵佶，中国历史上出色的书画家、金石家、收藏家）与其子宋钦宗二人一起被金兵俘虏，北宋灭亡。

金国是女真族政权，兴起于黑龙江一带，原被辽朝统治。直到女真族出现了一个叫完颜阿骨打（汉名完颜旻，金太祖）的杰出领袖，率领女真士兵所向披靡，战无不胜，不但建立了金政权，还灭亡了统治包括女真人在内的中国北方长达200余年的辽政权。

完颜阿骨打强硬刚猛，有勇有谋。早前辽朝皇帝（天祚帝）在视察时，要求女真族酋长跳舞助兴，完颜阿骨打拒绝，双方不欢而散，险弄刀兵。事后完颜阿骨打以此激发女真族人的耻辱感，起兵反辽，并逐步统一女真各部，建立金政权。

完颜阿骨打率领的女真兵战斗力极其强悍，与辽军作战以少胜多是家常便饭。最著名的有两次会战：一次是出河店之战，完颜阿骨打以不到4000人打败辽军10万人；另一次是护步达冈之战，完颜阿骨打率各族联军2万人击败了70万辽军，当然，这次胜利很大程度上与辽政权内讧有关，但辽军死尸枕藉百余里却是金军的战绩。

女真人画像

金军以破竹之势一路从黑龙江打到燕京，将辽朝五京一一攻克，一举灭辽（1125年）。辽朝皇室除一部分（耶律大石）迁至中亚建立地方强权西辽外，大部分契丹族人成为金朝臣民。

在灭辽前后，金、宋曾为对付辽国这一共同敌人结成联盟。最早是宋朝得知金政权崛起并多次败辽，宋徽宗正式派遣使节（马政、呼延庆）从山东蓬莱出发，登陆辽东后又前行20余日到达金朝上京（今黑龙江哈尔滨阿城白城子）。完颜阿骨打亲自接见，宋使提出宋金联合攻辽的计划，完颜阿骨打等人商议两天后同意该策略。

当金国使节（李善庆）随宋使返回开封后，宋徽宗并没有接见金使，只是派了蔡京、童贯谈判。童贯提出攻辽成功后燕云十六州应归还宋朝，金使称完颜阿骨打对此未授权。宋使（赵有开）随金使返回上京途中病故，宋朝又听到辽国册封完颜阿骨打为东怀国王、辽金讲和的消息，就取消了再派正使的打算，让副使（呼延庆）赴金。

因宋徽宗没见金使，这次完颜阿骨打也没见宋使。金人（粘罕）质问呼延庆宋朝为何中止谈判，呼延庆回答：我朝听说贵国已受辽封为东怀国，与辽修好，故未遣使。粘罕说：与金修好是辽单方面的意思，辽册封金为东怀国是对大金的侮辱，金并没有接受；如果宋朝想继续联金攻辽，要送正式国书。因为此前金使在宋朝滞留了 8 个多月，金国也扣留了呼延庆几个月才放回。

出于瓜分辽地的考虑，宋朝还是遣使带着宋徽宗的亲笔信赴金结盟。当双方为盟约的名字叫宋金联盟还是金宋联盟僵持不下时，宋使提出此盟是从渡海开始的，不如就叫"海上之盟"，金方表示同意。

海上之盟包括如下条款：

一、宋金南北出兵夹攻契丹。两国军队均不许越过长城。这期间双方不许单方与辽讲和。

二、宋朝将每年贡给辽国的岁币，按旧数转贡金国。金国出兵，宋朝给予一定的粮饷军费补贴。

三、战后（如果胜利），金原则上同意将燕（北京）云（大同）十六州交给宋朝。

四、双方不许招降纳叛。

五、双方共同遵守盟约，若不如约，则难依已许之约。

六、平州（秦皇岛周边）不属燕京旧汉地，不在归还之列。此外，金军为捉拿辽天祚帝暂住西京（大同）。

盟约签订后，完颜阿骨打率领金军很快攻下了辽中京（今内蒙古赤峰宁城），同时派兵占领了辽西京（今山西大同），完成了盟约任务。宋朝却因派兵镇压南方方腊起义，北上攻打燕京（北京）比约定日期迟了三年零八个月。更糟糕的是，辽军虽然被金军打得溃不成军，但遇到童贯所率宋军竟屡战屡胜，致使宋军始终攻不下燕京，只好向完颜阿骨打求助。应宋军要求，完颜阿骨打挥师跨越长城，南下居庸关。辽军震恐而降，金军兵不血刃地占领了燕京城。

按照金宋之间的约定，金军押解着几万燕京的各类工匠、年轻女子、青壮劳力，满载金银财宝、图书典籍归去，宋朝收复燕京等空城。尽管如此，宋徽宗仍然非常兴奋，他认为自己完成了历代祖宗都没有完成的收复燕云十六州的伟业，值得庆祝，宣诏全国大赦，同庆三天。

靖康之变北宋亡

拿下燕京后，完颜阿骨打部署完追击辽帝事宜，在返回上京的途中病逝（1123 年）。其弟金太宗（完颜吴乞买）继位后，用了两年时间追击辽军余部，俘获辽帝。而后迅速由灭辽战争转为灭宋战争，又用了两年时间攻灭北宋。

发动对宋战争的理由是宋朝不遵守盟约。先是宋朝没有如约对辽进行南北夹击，请金军攻下燕京还向金朝索要土地，后来又接纳金朝汉人将领（张觉）献地投降，公然违背盟约。宋朝虽斩杀该降将以求平息争端，但金朝还是以此为借口发动战争。宋朝为讨好金朝斩杀降将的举动大失人心，后来前辽朝汉人将领郭药师（"常胜军"统帅）等人的降金即有担心宋朝随时会牺牲自己的考虑。

金军两路南下：西路军由金朝开国第一功臣粘罕（女真名粘没喝，汉名完颜宗翰）率领，自山西大同攻太原；东路军由金国"二太子"（金太祖第二子，女真名斡离不，汉名完颜宗望）率领，自河北秦皇岛附近出兵攻燕京。东路军因宋朝守将郭药师投降而轻取北京，并以郭药师为向导直扑宋朝东京汴梁（今开封）。西路军围攻太原遭遇宋军顽强抗击，无法与东路军会师汴梁。

宋徽宗见形势危急，令各地宋军入援，同时遣使向金求和，并传位宋钦宗（赵桓），自己南逃。宋钦宗也欲弃城西走，国防部副部长李纲力谏，认为"今日之计，莫如整励士马，声言出战，固结民心，相与坚守，以待勤王之师"。[①] 宋钦宗才决定留在东京，但始终在战与和之间犹豫不决。

面对金朝东路军 6 万兵的包围，李纲率军民日夜坚守。不久，各地勤王宋

---

① 《宋史·李纲传》。

军 20 余万来援，包括宋朝最精锐的西军（征讨西夏的边防军）。但宋钦宗最后还是倒向主和派，与金人议和，甚至将一名擅自向金军发炮的霹雳炮手枭首处死以示诚意，并严格限制主战派的军事行动，比如不准对撤退的金军半渡攻击、不准在黄河两岸加强战备等。

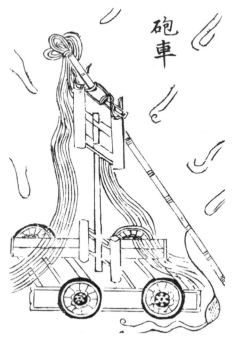

砲车

金军要求宋朝割让太原等北方三镇，又要赔偿黄金五百万两、白银五千万两，牛马各一万匹，绢一万匹。宋钦宗先行答允，待金兵退却后密诏太原等三镇守将不要让金人接收，又联络西夏抗金。

宋代炮车

金人在接收北方三镇时发现被骗，对宋人屡屡爽约大为恼火。宋钦宗又以蜡丸密书策反原为辽朝贵族的金朝将领，约其反金。金太宗得知宋朝正鼓动金朝内外势力颠覆金政权后，立刻再次发兵攻宋。

同样是粘罕（完颜宗翰）率西路军出山西，二太子（完颜宗望）率东路军出河北，这次终于会师于汴梁城下。宋钦宗惊恐，急许与金划黄河为界。金不理会，继续进攻，直至破城。

在攻下外城后，金军并未立即攻城，通知宋钦宗可以议和退兵，但要宋钦宗亲自来谈。粘罕放话说："自古就有南北之分，今之所议，在割地而已。"宋钦宗于是拒绝了汴梁军民巷战抗金的请求，亲自到金营跪拜称臣求和。金人在斋宫里向北设香案，令宋朝君臣面北而拜，以尽臣礼，宣读降表。

宋钦宗对金军提出的割地赔款条件都一一答应。为满足金人提出的对金银、绢帛、少女的勒索，宋朝派出大批官员在皇亲国戚、官吏、僧人、百姓家查抄财物人口 20 余天，开封城内十室九空，自杀者甚众，负责搜刮的 4 位大臣被斩，仍难达到金人要求。

金人要求宋钦宗再次到金营商谈。宋钦宗到达金营后立刻被囚禁，金帅根本不与他见面，只把他安置到有可供睡觉的土炕的小屋内，完全失去了活动自由。金人扣留钦宗后，声言金银布帛数一日不齐，便一日不放还钦宗，并要宋徽宗来见。宋徽宗不得已至金营，与宋钦宗一起被金人废为庶人。金军携二帝北还，北宋遂亡。

宋朝二帝被押至黑龙江后，金人举行了献俘仪式，皇后等人不堪受辱自尽，二帝受尽折磨后也客死他乡。宋徽宗被押解途中写诗道：

宋徽宗

> 彻夜西风撼破扉，萧条孤馆一灯微。
>
> 家山回首三千里，目断天南无雁飞。

精忠报国阻大江

金兵俘虏宋徽宗、宋钦宗等宋朝皇室 3000 余人北归，北宋灭亡。此后金朝向南宋发动了旨在彻底灭亡宋朝的渡江战役，主要有两次，却均未实现统一南北的战略目标。

第一次是为惩罚和消灭赵氏政权。北宋康王赵构逃过劫难，跑到南方称帝建国，延续赵氏政权，史称"南宋"。这一局面违背了金朝的初衷，因为金朝希望南方的汉人政权应由自己指定皇帝。例如金朝废徽、钦二帝后，册封张邦昌为帝，国号"大楚"，统治宋境，以及后来册封刘豫为帝，国号"大齐"，统治华北地区。宋高宗赵构未获金朝批准就取代张邦昌为帝，金政权颇感恼怒，以"推戴赵构，妄称兴复"为罪名发动了旨在灭亡南宋的跨越长江之战。

金兵依旧兵分两路，西路军统帅还是后来权倾一时的粘罕，东路军因为统帅二太子（完颜宗望）已死，后来很快由四太子兀术（完颜宗弼）实际率领。兀术作战神勇，曾大败宋朝名将宗泽、韩世忠，在山东地区屡破宋军，此次出兵迅速平定河北。

金太宗指示：要对赵构穷追不舍，灭宋后另立他人。[①]1129 年，兀术率军一路南下，所过州县，一击即破，或不战而降，一直打到长江北岸。在采石矶渡江遭到宋军阻击后，转向马家渡大败南宋守军，渡江攻下建康（南京），而后一路进至南宋都城临安（杭州）。

赵构派使者致书金帅粘罕说："古之有国家而迫于危亡者，不过守与奔而已，今以守则无人，以奔则无地，此所以然惟冀阁下之见哀而赦己，前者连奉书愿削去旧号，是天地之间皆大金之国而尊无二上，亦何必劳师以远涉而后为快哉。"

金军对赵构一再表示愿意削去帝号、甘为金朝藩臣的请求置之不理。赵构赶紧向浙江宁波撤退，兀术派兵 4000 追赶。赵构登船逃入海上，金兵追到舟山岛上。得知赵构已取道温州逃往福州，金军又入海追击，"遂行海追三百余里"，不及而还。

次年兀术带着从江南各地掠夺的大量金银财物沿运河北还，临行前将具有几百年文明的临安古城付之一炬。沿途烧杀抢掠，激起江南人民强烈反抗。至镇江遭到宋将韩世忠的阻截。

韩世忠水师战船高大，扼守江口，金军无法通过，又不善水战，损失惨

---

① "康王构当穷其所往而追之。俟平宋，当立藩辅如张邦昌者"。（《金史》卷七十四）

重，双方相持 48 日，兀术仍不能渡江，只好溯江西上到黄天荡，循老鹳河故道，开凿 30 里长的大渠，通到秦淮河，才得以逃回建康（南京）。

韩世忠追至建康，以战船封锁江面，金军再次受困。兀术张榜立赏，招人献破船渡江之策，一王姓福建人贪赏献策：海船无风不动，以火箭射其篷帆，不攻自破。兀术连夜赶制火箭，在无风之日令将士驾小船以火箭射篷帆，宋军大败，金军渡江北归，放火焚烧了建康城。

北归途中金兀术军又遭到宋将岳飞所率军队的袭扰和截击，金军损失惨重。兀术开始认识到灭宋的困难，由积极的主战派变成了消极的务实派。"自江南回，初至江北，每遇亲识，必相持泣下，诉以过江艰危，几不免"。当金朝令他"再征江南，兀术皇恐推避，不肯从之"，总之是被江南的水战打怕了。

接下来的 10 年间，金、宋围绕江淮之地展开反复争夺，战斗艰苦而激烈。期间守城抗金的南宋军民常常面临内无粮草、外无军援的困境。宋将韩世忠的夫人梁红玉率军镇守淮安时，亲自用芦苇"织蒲为屋"，并在寻找野

中兴四将图（局部）（右三为岳飞）

菜充饥时，在湖边发现一种水草数量众多，战马爱吃，尝后发现人亦可食，遂发动军民采食充饥，坚持战斗，竟使金兵铁骑无法跨越淮河。后来，这种被民间称为"抗金菜"的水草成为一道清脆鲜嫩、爽滑可口的淮扬名菜——开洋蒲菜。从斜阳下的萋萋水草到舌尖上的菜系佳肴，饮食之间饱含历史沧桑。

在长期的拉锯战中，岳飞率领的宋军屡胜兀术的金军。兀术在战场上无法取胜，就利用宋高宗赵构畏战求和的心理，通过南宋宰相秦桧杀害了主张北伐的重要将领岳飞，宋廷接受称臣、赔款的议和条件，于1142年签署和约，史称"绍兴和议"（也称"皇统和议"）。南宋成为金朝的附属国，金朝被视为当时中国名义上的中央政权，西夏、高丽等国均对其臣服。

第二次渡江战役是在20多年后的1161年，金朝出兵的理由是索取淮南地区，实则企图消灭南宋。

"绍兴和议"后，由于金朝皇帝更迭以及权臣意见不一，金政权内部对处理与南宋的关系存在不同意见。当主和派占上风后，金朝决定将已经占领的陕西、淮南部分地区送与南宋，以获取对方政治上的好感。不料宋朝并未对此感恩戴德，反而在收复故土后加强戒备。

有南宋大臣（吴玠）说，金虽将这些土地让与大宋，但陕西等地均具有重要的战略意义，日后金必后悔。金朝后来果然反悔，主和派首领被杀，主战派占上风，提出要收复淮南等地。

随后，一个有名的荒淫皇帝登上了历史舞台，他就是金朝第四位皇帝海陵王完颜亮（女真名迪古乃，也称海炀王）。

完颜亮是金太祖完颜阿骨打之孙，在许多方面很像隋炀帝杨广。他文武双全，广交名士，神情闲逸，态度宽和，多才多艺，精通汉学，志向远大。《金史·海陵记》中称其"智足以拒谏，言足以饰非"。在登基前善于伪装，曾经深得金熙宗信任，并借金熙宗之手除去了金熙宗的几个亲兄弟。在金熙宗孤立后，他发动政变，自行称帝。

完颜亮好大喜功，曾对大臣说："吾有三志，国家大事，皆我所出，一也；帅师伐远，执其君长问罪于前，二也；得天下绝色而妻之，三也。"因此，完颜亮一上台，除了声色犬马外，在政务上进行了大刀阔斧的改革，包括将都城由黑龙江迁到北京，大大加速了女真族的汉化。北京也正是在他的主政时期开始成为有全国影响力的都城。

同时，完颜亮积极着手攻伐南宋以统一中国。征调牲畜，战马多达56万匹。囤积粮食，在北京通州大造战船。对百姓预征5年税赋，凡年20岁以上、50岁以下的猛安谋克（相当于清朝的八旗）民众，一律纳入军籍，听候调遣。

准备了两年后，完颜亮不顾大臣们的反对，执意南征。1161年，金使赴宋要求重划国界，收回淮南等地。南宋朝野群情激愤，迫使宋高宗没有答应割地议和，并开始备战。

于是完颜亮率大军兵分四路南征，除陆上三路分别准备从长江上、中、下游渡江外，还组织7万人的海军准备沿海路进攻杭州（这7万海军被岳飞部将李宝以3000宋军运用火药箭毁船围歼）。《宋史》称："金主自将，兵号百万，毡帐相望，钲鼓之声不绝。"虽然号称100万（一说60万）大军，实际可能没有那么多。完颜亮从军中挑选了5000名强健能射者，亲自阅试，号为"硬军"，说："签兵数十万，只是强大声势。取江南，有这五千人足矣。"

1161年秋，完颜亮亲率17万大军长驱直入，抵达长江北岸，准备从采石（今安徽马鞍山附近，南京上游）对岸渡江。当时江南宋军主将不战自退，新任负责防御长江的将领还没赶到，散兵游勇，士气低落，而金军已经挟渡淮之威准备一举渡过长江。南宋岌岌可危！

这时一个被毛泽东称为"千古一人"的白马书生出现了。

虞允文，南宋四川人，作为军事参谋赴长江前线犒师。发现宋军群龙无首，形势危急，毅然在金军渡江的前一天召集采石宋军，鼓舞士气，部署作战方案。

他向当时军心散漫的士兵说：若金军成功渡江，你们又能逃往哪里？现在我军控制着大江，凭借长江天险，为何不能死里求生？何况朝廷养兵三十年，为什么诸位不能与敌血战以报效国家？

这番演说奇迹般地扭转了军心，重获士气的1.8万采石宋军决心与10倍于己的金军拼死一战。虞允文将陆军列阵江边，水军分五队，一队在江中，两队在岸边，两队作为后备隐蔽。

第二天金军发动渡江攻击，70艘战船抵达对岸，在金军冲击下宋军开始后撤。虞允文亲自在阵中鼓舞将领士气，宋军与金军展开了殊死搏斗，消灭了成功登陆的金军。

宋军水军也开始对半渡之敌发动攻击，战斗十分激烈，宋军后备水军也投入战斗。当时宋朝水军装备优于金军，甚至在水师舰船上已经装备有霹雳炮等火器，对金军发射霹雳炮时，"自空而下，其声如雷，纸裂而石灰散为烟雾，眯其人马之目，人物不相见。"金军死伤过半，但仍力战不退，展示出优良军纪。水面战斗直到天黑还没结束。

这时有从其他地方过来的南宋败兵经过采石，虞允文令其整好队形，摇旗呐喊，击鼓而进，从山后至江边，金军以为宋军援兵到，开始后退。虞允文组织宋军用当时世界上最先进的武器、也是金兵最害怕的神臂弩射击敌船，大批远距离且身穿甲胄的金兵被射死于江中。逃回去的金军将士也被完颜亮以兵败失职"悉敲杀之"。

第三天，完颜亮又督兵渡江，虞允文命事先埋伏好的两

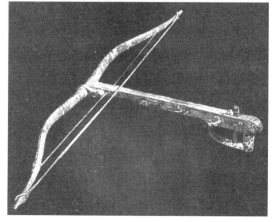

神臂弩复原图（装有机关，可由一人发射，射程可达370多米，能贯穿重甲）

队水军夹击金军，金军被宋军焚毁战船 300 余艘，大败而去。完颜亮又向宋军施用反间计，也被虞允文识破。

完颜亮被迫率部转至江苏扬州渡江，虞允文率万余军队赴京口增强防御。完颜亮发布"实行连坐法"的军令：军士逃亡则杀部将，部将逃亡则杀主将。金军人心浮动，此时金朝内部发生政变，金世宗（完颜雍）在辽阳称帝，金军哗变，完颜亮在帐中为部将所杀，金军北退。

"采石之战"是南宋唯一的一次击败金军渡江的战役，此战过后，金军再未能渡过长江，在宋金战争史上具有重要的历史意义。

金朝南征失败，提出议和。宋朝也发生皇帝更迭，并一度发动北伐，同样失利。这样，在 1164 年，金、宋重新议和，史称"隆兴和议"。内容包括：

一、南宋对金不再称臣，改叔、侄关系；

二、维持绍兴和议规定的疆界；

三、宋每年给金的"岁贡"改称"岁币"，银绢从 25 万两、匹改为 20 万两、匹；

四、宋割商州（今陕西商县）、秦州（今甘肃天水）予金；五、金不再追回由金逃入宋的人员。

隆兴和议签订后，金宋两国近 40 年没有发生战事。双方在这段时间都出现了社会稳定繁荣的局面。然而，70 年后，新崛起的蒙古政权灭亡了金政权，又过了 45 年，宋政权灭亡，南北始得再次统一。

在南宋统治的 152 年间，南北均有统一的志向，却只能划江而治。金朝完颜亮曾作诗云：

> 万里车书一混同，江南岂有别疆封？
>
> 提兵百万西湖侧，立马吴山第一峰。

宋朝陆游亦有诗云：

> 死后元知万事空，但悲不见九州同。

王师北定中原日，家祭无忘告乃翁。

金、宋两朝虽都有统一南北的主张，却终未能成为现实。

遥望天堑人断肠

为什么金朝没能渡过长江实现中国的南北统一？简单讲，还是势、力、策三方面没有到位。

政治形势中最重要的是南北民意对金政权的认同程度远远不够。虽然金朝被视为当时中国名义上的中央政权，但它和前秦政权一样，是由北方少数民族建立起来的政权，当时女真族文明程度远低于汉文明，金政权也不易得到南宋民众的认同。更何况，原属北宋的中原地区民众刚被征服，也未建立起对金政权的认同和效忠，金朝在消化和巩固华北地区的统治之前，还不具备统一南方的政治形势。

当初金军刚占领曲阜，有士兵挖孔子墓，金军统帅粘罕问："孔子何人？"汉人告诉他："古之大圣人。"粘罕说："大圣人墓岂可发？"并杀了乱挖墓的士兵。[1] 到了金朝第三代皇帝的时候，金熙宗已经完全汉化，能赋诗染翰，雅歌儒服，分茶焚香，弈棋象戏，尽失女真故态。金熙宗视开国旧臣为"无知夷狄"，金朝老臣视金熙宗"宛然一汉户少年子也。"[2] 金熙宗修复孔庙、提高孔子后人待遇的做法也得到汉人的认同。女真人与汉人不断融合，百年后蒙古灭金时已不分金、汉。

可见，金政权很早就在着手构建汉地民众对女真政权的认同，尤其是尊孔汉化，以文化认同促进政权认同，只是时间还不够长。假以时日，形势会朝向有利于金政权完成统一的方向发展。

从当时宋政权的政治影响力来看，时人大多并不认为北宋灭亡是赵氏之

---

① 〔宋〕洪皓：《松漠纪闻》，上海古籍出版社点校本 2001 年版，第 2803 页。
② 〔金〕宇文懋昭：《大金国志》卷十二，熙宗孝成皇帝四。

罪，因此张邦昌虽受金人指定为帝却不敢真做皇帝，赵构跑到南方却立即被臣民拥立为帝。这大概与宋朝的德治政策有关。开国皇帝赵匡胤定下的"不杀士大夫"的祖训以及科举考试中举直接授予官职的做法深受天下读书人拥戴，赵氏因此颇得民心。

宋高宗赵构的指导思想又是极力争取妥协，这让金政权内部出现和与战的两种声音，军事统一并未成为金朝的共识性政府意志。赵构个性特点是好死不如赖活着，要什么我都肯给，但如果把我往死里打，我就拼命反抗一下。因此当金军无视他的求饶一路追击时，他就命令各路宋军对金军发动围困打击。金军被打疼了，要求赵构处死最能打的岳飞就可以停战，赵构马上用岳飞的人头去换取和议。这几乎是宋朝皇帝的通病，后来宰相韩侂（tuō）胄北伐失败，宋朝毫不犹豫地将他的人头送给点名要杀韩的金朝。金朝并无决心消灭这样的政权。

从军事实力来看，虽然金兵勇猛善战，但南宋军队也不是可以轻易吃掉的一盘嫩豆腐。宋军在数量和局部质量上都不可小视。

北宋初年军队约 40 万，但因政府财力雄厚，采用雇佣军制度，至宋仁宗时已经膨胀到 140 万的顶峰。[①] 至北宋灭亡时的徽宗朝及钦宗朝，宋军随着政治腐败而日趋瓦解，军队空额颇多，实际数量降至约 30 万。南宋初期的绍兴四年（1134 年），"内外大军凡十九万四千余，而川陕不与"[②]，若加上川陕军队，宋军总数仍应有 40 万人。宋高宗赵构逝时，宋军总兵力已经多达 70 万人，并大体保持至南宋灭亡。

宋军不仅规模比金军庞大，同时也不乏劲旅。南宋军中，不少队伍令金军胆寒，如岳飞军、韩世忠军、张俊军、吴玠与吴璘军等，金军甚至感叹"撼山易，撼岳家军难"[③]。

---

① 程明生：《宋代军队数量考》，《社会科学战线》2009 年第 5 期。
② 〔宋〕李心传：《建炎以来朝野杂记》甲集卷十八。
③ 《宋史·岳飞传》。

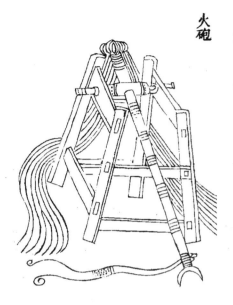

火炮

宋军武器装备也领先于金军。宋朝重视军事装备生产，规模庞大。京师有"南北弓坊"和"弓弩院"，地方诸州也设置有军器作坊。据《宋史·兵志》记载，每年宋朝制作的弓弩，中央作坊有1650万件，地方作坊有620余万件。铁甲每年3.2万件。不仅冷兵器的制造规模空前庞大，制作工艺有所提高，更引人注目的火器的制造和运用。[①] 火器自宋朝开始登上战争舞台，并在很多战役中令金军大吃苦头。

然而宋军屡败，主要弱在不能团结协同作战。宋朝的军事体制和官场文化，造成诸大将之间互不统属，互相猜忌，互不配合，互不支援。同是抗金名将，张俊却依附秦桧陷害岳飞致死。即使在抗金态度最坚决的宋将岳飞被冤杀后，很长时期内朝廷中也没几个人鸣不平。

宋军弱势的其他原因还包括：一是在治国方略上，积极推行"重文抑武"的国策，致使文官队伍迅速膨胀，军人地位急剧下降，同一品级的官吏，文职官员的位置在武职官员之上。二是在军事战略上，严守"守内虚外"的消极防御战略，一些"老于边事、洞晓敌情"的战将往往不受重用，且没有好下场，诸如杨业战死以明志，狄青郁郁而病终，李纲被贬，岳飞被杀。三是宋朝军事指挥系统分立与相互牵制及皇权对作战的干预，严重干扰了作战指挥及战场决断。宦官作为内臣，很少能有军事指挥才能，更不要说去实地参与战斗，因此，派宦官监督作战，无异于让外行指挥内行。四是兵源把控

---

① 苏光：《北宋时期军队兵器发展研究》，《搏击（武术科学）》2011年09期。

不严与歧视政策打击士气。宋代士兵社会地位十分低下，脸上还要刺字，招募士兵称为"招刺"。当士兵带着压抑甚至怨恨的情绪进行战斗时，很难说会有杀敌立功的激情。五是骑兵匮乏直接导致了士兵战斗力的低下。宋代是汉族各个朝代中骑兵最少的，北宋仅有 10 多万，不到唐朝的 1/3，因此其使始终建立不起强大的骑兵部队，在与北军对抗时处于先天劣势。[①]

当然，金宋战争初期金军势如破竹离不开早期善战，后期受挫也与金军战斗力下降有关。

金初之兵能征善战自无异议。"金兴，用兵如神，战胜攻取，无敌当世，曾未十年遂定大业。"[②]完颜父子兄弟出兵打仗必躬当矢石，身先士卒，常常以少击众，横行无敌。南宋名将吴璘也说"金人用兵，更进迭退，忍耐坚久，令酷而下必死，所以能制胜。"金军作战，"将勇而志一，兵精而力齐"，每次南征，完颜宗翰与完颜宗望各率大军协同作战，冲击力强悍。

金军亡辽灭宋，势如破竹，同时也滋生轻敌之心。金军破汴梁战役中，某金军将领在成功渡过黄河天堑后感慨："南朝可谓无人矣，若有一二千人守河，吾辈岂能渡哉！"[③]南朝并非无人，乃是所用不当。南下金帅曾问："闻南朝有兵八十万，今在何处？为何不迎战？"宋官（沈琯）回答"散在诸路。"[④]金兵一旦深入南宋境内，即陷入其所不擅长的水战，且进入中原后，金将有轻敌之意，金兵也贪图安逸，锐气削减，战斗力不如从前，不具备消灭宋军的压倒优势。

金朝灭北宋后，生活舒适也导致金军战斗力迅速下降。至金世宗时期，所选拔的侍卫亲军"其中多不能弓矢"。[⑤]而在金宋两国使节往来时所举行的射弓宴中，金前期往往是金人胜多负少，但到了世宗以后就转为宋人胜多负

① 周宝砚：《北宋军事衰弱的原因探析》，《世纪桥》2009 年第 12 期（总第 190 期）。
② 《金史》卷四，中华书局 1975 年版，第 99 页。
③ 《三朝北盟会编》卷二。
④ 《宋史·周执羔传》。
⑤ 《金史》卷八十八。

少。① 而金兵遇蒙古兵，则是每战辄败，"与辽天祚、宋靖康时之奔降，如出一辙。"② 以此实力，自难灭宋。

至于经济实力，金朝更无法与宋朝相比。由于宋朝是历史上最重视商业发展的朝代（70% 财政收入来自商业），宋朝是中国古代最富的朝代，后来的明、清两代都远未达到宋朝的财政收入水平（如果完全折算成银两比较，明朝财政收入约为宋朝的 1/8，清朝财政收入在鸦片战争前约为宋朝的 1/2）。

宋朝经济发达的两大特色，一是海外贸易，二是消费经济。宋朝出口货物包括丝绸、瓷器、糖、纺织品、茶叶、五金，进口货物包括象牙、珊瑚、玛瑙、珍珠、乳香、没药、安息香、胡椒、琉璃、玳瑁等几百种商品。南宋时每年通过市舶司获得的税收已经达到 200 万贯，占到了全国财政收入的 6%。这只是官方的收益，民间也有许多人从事海外贸易，获利颇丰。

北宋磁州窑白釉瓜棱式执壶　　北宋龙泉窑青釉莲瓣纹盖罐　　北宋汝窑青釉洗

汴梁城内皇族、官员、军人、商人云集，人口达百万之众，这些人的吃穿用不是附近州县能够充足供应的，于是北宋依靠运河漕运，从日渐富庶的

---

① 贾淑荣：《金朝武将与金代国运的兴衰》，《黑龙江民族丛刊》2012 年第 1 期（总第 126 期）。

② 〔清〕赵翼：《廿二史劄记》卷二十八。

江南地区运送大量的物资到汴梁。一船船送抵汴梁的货物，不仅有粮食，还有丝绸、茶叶、瓷器、木器等。汴梁城庞大的消费力和强大的购买力，刺激了全国各地的生产力。①

看一下金灭北宋时从汴梁皇宫里抢走的东西可见宋朝之富：靖康二年，"虏人（金人）入内径取诸库珍珠四百二十三斤，玉六百二十三斤，珊瑚六百斤，玛瑙一千二百斤，北珠四十斤，西海夜珠一百三十个，砵砂二万九千斤，水晶一万五千斤，花犀二万一千八百四十斤，象牙一千四百六十枚，龙脑一百二十斤，金砖一百四十叶，王先生烧金、陈抟烧金、高丽进奉生金、金甲、金梳、头盔各六副，金鞍、金马杓、金杵刀、金作子四百二十五副，玉作子七百副，花犀带、扣金带、金束带、玉带、镀金带、金鱼袋等，上皇合分金钱四十贯，皇后合分金钱十一贯，银钱二十二贯，银火炉一百二十只，金火炉四只，金棹子面二十只，银交椅二十只，金合大小四十只，金水桶四只，金盘盏八百副，金注碗二十副，金银匙箸不计数，金汤瓶二十只，琉璃盏一千二百只，琉璃托子一千二百只，玳瑁托子一千二百只，珊瑚托子四百只，玛屯托子一千三百只，珍珠扇四百合，红扇一百合，蓝扇一百合，行鸾扇三百五十合，大扇六十合，扇车一百辆。"②

反观金朝，早期根本没有财政观念，"税赋无常，随用度多寡而敛之"。③立国后受辽、宋政治制度浸染，始建立财政制度。④ 在开国皇帝阿骨打时代，金国财物甚少，战利品大多平均分配。君臣衣食住行都差别不大，阿骨打住的地方四周栽些柳树就是君臣营帐的区别。史载："阿骨打之徒为君也，粘

---

① 波音：《透过钱眼看中国历史》第六篇 别说宋朝不差钱，北京航空航天大学出版社 2011年版。

② 李心传：《建炎以来系年要录》卷二，中华书局 1956 年版，第 53—54 页。

③ 《大金国志校证》，上海古籍出版社 1985 年版。

④ 王明前：《辽金二朝财政体系初探》，《长春金融高等专科学校学报》2012 第 2 期（总第108 期）。

罕之徒为臣也，虽有君臣之称，而无尊卑之别。乐则同享，财则同用。至于舍屋、车马、衣服、饮食之类，俱无异焉。虏主所独享，惟一殿名曰乾元殿。此殿之余，于所居四外栽柳行，以作禁围而已。"[1] 以这样的经济实力统治新征服的华北广大地区，同时与富庶且没有分裂和内战的南宋进行生死之战，能打成平手就已经不错了，并不具备消灭南宋的经济实力。

此外，金军攻下北宋都城汴梁后，对宋朝君臣及民众采取残酷迫害的态度，后来的几次南侵也是沿途暴行，这对统一战争而言均是完全错误的策略运用，南宋民众因此无法接受金朝的统一。野蛮掠夺和残酷屠杀完全不能使南宋军民放弃抵抗，反而会激起南宋民众的拼死抵抗，而金朝的军事实力又不足以击溃这种抵抗，以致金军虽屡屡南犯，却少有渡江的胜利。

策略运用上的另一个失误是忽略了长江上游在渡江战役中的作用。在中国古代史上，北方政权发动统一南方的渡江战争时，能否在长江上游先取得胜利，往往影响到统一成败。"赤壁之战""淝水之战"以及金军灭宋之战都是在北军尚未控制长江上游的条件下发动的，均未取得成功。相反，秦国先据有四川再渡江灭楚，西晋先有蜀汉再渡江灭吴，北宋先灭后蜀再渡江灭南唐，元朝攻占四川后才渡江灭南宋，这些历史经验显示出先取长江上游、共享制江权应是渡江统一战争的成功的有效作战策略。

---

① 《三朝北盟会编》卷一百六十六，上海古籍出版社影印本 1987 年版，第 1197 页。

弯弓射舟

弯弓射猎的蒙古骑兵从漠北草原风驰而下，立国119年的金朝灭亡，南宋门户洞开。完成了三次西征的蒙古军队做好充分准备后，分路进击，对南宋展开灭亡之战。南宋忠臣与士兵对北军做了拼死抵抗，但节节败退，数十万人被迫泛舟海上。被俘一君，再立一君，一君病亡，又立一君，最后无奈之下，大臣背负宋室幼君投海自尽。

蒙哥战死钓鱼城

南宋最终被元朝灭亡。正式发动灭宋战争的蒙古大汗是蒙哥（蒙语"长生"之意）。此前蒙古对南宋发动的战争主要还是以掳掠人口、财物为目标，并无消灭南宋的计划。

到蒙哥执政时，蒙古帝国已经灭亡了西夏和金国，征服了高丽，其西征军队不仅控制了中亚，还打败了欧洲联军，蒙古帝国正处于蓬勃扩张的黄金时期。南方的大理国和南宋则处在蒙古的威胁阴影中。

蒙哥是成吉思汗的孙子（拖雷长子），继位时43岁，颇有才干，史学家们认为如果他活得更长久些，或者他的继承者贯彻他的政策，蒙古帝国后来就不会分裂为四个汗国，而是一个横跨欧亚的统一国家。

蒙哥志向远大，初登汗位，就开始着手筹划蒙古的军事扩张，包括征服南中国。一些将领反对南征，认为南方气候炎热，疾疫流行，蒙古军队会因为不适应陌生的环境而陷入战争泥潭。蒙哥则坚持要完成先人的未竟事业，并为此派遣其弟忽必烈先行消灭云南大理国，准备对南宋进行南北夹击。

1257 年，蒙哥前往成吉思汗旧殿举行了祭奠仪式，而后亲自率军分三路（也可说四路，第四支军队由宁夏基地直攻襄阳）伐宋。第一路由蒙哥亲率，从西北基地出发，经过宁夏，攻占四川，准备从西向东进攻南宋。第二路是其弟忽必烈率领的军队，从蒙古据点开平出发，从北向南进军湖北武汉。第三路是从云南来的蒙古军队（由蒙古大将兀良哈台率领，其时云南的大理国已被蒙古灭亡），从南向北，准备会师武汉。

蒙哥亲率 4 万军队攻陷了蒙宋军队曾经反复争夺的四川重镇成都，然后进军合州（重庆附近）。

宋将（王坚）在合州调集属县 17 万人增筑钓鱼城，设防坚守。当蒙哥派人（晋国宝）到钓鱼城劝降时，宋人将劝降者押到练兵场斩首示众，军心大振。此后击退了蒙军的数次进攻。

蒙哥召集众将重新讨论东进的军事策略。有将领和幕僚主张放弃东进，认为此地和蒙古人以前占领的地区有很大不同，尤其是面临疾病和酷热的威胁。蒙哥坚持继续原定计划，不惜一切代价占领合州。

蒙哥在合州打了五个月，双方的伤亡都很惨重。蒙古军队不断发动进攻，但是南宋军队顽强抵抗。蒙古军队纵横欧亚从未遇到如此强劲的对手，蒙哥情急之下亲自督战，鼓舞士气，却被宋军强弩射杀。关于这位蒙古大汗的准确死因，历史上有不同说法。大部分史籍都持"中矢说"。现存钓鱼城旧址的石碑碑文，也明确刻有蒙哥"中飞矢而死"

宋代的抛石机

的字迹。《元史》则称其死于痢疾。还有史料称蒙哥被城内宋军的炮石轰击震倒，不久死去。清代《古今图书集成》与民国《合川县志》有这种记载。另有《钓鱼城史实考察》说，宋军炮风震倒蒙哥，守城宋将命人把从钓鱼城天池里捞起来的 30 斤重的大鱼和几百个面饼送到蒙哥营中，附书一封，说城里水和粮食都很充足，蒙哥再有十年也攻不破钓鱼城。蒙哥伤病无奈，退兵温汤峡而死。蒙哥的死讯秘密传到当时正在试图突破武汉长江天险的忽必烈那里，为了与其弟（阿里不哥）争夺汗位，忽必烈匆匆撤军北返。南路蒙军也随之撤退。撤兵前忽必烈答应南宋的求和条件：以长江为界，宋每年奉献蒙古银二十万两、绢二十万匹。

蒙哥之死不仅暂时中止了蒙古的攻宋战争，正在横扫阿拉伯半岛的西征蒙军也停止了军事行动，将注意力转向蒙古大汗的王位争夺。蒙古帝国在世界范围内的扩张第一次遇到重挫，也因此蒙古军队未能继续击败埃及进入非洲。

忽必烈建元灭宋

蒙哥暴毙（1259 年），他的三个亲弟弟成为蒙古汗位的最强有力的竞争者：44 岁的忽必烈、42 岁的旭烈兀和 40 岁的阿里不哥。

得知老大的死讯，老二忽必烈和老三旭烈兀分别停下对南宋和叙利亚的进攻，向蒙古草原折返。老三在几年前已经受封"波斯汗"（1256 年），对争夺蒙古大汗汗位并不积极，后来表态支持老二。老四阿里不哥则一直驻守着老巢，准备近水楼台先得月，恢复蒙古以前的幼子继承制，承接汗位。

但老二忽必烈抢先一步，不等老四召开推举大汗的蒙古贵族大会（库里勒台），就在漠南（开平）径自宣布继位，诏告天下自己

元世祖忽必烈

已成为新的蒙古大汗。

此举激怒了老四，他也在漠北（阿勒泰）召开宗亲大会，并被推举为蒙古大汗。两强争斗，势不可免。

在当时蒙古的四大汗国中，有两个（察合台汗国、窝阔台汗国）支持老四，一个（伊儿汗国）支持老二，一个（钦察汗国）保持中立。蒙古贵族中大多也支持老四，老二忽必烈并无政治优势。

但忽必烈长期经营汉地，主张以汉文化治国，得到中国北方的汉人地主的支持，拥有精锐而庞大的蒙军和汉军武装。老四主张以蒙古传统习俗征服天下，更倚重蒙古贵族，因此得到包括陕西和四川等汉地蒙军将领们的支持，不过忽必烈后来靠汉族大臣出谋划策将这些军队都争取了过来。

元朝画家刘贯道于至元十七年（1280年）二月绘制的《元世祖出猎图》，其中骑着黑马、身穿白装的男子是元世祖忽必烈。

老二忽必烈和老四阿里不哥之间最终爆发大战，一打就是5年，老四屡败屡战，老二屡战屡胜，最后俘虏了老四，把他囚禁起来，直到去世。

忽必烈虽赢得汗位，其他四大蒙古汗国却先后趁机实现实际独立，不再受蒙古大汗的统一指挥。

自从1206年成吉思汗建国以来，一直以族名为国名，称大蒙古国，而没有像北魏和辽、夏、金那样建立国号。忽必烈称汗后，年号"中统"，但也没有另立国名。在建国十多年之后（1271年）才依据汉族的古代文献《易经》正式建国号为"大元"。原来的建国基地开平升为上都，中都（北京）改为大都（1272年），北京成为政治中心。

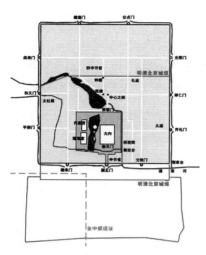

元大都平面布局地图，左下角为金中都旧城

建立元朝后，元世祖忽必烈将消灭宋朝作为首要目标。

在较短的时间内，元军造战舰五千艘，练水兵七万，完成作渡江灭宋的准备。随着越来越多的宋人降元，南下的元军也开始以汉军为主力，而不只是不习水战的蒙古骑兵，加上训练，使元朝水军战力迅速提升，宋朝水军优势不再。

忽必烈任用各族优秀将领共同完成军事行动，终于完成南北统一。

蒙古族的杰出将领伯颜和阿术承担了灭宋的主攻任务。伯颜是被后人称为"智、信、仁、勇、严五者俱全"的元朝丞相，阿术是蒙古开国名将速不台之孙、兀良哈台之子，《元史》称其"南征北讨四十年间，大小百五十战，未尝败绩"。后来伯颜和阿术二人互相谦让灭宋之功，均位列丞相。

维吾尔族将领阿里海牙，自幼以"大丈夫当立功朝廷"为理想，多谋善战，不嗜杀戮，率军从湖南一路打到安南，并平定海南岛。

金朝著名汉族降将张柔之子张弘范是第一个作为元帅指挥蒙古军队的汉人将领。张弘范善于用兵，屡战屡胜，重视人才，不好钱财。曾俘获南宋宰相文天祥，并一直以礼待之。张弘范最后率军消灭了南宋十余万残余势力，还在广东崖山海战的乱军之中救出了一位准备跳海自杀的南宋大臣（邓光荐），礼聘其作为儿子的家庭教师，使其子（张珪）后来成为一代名相。

南宋汉族降将刘整向忽必烈献灭宋策，完整地提出"先取襄阳、由汉水渡长江灭宋"的清晰战略。刘整受南宋权相贾似道迫害归降蒙古，贾似道因惧其骁勇，一直回避与其交兵，直到听说刘整死后才高兴地称"吾得天助也"。但刘整为元军制定的灭宋战略却成为日后的现实。文天祥和后代史家均称"亡宋贼臣,整罪居首"。

在这些出色将领的率领下,元军对南宋展开了歼灭战。

按照"先取襄阳、沿江灭宋"的战略,元军先对襄阳和樊城这两个汉水下游的城市进行了持续 5 年(1268—1273 年)的围攻战。援襄宋将范文虎(后降元)坐拥 10 万大军,热衷享乐和内斗,贻误战机,被阿术率军击败。襄阳城被围 5 年,外无援军,内无粮草,犹自坚守。

襄阳以南的郢州宋将(李庭芝)造轻舟百艘,招募民兵 3000 人,由张顺、张贵兄弟二人率领,乘船去襄阳。船上装备火枪、火炮、巨斧、劲弩,顺流而下。元舟军封锁江口,无隙可入,张顺等斩断元军设下的铁链、木筏,转战 120 里,黎明到达襄阳城下。但张顺在战斗中失踪,数日后发现尸体浮于江面,身中四枪六箭,仍手执弓矢。

城中宋军见到援军,勇气百倍,商议主动出击。张贵派善潜水的两名民兵,泅水去范文虎处联络,相约发兵夹击元军。襄阳守军到期举炮发舟出战,而范文虎军爽约不至。张贵将前来进攻的元兵误认为范军,仓促接战,身被数十创,战败被俘,不屈遇害。

阿术出兵断绝襄阳和樊城间的联络,水陆夹攻樊城。元军又从中亚调派著名的穆斯林工程师(阿拉丁和伊斯迈尔)进行攻城支援,最终用回回炮攻破樊城。宋朝守将(范天顺)力战不屈,城破后自缢而死。残部(牛富等)百余人巷战,身被重伤,投火自尽。

元军乘胜移攻襄阳,仍发炮击之,声如雷霆,摧陷建筑,守军惊乱。南宋降将刘整至襄阳城下劝降,被伏弩所伤,因此主张摧毁襄阳城,俘虏守将吕文焕。

元将阿里海牙不同意,亲至城下再次劝降,折箭为誓,担保不杀吕,并劝吕说:你能以孤城抵御我大军这么些年,已经为宋朝皇帝尽忠了。现

元代火炮

在襄阳城连鸟都飞不出去，你如投降，我朝会继续给你官职尊荣，不会记仇杀你。吕文焕本来就被南宋朝廷的内部政治斗争整得焦头烂额，面对樊城失守、襄阳被困，实在无心恋战，最后举城投降。

元军得襄樊后，忽必烈召阿术等还朝。阿术上奏：宋兵虚弱，不如以前，现在不灭宋，时不再来。忽必烈闻之振奋，调动元兵20万，水陆并进灭宋。由伯颜统领，分两道进军：伯颜、阿术一路，由襄阳入汉水过长江，以南宋降将吕文焕为先锋；另一路由自东道取扬州，以南宋降将刘整为先锋。同时命驻蜀元军进攻四川宋军，阻其东援。

元军的两个先锋都是南宋名将，所经之处不少宋军均是其以前部将，望风而降。伯颜和阿术沿长江而下，兵锋直指临安。有南宋降将挑选两名宋朝宗室美女，精心打扮，献与伯颜，伯颜怒斥："吾奉圣天子明命，兴仁义之师，问罪于宋，岂以女色移吾志乎！"

也有很多南宋守城将士软硬不吃，焦土作战，节节抵抗，宁死不屈，对元军造成很大杀伤。蒙古军队纵横欧亚大陆未曾遇到如此顽强的对手，对宋战争时间之长超过蒙古军队征服的任何一个政权。元宋两军都在战争中损失惨重，双方均有议和意愿（元朝希望劝降对手）。

元朝特使（廉希贤）出发前希望元帅伯颜给他一些士兵保护自己的安全，伯颜说你的使命是靠言语而不是靠武力，你带着士兵在路上反倒不安全。元朝特使坚持要兵，伯颜只好给他。特使及所带军队在路上果然遇到袭击，被宋朝军队歼灭。

南宋特使很快赶到，向伯颜道歉，说元使被杀完全是宋朝边将所为，皇帝和太皇太后均不知情，一定会将肇事者杀掉谢罪，再多加贡赋，请求议和。伯颜认为南人狡诈，需再派使者到南宋看看情况再谈，不料元朝使者一入宋境再次被杀。

元军集中力量猛攻坚守的常州城，城破后进行屠城，但伯颜禁止对逃走的宋兵追击，说这些溃兵所过之处宋军都不会再坚守城池了。

1276 年，元军逼近南宋首都临安（杭州），南宋再次遣使议和，伯颜以南宋屡屡拘捕蒙古人和杀害元朝使者为由，拒绝议和："尔宋昔得天下于小儿之手，今亦失于小儿之手，盖天道也，不必多言。"

无奈之下，5 岁的宋恭帝和太皇太后，以及南宋宗室和大臣，奉表请降。伯颜回复说："尔国既已归降，南北共为一家，王勿疑，宜速来，同预大事。"

忽必烈下诏免宋恭帝系颈牵羊之礼，令其北上。宋恭帝至北京通州，忽必烈命赐大宴十日、小宴十日，然后赴上都。全太后及宫嫔等在大都，日支羊肉 1600 斤，其他物品也供应充足。

宋恭帝至上都受封瀛国公。18 岁时忽必烈赏其许多钱财，叫他去西藏出家。于是当年的小皇帝宋恭帝成了高僧，为佛教界做出了许多贡献，翻译了不少佛教经文。53 岁时因诗作触犯文字狱，被后来的元朝皇帝赐死。

有后人感慨天道报应[①]：宋朝开国皇帝赵匡胤削平诸国，未尝杀一降王，其嫡系子孙宋高宗赵构开创南宋，未死于金人之手，南宋灭亡其宗室也免于屠戮。

赵匡胤传位给其弟赵光义后，宋太宗赵光义违背约定，没有传回赵匡胤子孙，而是传给自己子孙，还对赵匡胤子孙及南唐后主李煜等大开杀戒。北宋灭亡时遭金人虐待致死的赵宋皇室多为宋太宗子孙。

金朝攻入汴梁后对待北宋皇室残酷虐杀，后来蒙古兴盛，金朝也迁都汴梁。被蒙古兵攻克后，金朝宗族男女 500 余口也像北宋徽、钦二帝一样受到折磨。

元世祖忽必烈对待投降的南宋皇室不薄，至元朝灭亡时，元朝末代皇帝元顺帝遁归沙漠后，子孙雄长边外数百年，免受灭族之祸。

政权有更迭，版图有统分。古人所思考的这些善恶循环并非历史规律，却也触及统一战争的方式与成本问题。

---

① 〔清〕赵翼：《廿二史劄记》卷三十。

君臣无力存社稷

蒙哥发动灭宋战争时，南宋的当政者是第 5 任皇帝宋理宗（赵贵诚）。他本非皇子，而是南宋皇室的一个亲戚，前任皇帝（宋宁宗）死后，宰相（史弥远）因与太子关系不好，矫诏废太子，立其为帝。

因此宋理宗继位后，前 10 年对政务完全不过问，将权力完全交给宰相，宰相死后宋理宗才开始亲政。初期采取一些改革措施，任用不少贤良，政局稍有起色。但亲政第二年（1234 年）与蒙古联手灭金后，宋理宗头脑发热做了个错误决策。

开始南宋朝野对于是否应该与蒙古联合灭金意见不一，宋理宗刚刚亲政，欲立功业，就不顾金朝"唇亡齿寒"的哀求，同意了"联蒙击金"的战略，加速了金朝的灭亡，还将金朝皇帝骨头带回临安祭祖。

南宋君臣为一雪靖康之耻狂喜过后，宋理宗见蒙军北撤，中原空虚，竟然派兵偷袭，以为可以收回故土，光复三京（东京开封，西京洛阳，南京应天）。这就打破了与蒙古的盟约，就像当年北宋主动违约引来金兵攻击一样，南宋此举也为蒙军出师伐宋提供了充分的借口。他似乎没有细想：南宋如果有收复中原的综合实力早就北伐成功了，既然不能打败金兵，凭什么可以打败消灭了金朝的蒙古军队呢？

1235 年蒙古军分三路大军南下，分别攻占成都、襄阳、郢州（今湖北钟祥）等城市，掳掠而归，以示对宋朝的惩罚。而后蒙古与宋朝议和，集中力量开始进行（1236 年）历时 7 年的第二次西征，一直打到欧洲多瑙河畔，因大汗窝阔台去世（1242 年）才结束。

蒙古第二次西征结束后 10 年，新大汗蒙哥派旭烈兀率军进行第三次西征，征服了波斯（伊朗）和黑衣大食（伊拉克），并一度占领叙利亚和土耳其东部。

此次西征进入第二年（1253 年）时，蒙哥同时派兵攻陷了位于云南的大理国，并继续向东南进军，灭亡了位于越南的安南国（1258 年）。在完成了对南宋的包围后，蒙哥发动了灭亡南宋的全面战争。

收复中原之举的迅速失败使宋理宗意志消沉，沉浸在声色之中。1259年，忽必烈率军攻武汉，南宋朝野震动。宋理宗命右丞相贾似道领兵救援。贾似道擅自派使求和，许诺可以称臣割地进贡。恰在此时忽必烈听说大汗蒙哥在重庆被宋军击毙，自己需要立即北上争夺汗位，于是同意议和撤军。

贾似道隐瞒了求和内情，向宋理宗谎报他抗蒙得胜，上表称："诸路大捷，鄂围始解，江汉肃清，宗社危而复安。"南宋朝野都认为贾似道有再造国家的盖世功勋，称其为当世"周公"。贾似道凯旋返都之时，宋理宗命全体文武官员到郊外迎接，并予加官晋爵。贾似道趁机清除朝中异党，把持政权。

为隐瞒求和真相，骗取权位，贾似道对抗蒙有功的将士，陆续给予打击。有的被排挤至死（如保卫钓鱼城的王坚），有的被贬窜杀死（如勇截涪州浮桥阻击蒙军的曹世雄），有的被治罪逼死（如抗蒙立功的向士璧、印应飞等）。就这样，贾似道在宋理宗、宋度宗两朝独专朝政15年。

忽必烈夺得蒙古汗位、稳定内部之后，立即派兵回攻南宋。襄樊被围攻了三年，形势十分危急，贾似道却隐匿不报。宋度宗从某宫女处听说此事，贾似道一面否认，一面迅速把该宫女处死。襄樊失守的第二年（1274年），宋度宗因酒色过度去世。

继位的宋恭帝㬎（xiǎn）是南宋第七位皇帝。由于只有4岁，由祖母谢太皇太后、母亲全太后垂帘听政。但军国大权依然在贾似道之手。武汉失守，群臣纷纷上疏请求贾似道亲自出兵抗元，贾似道被迫出兵。贾似道先给元丞相伯颜送上礼品，请求割地赔款，但伯颜责他不守信义，拒绝议和。随后贾似道的13万水陆大军和数千艘战船在蒙军大炮的猛烈轰击下迅速溃败，南宋水陆军主力顿时瓦解。

贾似道乘小船逃走，元兵直逼临安，南宋朝野一片震恐，要求杀之以谢天下。在强大的压力下，太皇太后将贾似道免职，后来又把他贬到广东。流放的路上，押解人员（郑虎臣）勒逼折磨，让贾似道自尽，贾最后被迫服冰片自杀，竟然未死，只是肚泄，押解人员将其摔死在厕所内。

面对元军逼近，太皇太后下诏，要各地起兵"勤王"。各地官员见元军攻势凌厉，大多不予响应。立即起兵勤王的是文天祥和张世杰。

状元出身的文天祥此时在江西任赣州知州，接到诏书后，立即在当地募集兵士两万人，入卫临安。当权派（陈宜中）称其"狙狂"，要他留屯隆兴府，不准来临安。文天祥就领军在江西与元军交战，一度打得有声有色，颇有复兴的气势。

张世杰原是金将张柔部下，张柔战败降元后，张世杰率部投宋。有意思的是，在元宋战争的最后阶段，元军的统帅是张柔之子张弘范，宋军的统帅是张柔部下张世杰，命运决定了两个同乡同宗的统帅必须各为其主展开你死我活的决战。

张世杰因降将身份不被南宋当权派信用，不许其带所部人马进京。张世杰只好结集战船万余艘，在海上与元军水战。命令以十船为一方，非有号令，不得起锚。元军发动火攻，宋军大溃。

文天祥、张世杰请皇室三宫（太皇太后、太后、皇帝）入海与元军决战，但南宋皇室已经丧失斗志，决意投降，并向元军送上传国玉玺和降表。南宋皇室让文天祥担任丞相，去元军大营议降。文天祥与伯颜争辩不屈，又怒斥南宋降将，结果被扣留在军营，随后又押解北去。元军入临安，宋恭帝和太皇太后率大臣出降，也被押送大都。

此时南宋尚有不少城市坚持抵抗。南宋皇室被元军俘虏北上途中，宋兵（姜才）数千人还企图截夺皇室，被元兵击退。元军派使者以太皇太后手诏招降。扬州守将（李庭芝）在城上对使者说：奉诏守城，没有听说以诏谕降。元军断扬州粮道，扬州城中粮绝，兵士以牛皮作食物，仍然拒战不屈，直到城池被攻破，将士战死。

南下广东的南宋将领张世杰等人又立了一个南宋皇室的小皇帝，组织了上千艘战船和 20 余万兵民，在海上与元军对阵。宋军把战船结成一字阵，用绳索将船只连接设防。

张世杰

此时前来进攻的元朝水军只有战船三百艘。元军以奇兵切断宋军供给线，点燃载满茅草膏脂的小船，乘风冲向宋军。张世杰已有准备，战船都涂满灰泥，绑着水桶，火势虽旺，却始终无法烧及船身。

元军派张世杰的外甥三次劝降，张世杰给元军主将回信历数古代忠臣作为答复。宋军被困，被迫饮未经处理的海水，大多上吐下泻，困顿不堪。元军向当地士民喊话劝降，士民不为所动，无人背叛。

元军发动进攻，宋军多面迎战，双方伤亡惨重。战至中午，元军奏乐，宋军以为元军将进午餐（闻乐进食是元军的惯例），稍稍懈怠。元军伏兵四起，一鼓作气连夺宋军七艘战舰，士气大振，宋军不敌。

日暮时分，张世杰派人来接小皇帝逃走，形势纷杂，保护小皇帝的陆秀夫难辨来人真伪，既怕被人出卖，又怕被俘受辱，坚决不肯登船。小皇帝的乘船很大，且与诸舟连在一起，难以逃脱，陆秀夫将自己的妻儿推入大海，背着9岁小皇帝，跳入茫茫深海。后宫诸臣，万念俱灰，纷纷跟着跳入海中。张世杰见大势已去，率领余部溃去。

战争过后，10余万宋人的尸体浮于海面。元军发现其中一具尸体，幼小白皙，身着黄衣，怀带诏书之宝，遂将小皇帝溺死情况上报元廷。张世杰闻之绝望，恰遇台风，堕水溺死。

文天祥

　　元朝水军大举进攻南宋残余水军时，把文天祥也押到船上。张弘范要文天祥写信劝降张世杰，文天祥拿出元军舰队经过珠江口外的零丁洋时自己的诗作《过零丁洋》：

辛苦遭逢起一经，干戈寥落四周星。

山河破碎风飘絮，身世浮沉雨打萍。

惶恐滩头说惶恐，零丁洋里叹零丁。

人生自古谁无死，留取丹心照汗青。

　　张弘范感慨作罢。战争结束后，文天祥被押回大都，元朝又派俘虏来的亡国皇帝（宋恭帝赵㬎）去劝降，文天祥只是连声说："圣驾请回。"文天祥被关押三年余，在狱中作《正气歌》：

天地有正气，杂然赋流形。下则为河岳，上则为日星。

于人曰浩然，沛乎塞苍冥。皇路当清夷，含和吐明庭。

时穷节乃见，一一垂丹青。在齐太史简，在晋董狐笔。

在秦张良椎，在汉苏武节。为严将军头，为嵇侍中血。

为张睢阳齿，为颜常山舌。或为辽东帽，清操厉冰雪。

或为出师表，鬼神泣壮烈。或为渡江楫，慷慨吞胡羯。

或为击贼笏，逆竖头破裂。是气所磅礴，凛烈万古存。

当其贯日月，生死安足论。地维赖以立，天柱赖以尊。

三纲实系命，道义为之根。嗟予遘阳九，隶也实不力。

楚囚缨其冠，传车送穷北。鼎镬甘如饴，求之不可得。

阴房阗鬼火，春院闷天黑。牛骥同一皂，鸡栖凤凰食。

一朝蒙雾露，分作沟中瘠。如此再寒暑，百沴自辟易。

哀哉沮洳场，为我安乐国。岂有他缪巧，阴阳不能贼。

顾此耿耿存，仰视浮云白。悠悠我心悲，苍天曷有极。

哲人日已远，典刑在夙昔。风檐展书读，古道照颜色。

由于不断有抗元起义民众以营救南宋宰相文天祥为号召，忽必烈亲自对文天祥劝降，许以宰相等职位，文天祥拒绝后被杀，各地抗元起义渐息。张世杰与陆秀夫、文天祥并称"宋末三杰"。

北南一统大势趋

汉唐亡于内，两宋亡于外。这与两宋"守内虚外""安内重于攘外"的国策有关。宋太宗明确表示："国家若无外忧，必有内患，外忧不过边事，皆可预为之防。惟奸邪无状，若为内患，甚为可惧，帝王合当用心于此。"[①]故两宋无政变，却多外患。

不过，南宋政权何以不亡于金却亡于元？是南宋衰落了，还是元朝比金朝更强大？元朝如何能成为中国历史上第一个完全由少数民族建立的南北统一的全国性政权？

与百年前的金宋战争时相比，南宋国力未必弱于当初。

一是人口规模迅速增加。南宋初年（1159 年，宋高宗绍兴二十九年），其统治人口约 1684 万。但经过高宗、孝宗两朝（1190 年，宋光宗绍熙元年），人口的统计数达 2850 万，接近于北宋神宗时版图内人口总数。人口快速增加很大程度上是由于北方汉人大量南迁，南宋经济发达也有利于人口繁衍。

二是财政收入继续增长。宋朝税赋主要有钱、金、银、谷、布五种形式，北宋后期将这些项目加在一起折合每年财政收入大约 8000 多万两白银。南宋初年收入锐减，但经过三四十年的发展很快又达到了同等财政收入水平。南宋随着版图的缩小，可征税的土地也随之减少，但北方大量人口南渡，再加上人口的自然增值使南宋人口仍然维持在一个较高水平。有人就有税。南宋政府基本沿袭了北宋的财税制度，对茶、盐、酒等最为重要的生活必需品实现官方专卖制度，税源极其稳定，占据了财政收入的半壁江

---

① 〔宋〕江少虞：《宋朝事实类苑》。

山。再通过增创新税及扩大旧税的征敛额而增加税收，使南宋财政收入比之北宋还更宽裕。

三是军事力量有所壮大。南宋初期军队总数近 40 万人，后增至 70 万人，南宋末年隶于兵籍的仍有 70 余万人。南宋军队军事装备日益先进。宋代兵书《翠微北征录》说："军器三十有六，而弓为称首；武艺一十有八，而弓为第一。"南宋将领杜杲（gǎo）创造三弓弩，"可及千步（1550 米）"。装上火药的连弩当时已广泛装备各军之中。

宋军使用霹雳炮、震天雷、引火毬、铁火炮、火箭、火毬、火枪、火炮等火器，投石机方面有车行炮、单梢炮、七梢炮与旋风炮等①。《金史》对震天雷做过描述："火药发作，声如雷震，热力达半亩之上，人与牛皮皆碎并无迹，甲铁皆透。"南宋火器使用远多于北宋。

在元宋战争中宋军还不断推出新的军事器械。例如杜杲在对抗元军的攻城战役中，发明出坚固度是普通城楼三倍的移动箭楼，还有拦截抛石器投射的巨石的排杈木网罩，以及一种专门射击蒙军眼睛的特制小箭，用来对付身披十余层牛皮厚甲、只露双眼的蒙军敢死队。

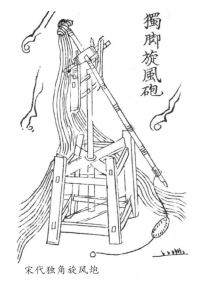

独脚旋风砲

虽然南宋不弱北宋，但其对手元朝却较金朝更为强大。元朝与金朝相比，有以下几个制胜特点：

一是强调少杀戮的政治攻势比金朝高明。元军在攻宋时一改原来蒙古军队征战时频频屠城的做法，强调力争少杀人，这比金军南下一路烧杀而激发南宋军民强烈抵抗意志的做法有效。

宋代独角旋风炮

---

① 《中华文明史》第六卷 宋辽夏金，第三章 积弱的军事和繁荣的兵学，河北教育出版社 1994 年版，第 376 页。

忽必烈灭亡南宋统一中国，在中国自秦汉以来的历代王朝更替重建统一帝国的战争中，有人甚至认为是战事最少，杀戮最少，破坏最小的案例。[①]这与元朝君主日渐接受契丹及汉人的仁义劝诫有关。忽必烈重视儒生与汉法，也较多地听取了"行仁政，不嗜杀"而取天下的建议。

忽必烈前期尤其重视尊儒学、用汉人。他曾向蒙古贵族说："考诸前代，北方之有中夏者，必行汉法，乃能长久。""若今日形势，非用汉法不可。"[②]金朝名儒元好问甚至向忽必烈奉上"儒教大宗师"尊号。元使（郝经）对南宋君臣说："大元皇帝忽必烈爱养中国，宽仁爱人，乐贤下士，甚得夷夏之心，有汉唐英主之风，其为天下主无疑。"[③]

忽必烈"不嗜杀"的做法与前几任蒙古大汗不同。成吉思汗在进攻西夏时去世，去世前留下"先劝降西夏政权，再对久攻不下的中兴府（银川）屠城"的遗言，蒙军遵命行事，西夏党项族人几乎灭绝。蒙哥汗去世前也曾留下遗言："日后攻下钓鱼城，当尽屠城中之民。"但南宋灭亡后钓鱼城降元，忽必烈却赦免了城内军民，没有屠城。

在元军出发平宋之前，忽必烈对主帅伯颜引用宋初大将曹彬灭南唐不乱杀人的故事进行晓谕："昔曹彬以不嗜杀平江南，汝其体朕心，为吾曹彬可也。"[④]伯颜因此作诗《奉使收江南》，作为南征的指导方针：

剑指青山山欲裂，马饮长江江欲竭。

精兵百万下江南，干戈不染生灵血。

元朝君臣的不杀声明虽有明显的政治宣传意味，因为在元宋战争中还是出现了几次屠城，但与蒙古军队以往征战时动辄屠城的做法相比的确收敛了

---

① 潘修人：《元朝统一中国过程中的杀掠问题辨析》，《内蒙古民族师院学报·哲社版》1993年第 3 期。
② 《元史·许衡传》。
③ 苏天爵：《元朝名臣事略》卷十五《国信使郝文忠公》。
④ 《元史·伯颜传》。

许多，客观上有利于争取江南民心。

伯颜不仅三令五申严禁扰民，而且在建康（南京）驻军时，还开仓赈济饥民，派军医深入民间为百姓治病。在南宋首都临安（杭州）投降之后，伯颜严禁军士入城扰民，仅遣宋降将持黄榜安抚城内外军民，使整个受降交接过程井然有序。后来临安百姓自发为伯颜立祠祭祀，伯颜祠堂（忠武王庙）里至今还有一块杭州人为其所立的勋德碑。

有诗（南宋汪元量）赞曰：

> 伯颜丞相吕将军，收了江南不杀人。
>
> 昨日太皇请茶饭，满朝朱紫尽降臣。

在湖南战场上，攻下潭州后元将阿里海牙谨守忽必烈不杀的命令，而两个参政却主张按照蒙古旧俗屠城，双方各遣使者向忽必烈告状。忽必烈力挺阿里海牙，而怒斥屠城之议："国家征南，非贪其国，欲使吾德化均及其民人尔。今得土地而空其城，政复何为？"

二是经济实力较金朝更为雄厚。元朝土地广袤，人口众多，经济实力较之金朝更为雄厚。忽必烈称汗时，实际管辖的政治版图包括中原地区、东北地区（包括整个黑龙江流域）、吐蕃地区（包括今青海、西藏等地）、蒙古草原全境，西伯利亚南部地区以及今新疆东半部。虽不包括蒙古四大汗国所统治的中亚和欧洲地区，但也相当辽阔，经济规模足以支撑元朝的灭宋战争。

元朝采取"重农不抑商"的政策使北方经济得以较快恢复和发展。蒙古人初占华北之际，很多蒙古贵族主张将农田全部变为牧场，"汉人无补于国，当悉空其人以为牧地"。将农业区变为牧业区，肯定会造成生产力的巨大破坏。以耶律楚材为代表的汉地官员极力反对，并给蒙古政权算账说，保留汉地农业生产，每年可得"银五十万两，帛八万匹，粟四十万石"，如实行游牧经济，则不会有这么高效益。后来元政府多次下诏："禁以民田为牧地。"[1]

---

① 《元史·世祖纪》。

元朝皇帝模仿中原皇帝祭祀神农后稷，耕起籍田，并明诏天下："国以民为本，民以衣食为本，衣食以农桑为本。"同时开挖河渠，为发展农业和商业大兴农田水利。据不完全统计，元朝兴修的水利工程多达 260 处，其中工程最大的有两项：一是修治黄河，疏浚了几十条故道；另一项是凿通南北大运河。① 此外元朝更将商业传统发扬光大。这样，元朝的经济实力已经大大超越了其所灭亡的金朝。

三是军事实力更加强大。完全游牧生活的蒙古人比半农半猎的女真人具有更强的攻击性和运动纵深。金初兵力强悍，辽军"每遇女真，望风奔溃"。元初军队基本也是如此。据《蒙鞑备录》记载，"鞑人生长鞍马间，人自习战，……故无步卒，悉是骑军。"蒙古诸部族"男子十五以上，七十以下，无众寡，尽签为兵。"而且蒙古不但全民皆兵，每名骑兵均有马数匹，可轮流换乘，故长途奔驰，马不疲困。

元军又比金军多了汉人部队，该部队的战斗力与灭宋功绩怎么说都不为过。江北地区民众失去对宋政权的忠诚，为元朝灭宋创造条件。

在金与南宋的战争中，北方虽被金朝占领，但民众心向南宋。给金军以重创的宋军将领多为北方汉人：岳飞、牛皋河南人，韩世忠、张浚、张宗颜陕西人，吴玠、吴璘、郭浩甘肃人，王彦山西人，李宝河北人，等等。统计诸名将，无一不出自北方。其他不甚著名而守城

蒙古骑射

---

① 王丽英：《试论元初"重农不抑商"政策思想及其对社会经济的积极影响》，《广州师院学报（社会科学版）》1998 年第 10 期。

殉节的将领也多是北方人。[①] 北方战乱频繁的社会环境无疑是军事人才大量涌现的背后深刻原因。

而民心的忠诚度则是文化问题。在元与南宋的战争中，北方被元朝占领，民众历经金朝百余年的统治，已经没有了当初对宋朝的那种文化认同。在元宋战争中能战之将多出北方，如元宋两军统帅张弘范和张世杰均是河北范阳人。原金朝治下的民众对宋政权也不再有南宋初期的那种文化认同和忠诚，反而在元朝占领北方后迅速建立起对元朝的忠诚，使元朝在灭宋战争中没有后顾之忧。

最后，在军事策略上，蒙古军队的军事指挥艺术高于金军。元军有积极主动、灵活机动的战略战术。元军为扬长避短，尽量减少攻坚战，充分利用骑兵机动性强的特点，进行运动战。对坚固设防城邑，一般采取诱敌出城或围城打援战法。如敌不中计，则留部分兵力监视，主力绕道前进。对必须攻取的城池，用火攻、水淹、掘地道等方法实施强攻。此外蒙古军善用心理战，常驱俘虏攻城，涣散守城军心。元军之敏捷机智，金军很难望其项背。[②]

总之，汉唐盛世的繁荣稳定让大一统观念在中国深入人心，以致后来南北分裂时期，不断有人呼吁及投身国家统一事业，民意也一直有国家统一的要求。有宋一代，宋政权无力担负起国家统一的重任，这一事业就只能由综合实力更强大的北方政权完成。在北方政权中，辽朝缺乏统一意愿，金朝缺乏统一能力，而元朝既有意愿又有能力，更重要的是，辽金 300 余年的少数民族统治加速了北方各民族的融合及汉人对少数民族统治的认同，为蒙古政权入主中原奠定了统治基础，国家统一形势与条件日益成熟，因此最终由元朝完成国家统一。

---

① 〔清〕赵翼：《廿二史劄记·金史》。

② 何平立：《蒙金战争略论》，《军事历史研究》1994 年第 2 期。

跨海扬帆——台湾的故事

　　面积 3.6 万平方公里的中国第一大岛台湾是中国东南海疆的重要屏障，自古与大陆多有联系。吴王孙权、隋帝杨广均派兵将对台湾土著进行征服，宋、元、明时期，中央政府在澎湖派兵驻防，元、明还设立澎湖巡检司，管理包括台湾在内的附近岛屿。明朝永乐年间郑和还曾率船队入台降服不肯向中央政权纳贡的"东蕃"[①]。明末清初，中国大陆政权更迭，亡明故臣退守台湾，与定鼎中原的清朝政权展开了跨越台湾海峡的统"独"较量，最终以郑氏的归降完成了版图的统一。

---

① 　连横：《台湾通史》，九州出版社 2008 年版，第 6 页。

台湾赤嵌楼

郑氏集团

明末郑氏政权的祖孙四代领导人对台湾与清朝的态度迥然不同。

第一代领导人郑芝龙以海商及海盗起家，有后人称其为"最了解台湾在亚太战略地位的创业家"[①]，降明后曾经权倾朝野，独霸东南，但对清军望风而降。

第二代领导人郑成功儒生出身，誓死抗清，并从荷兰人手中收复台湾建立政权，宣告"台湾早为中国人所经营，中国人之土地也"。

第三代领导人郑经企图在台湾裂土自立，称"况今东宁（台湾）远在海外，非属版图之中"，并两次反攻大陆，均失败而归。

第四代领导人郑克塽执政不久，兵败降清，台湾复归统一。

故事还要从郑芝龙说起。郑芝龙早年名叫郑一官，后来做海盗自立门户后，将部下分为十八先锋，称"十八芝"，并从此改名为"芝龙"。

明朝晚期，郑芝龙出生在中国对外贸易大港泉州。少时"性情逸荡，不喜读书，有膂力，好拳棒"，多才多艺，通晓多种语言。18岁时至澳门跟舅父学习经商，之后往来东南亚各地，到日本九州时结识并娶了17岁的田川氏为妻，第二年生了郑成功，据载是田川氏在海边捡贝壳时突然腹痛，倚着巨石分娩的。

郑成功出生的前两年，荷兰人占领澎湖，后在明军的压力和得到贸易权

---

① 陈文德：《郑芝龙大传》，（台）远流出版社1998年版，第1页。

热兰遮城前的商船

的诱惑下撤出澎湖，转移到台湾大员（今台南安平），并建筑热兰遮和赤嵌城两个要塞，再通过击败西班牙独占了整个台湾，这也是历史上台湾第一次为外国人占领。

郑成功出生那年（1624 年），郑芝龙从日本来到了台湾。在日本时郑芝龙既经营合法生意，也走私货物。但日本长崎管理贸易的官员对包括华商在内的海商盘剥勒索非常严重，于是包括郑芝龙在内的 28 个中国海商密谋夺取长崎。这个暴动计划被一个醉酒的兄弟泄露了，于是郑芝龙等人分乘 13 艘大船逃到台湾北港。

到台湾后，郑芝龙先为荷兰人担任大约一年的翻译，而后专心从事自己的海盗及经商事业。不久，20 岁出头的郑芝龙脱颖而出成为诸海盗首领，拥有当时福建沿海实力最强大的武装力量及商业团队，部众 3 万余人，船只千余艘，横行于台湾海峡。

郑芝龙海上势力的日益扩张强盛，引起明朝担忧，多次派兵追剿，但均失败，只好施行绥抚。郑芝龙归附明朝后，拥有了在大陆的牢固基地，在多次击溃荷兰东印度公司舰队、并将中国南海上的海盗集团逐一消灭后，郑芝龙确立了海上霸主地位，几乎整个远东水域的中国商船都悬挂着郑氏令旗，连荷兰人也需要每年向郑芝龙缴纳 12 万法郎的进贡，才可以保证荷兰东印度公司在远东水域的安全。

　　1644 年，中国政治版图剧变，清军入关，明帝自缢。次年郑芝龙拥明皇子朱聿（yù）键在福建登基，建立南明隆武政权。郑芝龙官拜太师平国公，权倾朝野，成为南明的支柱，这也是他人生最辉煌的时期。

　　随着清军向南推进，郑芝龙见局面不利，归顺清朝。清军将领先是在福州设宴欢迎郑芝龙，却在半夜将其移送到北京软禁。在此期间利用郑芝龙的声望招降其旧部，据《清世祖实录》记载，奉芝龙之命降清的兵将达 11.3 万人。7 年后为安抚和招降其子郑成功，清朝晋封郑芝龙为同安侯。又过了 8 年，顺治驾崩，辅政大臣苏克萨哈矫诏斩郑芝龙与其亲族于北京菜市口（一说宁古塔）。

　　郑芝龙在获取民心方面有其独到之处。做海盗时虽事劫掠，但对百姓却相当仁慈，不但不滥杀人，甚至救济贫苦，威望比官家还高。他在福建大旱灾时，招饥民数万，每人给银三两，每三人发给一头耕牛，用海船送至地旷人稀的台湾，开垦荒地，丰衣足食之余，向其纳税，结果人心大快。在台湾历史上，郑芝龙是组织大规模移民的第一人。

　　然而因台湾而彪炳史册的却是郑芝龙之子、郑氏集团的第二代领导郑成功。郑成功早年名郑森，明隆武帝赐其国姓"朱"，郑后为表示抗清复明决心易名"成功"，也称"朱成功"，中外又称"国姓爷"。郑成功生于日本，6 岁时回中国学习，20 岁时入南京国子监太学，受名师钱谦益教导，儒学功底深厚。

　　1645 年 6 月，清军攻克南京，南明弘光政权覆灭，郑芝龙等在福州拥立唐王朱聿键为帝，建号隆武。隆武帝非常看重郑成功，虽然没有女儿，但给郑成功驸马的待遇，授官御营中军都督，赐尚方宝剑。隆武帝因其勤俭贤明颇受郑成功等大臣爱戴。但不久，清军入闽，郑芝龙不战而降，44岁的隆武帝被俘，绝食不屈而亡。

郑芝龙降清前曾与郑成功有一次深谈。郑芝龙说："识时务为俊杰。今（清廷）招我重我，就之必礼我。苟与争锋，一旦失利，摇尾乞怜，那时追悔莫及。竖子渺视，慎毋多谈。"

郑成功牵其衣跪哭道："虎不可离山，鱼不可脱渊；离山则失其威，脱渊则登时困杀。吾父当三思而行。"

郑芝龙不顾郑成功苦谏北上福州降清，清兵趁机进劫泉州安平，郑成功的母亲田川氏未及逃出，恐受辱，自杀而死。此时年仅22岁的郑成功公开与其父决裂，焚毁儒服，招募人马，誓师抗清。

郑成功

郑成功后半生的16年中，一直坚持与清朝对抗，虽有和谈，也是以谈促战，趁和谈的机会，派兵前往福建、广东沿海地区招兵买马、征取粮饷。期间一度指挥海陆两军北伐至南京，全国震动，但因中计，未能在清军援兵抵达前攻下南京而功亏一篑。此后因战事不利败退台湾，接着其父郑芝龙和南明的永历帝先后被清朝杀害，郑成功自叹"进退无据"、"忠孝两亏"，38岁含恨病逝台湾。

郑成功一生最大的功绩在于收回台湾。为开拓抗清基地，1661年4月21日郑成功亲率2万余人的军队，乘船200余艘，从金门起航，30日上午登上台湾岛。

占据台湾的荷兰军队与郑军在海陆展开交战。郑军约60艘战船基本消灭了荷兰舰只，取得制海权。陆上作战的180名荷兰士兵则全部被郑军消灭。郑军将荷兰人在台湾的两座城堡团团围住，两次派人去向荷兰人招降。

荷兰人自恃城堡坚实，城内储粮丰富，水源充足，拒降待援。郑成功为尽量减小部队伤亡为日后抗清保留实力，未全力攻安平城，而是先迫降另外一城，再对安平城进行围困。

8月荷兰东印度公司派出的700名援兵来到台湾，荷兰人筹备了一个月后里应外合对郑军发动主动进攻。结果荷兰3艘小舰被郑军夺取，2艘大舰搁浅，1艘被郑军击毁，荷军伤亡130余人，不得不向郑军投降。郑成功使台湾结束了荷兰的殖民统治，重回中国版图。

1662年6月郑成功去世后，他的长子郑经接班，成为郑氏集团第三代领导人，但郑经接班前差一点被其父杀掉。

郑经曾经多次参与郑成功的战事。郑成功率师取台湾时，命19岁的郑经镇守厦门，调度沿海各岛。夫妻感情不好的郑经与四弟的乳母私通，生下一子。这惹恼了郑经的部长级岳父，他写信给在台湾的郑成功，说："治家不严，安能治国？"郑成功羞愧震怒，命令其兄郑泰到厦门把郑经等人都杀掉。郑泰仅处死该乳母及其与郑经生的儿子，而没敢杀郑经及其生母。郑成功不久病逝，在台郑军拥立郑成功的五弟郑世袭护理国事，厦门郑军则拥立郑经。郑经率军攻台，郑世袭逃至大陆降清，郑经继位。

郑经一度雄心勃勃，欲扬先父的雄姿收复中原，然而心有余而力不足，虽两次渡海出师西征福建，却均大败而归。此后郑经意志消沉，不理政事，饮酒赋诗，围棋射猎，39岁时病逝台湾。

郑氏集团的第四代、也是最后的领导人是郑经次子郑克塽。本来继承人应该是长子郑克𡒊，郑经率师西征时，命16岁的郑克𡒊监国。郑克𡒊明敏果断，方正有为，有祖父郑成功之风。为避免其继任对己不利，侍卫冯锡范伙同郑经的弟弟郑聪等人，待郑经一死就擒杀郑克𡒊。11岁的次子郑克塽继承延平王位，郑聪辅政，诸事均由权臣冯锡范和刘国轩决定。两年后清军大兵压境，郑克塽降清，后死于北京。

清军入关

  清政权集团由一个游牧在白山黑水间的不起眼的小部落，迅速崛起为可以征服朝鲜半岛与蒙古草原、并向庞大的明帝国发起挑战的强大势力，在短短三代领导人的时间里，入关进京，定鼎中原，朱明山河破碎，遗臣困守东南，清军风暴四起，兵锋直指台湾。清政权集团四代领导人的开拓故事相当精彩，如与郑氏集团四代领导人相比，政府效能与成败形势显而易见，故简述如下。

  "清"指满族人建立的"大清"政权。大清的第二代皇帝皇太极汉学素养相当高，富有文化创意。"满洲"与"大清"就是他发明的两个词汇，表示以水克火、以清代明的朝代兴替。

  清政权的第一个皇帝是努尔哈赤，他开国时的称呼是"大金"的"大汗"。这是一个勇武善战、并在成长中逐步萌生统一志向的政治人物。他的全名是爱新觉罗·努尔哈赤（满语，爱新觉罗意为金族，努尔哈赤意为野猪皮），女真贵族，祖上世代受明朝册封，其祖父、父亲都曾任明朝官职。母亲在他10岁时病逝，继母为人刻薄，分家后努尔哈赤得到的产业不够维持正常生活，就带着弟弟去外祖父那里谋生。

  努尔哈赤的外祖父是女真族中实力最强的部落首领之一，曾被明朝官员带至汉区学习汉文和武艺，文武兼备，是努尔哈赤崇拜的偶像。后来因起兵反叛明朝被明军击败杀死。明军在努尔哈赤外祖父家里俘虏了努尔哈赤兄弟，16岁的努尔哈赤此时表现出惊人的演技，尽管外祖父被杀让他满怀仇

努尔哈赤

恨，但他跪在明军辽东军区总司令李成梁的马前，痛哭流涕，用汉语请赐一死。此举不但留下活命，还使他做了名震东北的李成梁的随从，此后形影不离，关系密切，情同父子。

19 岁时努尔哈赤以父亲让他回家成亲为由，离开李成梁的明军，回到女真部落，广交朋友。25 岁那年是努尔哈赤人生的转折点。当时明军在追杀努尔哈赤外祖父余部的时候，包围了大本营，并将寨子里的人全部屠杀。受难者里面有两个不该杀的人：努尔哈赤的爷爷和父亲。这两个人都是忠顺于明朝的女真族人，进寨是为了帮明军劝降敌人，却遭误杀。于是努尔哈赤就找明朝官吏评理。明朝为表歉意，让他袭任其祖上世袭的官职，并赐敕书 30 道，战马 10 匹。在此基础上，努尔哈赤又整理出祖上遗留的 13 副铠甲，组建了不足百人的队伍，开始东征西讨。

努尔哈赤先从部落仇人下手，逐一征服各部，29 岁时就统一了建州女真部落。此后志向远大的努尔哈赤不断发动对外战争，同时为排除内部的反对声音，先后处死了曾跟自己同甘共苦的弟弟和大儿子，维持了统治集团的团结，终于在 56 岁那年统一了女真各部落，建立了后金国，登基称汗。两年后彻底与明朝决裂，宣布对明朝的"七大恨"，并用生命中最后的 10 年与明朝展开殊死搏斗，胜多败少，为清军打败明朝"奠定帝业之基"。

清的第二个皇帝是努尔哈赤的第 8 个儿子皇太极。他是个富有远见和谋略、以问鼎中原为毕生追求的政治人物。为争取民众的拥护，他不仅创造了前面说过的"满洲"与"大清"，避开了刺激汉族人历史记忆的"女真"和

"金"，还将自己的名字"黄台吉"（意为统领黄旗军的贝勒）改为"皇太极"（意为始皇帝），并在称帝那年改年号为"崇德"，为的是与明朝的"崇祯"相区别，显示自己更重视德治。

努尔哈赤去世后，35岁的皇太极继承汗位，先是与另外三大贝勒实行集体领导制，在接下来的4年间利用政治手腕将其他三个领导人先后打掉，完成了个人的极权领导。他比其父更重视笼络人心，争取民意，广收明臣汉将，安定四方百姓。

祖大寿是袁崇焕手下的猛将，袁死后祖率军修复大凌河城以守卫锦州一线，皇太极认为不能"坐视汉人开拓疆土"，引军围城。围困两个月，援军被多次打退，城内粮草断绝，人骨当柴，死者为食。皇太极给祖大寿写三封信劝降，祖假意归降，皇太极给予其高规格礼遇。祖大寿要求回锦州做内应，皇太极当即答应，结果祖却一去不回，皇太极却并不因此难为祖大寿留在清军中的家属和部下。10年后，皇太极再次围困祖据守的锦州，仍待祖如旧，祖才真心投降。

另一个典型例子是收服明朝将领洪承畴。洪承畴是一度几乎肃清李自成等农民起义军的名将，但在对清军作战中由于受其他官僚掣肘，兵败被俘。他的家臣向明帝汇报说他不屈尽忠而死，崇祯对其表彰嘉奖。而据清史记载，洪承畴被俘之初确实表现忠烈，每天不梳头不穿鞋，只是对着来劝降的人大骂，直到皇太极亲自来看他，问他"先生不冷吗"，并解下身上的貂皮大衣给洪穿上，让洪感慨"真命世之主也"，于是归顺清朝。

类似的例子很多。明将孔有德、耿仲明、尚可喜降清后，皇太极不但为他们营建府第，封王封赏，还让其继续统兵，"故其将卒皆用命"，使之成为追击南明政权、镇压李自成军队的强劲力量。

为充分调动各族武装力量，皇太极在满洲八旗的基础上，创建了蒙古八旗和汉军八旗，既壮大了清朝的军事实力，又缓解了满、蒙、汉三族间的民族矛盾，是有政治远见的军事举措。

皇太极还积极采取有助于获取汉人民心的经济、社会举措：

一是保证农业生产。以"三丁抽一"政策保证每家有三分之二的劳力从事生产，并禁止满人抢夺汉人财物和放鹰糟蹋庄稼。

二是制止对汉人的歧视和迫害。强调满、蒙、汉"视同一体"。放宽对汉族逃跑人员的惩治，并对汉族读书人进行考试，选拔录用。重视学习汉族文化，命人将《三国演义》翻译成满文给清军将领做教材，后来到顺治时更是颁发全军。

三是改革落后风俗，有助扭转汉人对满族蒙昧未开化的印象。禁止娶继母、嫂子、伯母、叔母、弟媳、侄媳。

皇太极继续开疆拓土，先后征服蒙古与朝鲜。在与明朝的战争中，赢得了关键性的松锦之战。努尔哈赤一生中最辉煌的战役是萨尔浒之战，使明朝彻底失去在辽东主动作战的能力；而皇太极一生中的最重要战役应属松锦之战，此役使明朝完全被压制在山海关内。清朝人称前者是"王基开"，后者是"帝业定"。

皇太极

在这场关键战役中，明将洪承畴一度打得清军几乎崩溃。皇太极闻讯不顾有病，亲自带兵助战。路上流鼻血不止，用碗接着，昼夜兼程500余里，6天急行军赶到松山。清军闻皇太极亲征，士气大振；明军却因缺乏统一指挥，被各个击破。大批降清明将成为日后清军在关内作战的主力。

皇太极一生虽未突破山海关，但却为日后清军入主中原扫清了道路。清军入关的前一年，52岁的皇太极突然驾崩。

清朝第三个皇帝是皇太极的九儿子福临，年号顺治。他是一个思想和情绪都有较大波动、对国家政务缺乏执着追求的政治人物。亲政前期励精图治，奋发图强，后期则万念俱灰，一心出家。

皇太极在沈阳暴病逝后最有力的皇位继承人有两个竞争者：一个是皇太极的长子 35 岁的豪格，"英毅，多智略"；另一个是皇太极的弟弟 32 岁的多尔衮，"聪慧多智，谋略过人"，是努尔哈赤生前最喜欢的儿子，也受到皇太极重用。两方势力僵持不下，多尔衮提出折中方案：由皇太极 6 岁的儿子福临登基，多尔衮摄政。

福临即位第二年，李自成进北京，吴三桂引清军入关，7 岁的福临在北京举行登基大典，改元顺治，实现了清朝两代领袖未能实现的"入关定鼎"的梦想。然而此后 7 年内，清政权的实权却一直掌握在摄政王多尔衮的手中，顺治只是傀儡，且受到多尔衮的轻慢。

多尔衮病逝后，14 岁的顺治宣布亲政，并对多尔衮进行清算，诛其党羽，毁墓掘尸。重整八旗，两黄旗与正白旗合称上三旗，体制高贵，为顺治亲辖；其他五旗称下五旗，改由皇帝任命，成为定制。顺治仿明制，设内阁，强化中央集权。还改变了以前由八旗王公大臣共议新君的制度，改为由皇帝立储。第四位清朝皇帝即由顺治指定。

顺治亲政 10 年对巩固和扩张清政权颇有建树。经过十几路清军 7 年多的征讨，到顺治亲政时全国只有两大反清武装力量：一路是西南的李定国军，另一路是东南的郑成功军，被后人称为南明的"擎天双柱"，曾在南中国掀起轰轰烈烈的抗清高潮。顺治通过"剿抚并用"的策略，在其去世那年将李定国军赶到缅甸，并迫使郑成功军退守台湾，基本上统一了中国大陆。当年 12 月，在缅的永历帝被俘遇害，南明灭亡，李定国与郑成功闻讯相继绝望病逝。

顺治染天花去世，临终前指定已出过天花的第三子 8 岁的玄烨继位。清朝的第四位皇帝，中国历史上少有的既具定国安邦的雄才大略、又多才多艺通晓自然与人文科学及多民族语言的康熙正式登场。

康熙自幼志向远大。顺治曾问儿子们的志向，老二（老大早夭，老二有传位优先权）说"愿做个贤王"，6 岁的老三康熙说要"效法皇父"。即位后祖母孝庄太皇太后问他想有什么作为，康熙说："惟愿天下乂安（即安定），生民乐业，共享太平之福而已。"

虽然对郑氏集团的斗争自顺治就已开始，但真正收复台湾的工作仍是从康熙开始，并在其指挥下用了 22 年的时间最终完成。

康熙棋局

康熙元年（1662 年），郑成功病逝，距其收复台湾仅 4 个月。但台湾，开始进入清朝统治集团的视野。

少年康熙面对的是天下初定的变局时代，未来局势的发展谁也不知道：既可能因局部失控使全国再陷战火纷飞的动荡，也可能因人口是满族人上百倍的汉族人[①]的团结反抗使清政权退回东北，但继位不久的康熙很快就展现出少有的坚定意志。他要安定天下，扫除隐患，开创强盛帝国。

在康熙的眼中，当时清政权虽已趋于稳固，但隐患四伏。

首先是三藩势大，足以抗衡清廷。三个降清的明将分别镇守云贵、广东、福建，拥有重兵，互通声息，每年清廷还需向他们提供大量饷银，渐成尾

康熙戎装像

---

① 葛剑雄："万历二十八年（1600 年）应有 1.97 亿人。万历二十八年以后，总人口还可能有缓慢的增长，所以明代的人口峰值已接近二亿了。"《中国人口发展史》，福建人民出版社 1991 年版。

大不掉之势。

其次是南明残余势力。最大的武装部队应属距守台湾的郑成功部，拥兵数万，为精锐水师，而云南、四川、湖北也有反清武装力量。

再有是沙俄不断蚕食东北，在黑龙江流域不断占领土地，掠夺财物人口，还策动少数民族头目叛逃清朝。据报漠西蒙古的准噶尔部正在壮大，不断侵扰其他各部。

此外，内政方面还要考虑如何剪除权臣、治理水患、疏通漕运这三大要务。因此，对登基不久的康熙而言，最重要的事情是将这盘崭新的棋局分清主次，有序布局。康熙的策略是将稳固皇权放在首位，开始着手筹划除权臣、振朝纲，安内以后再攘外，底定天下。按照这个思路，后来康熙擒鳌拜、平三藩、治黄河、通漕运、收台湾、退沙俄、征西北，弈出其精彩纷呈的人生棋局，也开创了国家鼎盛的政治伟业。

康熙早期的台湾，只是帝国棋局中的一角。在当时来看，台湾问题的重要性和紧迫性并不居首。因为郑氏虽能侵扰沿海，却无力撼动清廷，且清军当下并无可以与其匹敌的水师，剿灭不成，最好的办法是招抚，至少可以稳住次要敌人。刚好传来消息说郑成功去世，郑氏内部发生继承权之争。招抚的机会来了。在辅政大臣商议下，康熙元年清廷派使者到福建，企图说服郑成功之子郑经归降清朝。

此时郑经也面临内忧外患。本来自己驻守厦门，父亲郑成功经营台湾，一旦父亲去世，自己作为长子顺利接班。偏偏在父亲去世前有人告发自己通奸生子的事情，差点被杀。虽在厦门将士同心的保护下保住了性命，但台湾那边却在父亲逝世后拥立自己的五叔主持政务，自己如果出兵台湾，争夺继承权，万一清朝乘虚而入攻打厦门怎么办？正在此时，探报清廷来人和谈。

郑经为表和谈诚意，一见面就向清朝交出了南明皇帝赐给的敕书、印玺，表示自己不想再替朱家卖命了，同时开出的条件是：照朝鲜例，不剃发，仅称臣纳贡而已。

在与清廷谈条件的同时，郑经率师从厦门进攻台湾，斩杀了举兵相抗的将领，在台湾接班主持政务的郑世袭后来跑到泉州降清。郑经肃清了内部反对势力、确立了其在郑氏集团的领导地位后，以不能接受清朝提出的"迁回内地、剃发易服"等必要的招抚条件为由，中止了谈判。

后来（康熙六年）两岸议和时郑经又补充了拒绝招抚的理由：第一，郑氏有能力在台湾建立不隶属大清的独立政权，"万世之基已立于不拔"；第二，台湾军力足以与清军周旋，甚至可以在沿海反守为攻，"风帆所指，南极高琼，北尽登辽，何地不可以开屯，何地不可以聚兵？"第三，统一缺乏足够的吸引力，台湾经济足以自立，物产丰富，荒地众多，外贸发达，"又何慕于藩封，何羡于中土哉？"①

清朝早已防备和谈不成的结果，因此在双方和谈的同时，就已开始着手组建大清第一支水师部队，并于当年建成。海战即将开始。

---

① 《康熙统一台湾档案史料选辑》之《郑经复孔元章书》。

水师提督

　　清朝海军的第一任水师提督是后来指挥清军平定台湾的将领施琅。35年后他病逝在水师提督任上，他的传奇一生使其获得各种褒贬评价。即使同样出自康熙之口，也有"才略夙优，忠诚丕著"[①] 和"粗鲁武夫，未尝学问，度量褊浅，恃功骄纵"[②] 两种评价。

　　但正是在这位两次降清、颇受争议的将军手中，台湾与大陆重新统一。施琅早年是郑芝龙的部将，郑芝龙降清时也就跟着降了清。而后以总兵身份到广东招降明将。广东被清军占领后，因人事任命方面偏向满人，清军汉人将领发动兵变，反清归明。施琅在逃离广东时受困，郑成功闻讯亲自去说服他归顺郑军。

　　郑成功起初对施琅格外器重，情同手足。施琅也竭力报效，战功赫赫，其所率部队成为郑军中最强悍的精锐部队。施琅本人不仅武艺超群，还颇有计谋。他为郑成功献计智取厦门是其经典战例。

　　当时占据厦门的是郑成功的族兄，郑成功很想袭击而后将其吞并。但其族兄的战舰数倍于己，强将又多，并无胜算。施琅为郑成功献上"智取荆州"之计。郑成功先是以极为短缺的粮食作见面礼，谦卑地请族兄接纳。族兄见郑成功率兵很少，于是放松警惕。郑成功一面密令战舰进港，一面设宴款待族兄。当晚派刺客于回家途中杀死酒后的族兄，郑成功得到消息后立即领兵

---

①　1698 年康熙为施琅立碑并亲作《敕建碑文》内容。

②　《清圣祖实录》卷一百三十六，康熙二十三年七月丙戌条。

进入厦门，大喊捉拿凶手："是谁杀我兄长，此仇不共戴天！"并以保护族兄家属安全为名，软禁族兄亲属及部下，同时安抚百姓，族兄余部尽皆归顺郑成功。

施琅在郑成功的战争中献计献策，亲身参与，功不可没。但随着其势力日益壮大，与郑成功不同意见增多，二人渐生嫌隙。最后导致施琅叛郑投清的关键是郑成功决心铲除对其构成挑战的施家势力。

先是施琅极力劝阻郑成功南下广东勤王，郑认为其拥兵自重，临阵闪避，解除其兵权。郑成功南下期间，厦门被清军偷袭，赋闲在家的施琅率60余名部下击退近千名清军，在收复厦门的战斗中立了大功。郑成功回师后，对施只是赏银，而不复职。施琅的一个部下见其失势就擅自转投郑成功帐下（一说因奸淫民女后戴罪逃离），施琅大怒，将其捉回，置郑成功"勿杀"之令于不顾将其处斩。

郑成功认为施氏势大且张狂，已对其治军造成威胁，必须铲除。于是先让同为郑军重要将领且深得军心的施琅之弟安抚施琅，而后待时机来临，一并捉拿施琅及其在郑军中效力的兄弟和父亲。施琅设计逃脱，郑成功派人追杀未果，将施琅的兄弟和父亲处斩。施琅愤而降清。郑成功闻讯长叹："楚国之患，其在子胥矣！"[1]

果不出郑成功所料，正是施琅，最终成为郑氏政权的终结者。32年后，施琅率军登上台湾岛，郑氏子孙匍匐投降。施琅并未如很多人担心的那样对郑家血债血偿，大肆屠戮，而是倾心安抚，秋毫无犯。受降一周后，施琅来到郑成功庙前祭祀，亲手撰写祭文：我是从当兵的干起，跟随您如鱼得水，但相处的过程中有些误会，最终酿成大错。我和您后来虽断绝关系成为仇敌，但感情上就像臣子对主公一样。因此从道义上我不会像伍子胥那样（报复泄愤）。于公讲求正义，于私讲求恩情，不过如此而已。（原文："独琅起卒伍，

---

[1] 陈万策：《施襄壮公家传》。

于赐姓有鱼水之欢，中间微嫌，酿成大戾。琅于赐姓剪为仇敌，情犹臣主；芦中穷士，义所不为。公义私恩，如是则已。"）

兵临城下

施琅降清后一度不被信任，后在大量降清的郑军将领的推荐下开始受到清朝重用。康熙二年（1663 年），清朝组建第一支海军并以施琅为首任水师提督后，施琅就向清廷提出进攻厦门的方案《密陈进攻厦门疏》。恰好此时郑氏集团内讧，郑经确立接班后排斥异己，大量郑军降清，军心浮动，清朝出兵攻取厦门，并乘胜夺取金门。

郑经退至台湾，清朝采纳施琅意见，出兵台湾。但运气实在不好，两次东征都在海上突遇台风，船只沉没或受损，均无功而返。清朝武力攻台的计划暂时搁置。

此时，朝中招抚之声再起，清朝对台工作方向调整为以抚为主的和平统一政策。施琅也改任闲职在北京混日子，主要是看书、交朋友。

清朝对台湾问题的思考角度不同于现代。当时人与自然条件的关系是地广人稀，大陆还有大量荒地无人开垦，清朝根本不在乎多一个台湾岛的土地和资源。正如康熙十七年（1678 年）清军将领赖塔给郑经的信中所说："本朝何惜海外一弹丸之地。"

能让清朝重视解决台湾的根本原因，是这里有一支尚未臣服清廷的武装政权，清朝要考虑这个政权会不会对自己造成威胁。

康熙五年到十三年的 8 年间，清朝一度认为台湾郑氏没有能力危及大清政权，而自己又无足够的海军力量跨海作战，因此采取和平统一策略。但后来发生的一件事使清朝放弃幻想、重新采取武力统一台湾的方针，这个事件就是"三藩之乱"。

康熙十三年（1674 年）"三藩之乱"期间，郑经乘机反攻大陆，占领厦门与漳州、泉州、潮州、惠州等地，声势浩大，且屡败清军。康熙十六年，"三藩"基本平定，清军各路聚集福建。清廷再派人到厦门与郑氏谈判，清方一度做出重大让步，只要郑经退出金、厦等沿海岛屿，可允其仿照朝鲜之例，称臣纳贡即可。郑经此时认为形势于己有利，于是提高谈判要价，非但不肯让出金、厦，还要求清朝将漳、泉、潮、惠四府的粮饷让与郑氏养兵。谈判破裂，郑军主动出击，一度攻城略地，但在清朝换将之后，康熙十九年（1680 年）郑经再次失掉沿海所占地区，败退台湾。

"三藩之乱"期间郑经出兵大陆的举动，改变了清朝对台湾问题的看法。台湾郑氏政权的存在，并不是少一点土地和税收的问题，而是随时会威胁清朝在大陆的政权。这对清朝来说是心腹之患，而非疥癣之疾。因此，"三藩之乱"后，康熙调整了对台湾郑氏政权的认识，将其提升到清政权的隐患的高度，虽未放弃对台招抚工作的努力，但政策重点已由和平统一转向武力统一。

在康熙开始为武力统一台湾积极进行筹划和准备时，郑经病逝，出兵台湾的机会来了。然而在清廷内部意见并不一致，反对武力攻取台湾的人仍然很多。时任福建水师提督的万正色深得康熙重用，但他即使在金、厦击败郑军之后，仍然坚持要和平统一，反对武力攻台，认为对台"徐行招纳，必自归诚"。此前福建总督李率泰也坚决主张招抚，临终前还再次上疏清廷反对军事解决台湾。

康熙最终还是排除了众多反对意见，决定采取"剿抚并用、以剿为主"的方针底定海疆。

在北京闲居了 13 年的施琅重新担任福建水师提督一职，于康熙二十二年（1683 年）率兵两万余人，乘战船二百余艘出征。

战场选择在澎湖，郑军守澎湖的将领是勇敢善战的名将刘国轩，早先曾为清将，被郑成功收降后成为郑军中赫赫有名的战将，地位和影响甚至超出当年的施琅。刘所率兵将战船与施琅相当。

两军在澎湖展开激战，历时七昼夜。施琅右眼负伤，清军将领兰理中炮"腹破肠流出，为掬而纳诸腹，持匹练缚其创。理呼杀贼，麾兵进。"①。澎湖大战，郑军大败。清军击沉敌船 159 艘，郑军死伤 12000 人，浮尸遍海，刘国轩仅率 31 艘船逃回台湾。

台湾郑克塽闻知澎湖战败极为恐慌。施琅在歼灭郑军后，立即安抚当地居民群众，对郑军将领以礼相待，给士卒银米，负伤的人也代为医治，有欲见妻子儿女的则派小船将他们送到台湾。投降的士兵把这一切在岛内辗转传述，岛内人心更加涣散，毫无斗志。1683 年 10 月施琅率军登上台湾岛，迫于形势，郑经的儿子郑克塽只好上表求降。自此结束了郑氏在台湾的 22 年统治。

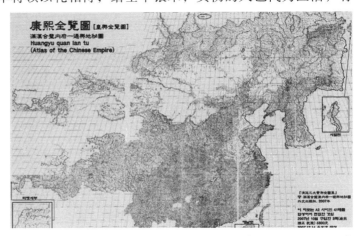

康熙皇舆全览图（1708 年由康熙帝下令，聘请西洋传教士经过经纬度测量绘制而成，是中国第一幅绘有经纬网的全国地图，图中台湾岛与朝鲜半岛形状与今差异较大。）

康熙二十三年（1684 年），清朝接受施琅的建议，将台湾收入中国版图称为台湾府，下设三县，由福建省巡抚管理。在台澎分别驻兵 1 万人，设官治理、筑城戍守，台湾宝岛得以统一于清朝政府之下。

---

① 《清史稿·兰理传》卷二百六十一。

攻防得失

康熙朝国力强盛，顺势而为，以战逼和，统一台湾。

首先，清朝军事上是成功的。一是正确用将。以力主武力平台且精通海战的施琅为清军统帅，并赋予专征权。二是策略灵活。不指定攻台日期和路线，由施琅相机而动，把握好了海战中最重要的天时地利。三是鼓舞士气。康熙敢于大胆任用郑军降将，并在朝廷内部和战争议不绝中坚定支持攻台方案，稳定军心，振作士气。施琅为鼓舞士气，令家族中 30 余人随船出征，包括其 4 个儿子。四是战术得当。施琅在澎湖海战中采用集中兵力以多打少的"五点梅花阵"，多艘战船围攻一艘敌船，大获成功。

值得一提的是，康熙在外交方面也较成功。不但多次利用荷兰海军共同与郑军作战，还避免了郑氏集团向日本借兵抗清的复杂局面。

其次，康熙总体上坚定的统一意志在政治上是成功的。长期以来在中国人的观念中，统一优于分裂。康熙在尊儒学、用汉臣、使清政权在大陆的合法性与正统性逐渐取得多数汉人的认可后，台海统一的主张再次获得多数国人的认同。在清廷与郑氏的前后 13 次谈判中，郑经多次提出希望保留分裂政权，但最终康熙守住了维持两岸统一不能分裂的底线。

期间清廷也发生过动摇。康熙五年（1666 年），清朝一度宣布放弃武力征台的计划，并于次年派官员赴台和谈。同时，为表诚意，将驻守厦门的海军撤至漳州、海澄等港口，并大规模裁撤福建、广东的沿海驻军。后来干脆取消水师提督的职务，把施琅留在北京做闲职的内大臣，解散海军，烧毁战船，将海军士兵分散到其他各省种地。

康熙六年（1667 年）清廷派人赴台湾和谈，答应郑经如归顺可封"八闽王"。清朝赴台官员虽带回来郑经赠送的檀香、鹿肉、鱼、银等礼品，却只得到郑经"和议之策不可久，先王之志不可坠"的回话。康熙八年清廷加大招抚力度，做出重大让步，允许郑氏封藩，世守台湾。郑经则提出："苟能照朝鲜事例，不削发，称臣纳贡，尊事大之意，则可矣。"①统一意志益发坚定的康熙此时的答复是："若郑经留恋台湾，不思抛弃，亦可任从其便。至于比朝鲜不剃发，愿进贡投诚之说，不便允从。朝鲜系从未所有之外国，郑经乃中国之人。"②

郑氏集团的政治主张和对抗意志也多有变化。郑成功曾对世人一再宣告："台湾早为中国人所经营，中国人之土地也。"郑经则称："况今东宁（台湾）远在海外，非属版图之中"，"万世之基已立于不拔"③。可见自郑经起，明郑与清争天下的斗争已经转变为康熙与郑氏的统一与分裂之争。

郑氏集团内部，支柱将领刘国轩则出现了由"主战派"向"主和派"的转变。郑军主帅刘国轩精通海战，曾屡败清军。在得知清军将至的消息后，坚决主战，并迅速组织在澎湖的布防，抢修工事，集结军队，其行动之快捷，筹备之周密，出人意料，体现出名将的素质。但在与清军进行澎湖海战的过程中，过度相信经验，以为风浪将至，清军必受重创，以致几次错失战机。甚至在接到清军将发起总攻的消息后，刘国轩看到天边有黑云，就不做御敌准备，而让部下摆酒筵，饮酒自若。后来雷声大作，刘国轩才大惊失色。原来当地海洋气候的规律是有乌云则有飓风，雷声作则乌云散。因此听到雷声后，刘国轩踢翻筵席，长叹道："天意如此，非人力能胜也。"此役失败后刘国轩转为坚定的主和派。

最后，清朝在争取民心方面取得一定成果。清朝利用强大的军事压力和

① 江日昇：《台湾外记》。
② 《明清史料·丁编》第三本。
③ 《康熙统一台湾档案史料选辑》。

郑军将士对故土亲人的眷恋之情招降纳叛，并对来降的郑军予以重用，在交战时效果明显，一旦战事不利，郑军往往不战而降。郑军首失厦门时，留守铜山的 10 万兵民降清，后来郑经第二次反攻大陆时，郑军在铜山又有 300 艘舰船、2 万余将士降清[①]，零星降清的郑军更是不计其数，对双方军事力量的消长起到重要作用。施琅在澎湖海战胜利后对台湾本岛的攻心战更直接促使郑氏不战而降。

但在经济领域，清朝的对台政策很有问题，甚至是失败的，这延缓了清朝统一台湾的进程。

清朝以禁海迁界政策对台进行经济封锁，但并未起到预期效果。早在顺治十三年（1656 年），清朝对郑氏集团即开始实施"禁海令"，严令"寸板不许下海、片帆不许入口"，不但禁止渔船、商船出海捕鱼和贸易，也禁止外来船只进入港口停泊，企图将郑军困死海上。顺治十八年（1661 年），清朝颁布更为彻底的"迁界令"。从山东至广东，所有沿海各处居民一律内迁 50 里，所有沿海船只悉数烧毁，片板不许留存，以此堵绝台湾郑军与大陆的联系。康熙元年（1662 年），清廷再次颁布"迁界令"，勒逼广东 24 州县居民再内迁 50 里，除澳门外的附近海岛洲港，都禁止居住。界外地区房屋全部拆毁，田地不准耕种，渔民不准出海捕鱼，出界者立斩不赦。康熙三年（1664 年），清廷又下令再次内迁 30 里。直到康熙八年（1669 年）康熙亲政后清朝才允许复界。

禁海迁界政策并未如清廷预期困住郑氏集团和台湾军民，反而迫使郑经集中力量开发台湾，并从大陆沿海招纳大量流亡人口，增强经济和军事实力。同时郑经继续发挥郑氏集团的对外贸易传统和优势，从日本和英国等地换来大量日用品和军事物资，使清廷的封锁政策对台湾没起到显著效果。

另一方面，对台经济封锁的禁海迁界令清廷在沿海大失民心。实施迁界

---

① 安然：《施琅大将军平定台湾传奇》，新华出版社 2006 年版。

令的时限仅有 3 天,不愿迁走的居民无分男女老幼一律砍掉脑袋。屈大均在《广东新语》中称:"自有粤东以来,生灵之祸,莫惨于此。"中国最富饶的沿海地区商贾绝迹,居民生计断绝,被迫内迁或远逃海外谋生,留下来的很多参加抗清队伍。

相比较而言,郑氏集团在康熙早期采取了优于清朝政府的民心政策,实力大大增强,在台湾开创了郑氏集团最为鼎盛的繁荣时期,并在大陆发生"三藩之乱"时采取战略主动,反攻沿海,纵横东南。

一是利用清朝错误政策,广泛吸纳归附军民。清朝一度将郑军投降将士及家属押送异地垦荒,多为闽籍且习惯海上生活的降清将士极为反感被分散至外省种地的安排,不少人重又叛清降郑。郑经一律好言相慰,使沿海兵民的民心天秤向郑军倾斜。

二是加强政治与文化宣传,增强台湾军民凝聚力。在台湾建孔庙,办学堂,兴科举,倡儒学,将明朝政治文化制度移到台湾,以汉人正朔自居,得到东南不少人的认同。

三是全面开发台湾,吸引大陆居民赴台。实行屯田政策,令士兵及家属大量开垦土地,兴修水利,退台次年即获农业大丰收,扭转了粮食极度匮乏的局面。同时鼓励种植经济作物,发展手工业,扩大对外贸易,台湾经济日益富足。

不过,台湾毕竟版图狭小,当时经济开发程度不高,又无强援,与已经统一中国大陆的清廷相比实力悬殊。只要清朝无大的内乱,郑氏毫无反守为攻的军事能力,而清朝一旦下定决心收复台湾,则可以源源不断对台用兵,这种人力和资源的消耗战台湾是无法抗衡大陆的。因此郑氏集团的失败最主要的因素还是与清朝的实力差距明显。

当然,古代战争中运气也很重要。元朝征日本每次均遇台风,清朝攻台虽也曾因台风失利,但后来施琅的澎湖海战却占尽天时。据说澎湖 6 月多台风巨浪,很难有连续 5 天的无风日,而清军进攻时竟连续 10 多天无风无浪,因此施琅在澎湖大捷后上奏说:"莫非上天垂佑。"

雪域狼烟——青藏的故事

　　西藏位于世界上海拔最高、面积最大的青藏高原，其特殊的地理位置使其具有较为独特的宗教、政治和文化。西藏与汉地政权的关系几经变化。清朝的藏区分四部分：藏（后藏，今西藏西部）、卫（前藏，今西藏中部）、康（喀木，今西藏东部及川西）、青（今青海省）。在康熙、雍正、乾隆三代清朝皇帝的统治时期，分别发生了蒙古族准噶尔部入侵西藏、和硕特部青海独立以及廓尔喀人侵扰后藏的事件，清朝中央政府用兵西藏，以军事手段维护统一和稳定，同时运用尊重宗教信仰和强化中央管理的方式使西藏得以保持较长时期的宁静。

西藏布达拉宫

高原神话

　　青藏高原总面积 250 万平方公里，自然环境独特，生存条件艰困，然而远古时代即有人类活动。按照西藏佛教故事里的传说，藏族人是由猕猴和罗刹女（岩魔女）结合繁衍的人种[①]。其后裔生成藏族最原始的六个氏族（或六大姓氏，也有四姓说和十八姓之说）。很多人认为藏族人有名无姓，那其实是自佛教在西藏广泛传播后，平民百姓逐渐略去姓氏之故。

　　青藏高原上存在的众多部落有的融合，有的分化，有的走下高原，向北至黄土高原及黄河中下游，向南至云贵高原及缅甸，在相当长的时期内青藏高原上没有形成统一的政权。汉语文献称这些部落为"发羌"、"西羌"（羌是牧羊人的意思，也有人认为华夏族最早起源于羌族）等。羌人即使不是藏族的主要来源，其在藏族形成过程中的作用也是无可怀疑的。[②]这种分裂状态直到 6 至 7 世纪吐蕃（bō）王朝统一西藏才得以改变，藏族也随着吐蕃王朝的兴起正式形成。藏族人自称为"博（bod）"或"博巴"（bod-pa），中文译作"吐蕃""唐古特""土伯特""乌斯藏"等，满语、蒙语中称"图波特（tübat）"。

　　一个发源于雅鲁藏布江中下游的部落大约在 6 世纪开始崛起，并不断向外扩张，在拉萨河流域建立了一个统治中心，其统治者被尊称为"朗日伦

---

① 藏文《弟吴宗教源流》和《智者喜宴》记载说，西藏地区在人类出现之前曾经由十种（或十二种）非人统治过。

② 费孝通主编：《中华民族多元一体格局》，中央民族大学出版社 1999 年版，第 28 页。

赞"。也许是扩张速度过快，朗日伦赞被反对者毒死，他的 13 岁的儿子松赞干布（617—650 年）继位。

松赞干布一上台立即采取坚决而严厉的措施镇压各种反叛势力，并巩固和扩大吐蕃王朝的疆域和影响，使吐蕃王朝进入了崭新的强盛阶段，因此他虽为吐蕃王朝第 33 任赞普（即君主），但被后人视为吐蕃王朝的立国之君。

松赞干布的雄才大略体现在：

一是统一了大部分青藏高原。

二是制定法律并建立了一套军政、军民结合的行政体制。

三是创制了通行至今的藏文。松赞干布派遣了 16 名西藏儿童前往印度学习，其中一名后来以梵文为蓝本而创制了采用拼音的藏文，改变了西藏没有文字的历史（一说西藏早有文字，但尚不完备），将西藏文明推进到一个崭新阶段。

松赞干布

四是有高超灵活的外交手段。吐蕃向东北方向扩张的过程中，占领了青海吐谷浑王国的大片领土后，又首次与保护吐谷浑的唐朝开战。在不能取胜的情况下，转而向唐朝求亲。唐太宗将宗室女文成公主嫁给松赞干布，同时松赞干布还迎娶了尼泊尔王国的赤尊公主。由于赤尊公主和文成公主都是佛教信徒，并都为西藏带来了前所未有的佛像，松赞干布为两位公主在拉萨兴建了大昭寺和小昭寺，成为西藏最早兴建的佛教寺庙。松赞干布外交上的成功不但避免了吐蕃国力损耗，还增进了吐蕃和南亚及中原地区的政治、经济和文化的交往，有利于吐蕃文明的发展。

松赞干布开始的吐蕃与唐朝和亲政策带来了边境的安定，也密切了唐蕃的政治关系。唐太宗去世后，唐高宗即位，遣使入蕃告丧，并封松赞干布为驸马都尉西海郡王；松赞干布派专使到长安吊祭，并上书表示对唐高宗即位的祝贺和支持。唐中宗将养女金城公主许嫁吐蕃赞普赤祖德赞后，赤祖德赞上表说："外甥是先皇帝舅宿亲，又蒙降金城公主，遂和同为一家，天下百姓，普皆安乐。"后来唐宪宗时期由白居易起草的给吐蕃宰相的信中曾提及："朕与彼蕃，代为甥舅。"唐穆宗时期，唐蕃双方达成"唐蕃甥舅和盟"，会盟碑共有三块，其中一块立于拉萨大昭寺前。

在松赞干布奠定的政治、经济基础上，赤松德赞在位时吐蕃的国力达到鼎盛，幅员万里，疆界西至中亚的大食，东临唐朝川陇、还多次进到宝鸡，北到宁夏贺兰山与回纥相接，南以南诏为属国，并一度占领印度恒河北岸。

赤松德赞是唐朝金城公主之子，松赞干布的来孙（曾孙之孙）。755年13岁的赤松德赞继位，吐蕃内乱平息。就在这一年，唐朝发生"安史之乱"，唐朝中央政府抽调大量对付吐蕃的军队去平乱，使得西部防务大为减弱。唐代宗继位以后，停止向吐蕃缴纳每年5万匹的岁绢，赤松德赞极为恼怒，趁唐朝安史之乱尚未完全平息，集中约20万军队东进，攻占长安。15天后，由于不适应长安秋季的酷热，吐蕃军中疾病流行，加上唐朝勤王之军逼近，吐蕃军自动退出长安。

赤松德赞死后吐蕃国力日衰。869年吐蕃爆发奴隶平民大起义，8年后起义军挖掘赞普王陵，逐杀王室和贵族，松赞干布之后大约经历10代赞普的吐蕃王朝彻底崩溃。

位于青藏高原的吐蕃王朝和统治汉地的大唐王朝有两个很有意思的相似之处：

它们分别大体是西藏政权与中原政权中最强

吐蕃武士

盛的时代，军事交战互有胜负，吐蕃略优，而兴起和灭亡的时间又差不多。松赞干布出生的第二年唐朝建立，吐蕃灭亡30年后朱温灭唐建梁，开启五代十国。吐蕃与唐朝灭亡后都进入了长期的分裂割据时期。直到13世纪蒙古军南下，西藏和中原才先后归入元朝统一的管辖版图之中。

它们同时面对佛教的迅速传播阶段，而执政者的态度也是弘佛与灭佛交替。在唐朝的历代皇帝中，有的尊崇本土的道教，有的弘扬西来的佛教，士大夫与民间也存在激烈的争论。在吐蕃的历代赞普中，有的坚持本土的苯教，有的推动新兴的佛教。大力推广佛教的赞普赤祖德赞被反对佛教的大臣暗杀，坚持强力灭佛的赞普朗达玛被佛教僧人射死。但佛教最终在两个地区都站稳了脚跟，在藏区影响尤大。

佛教不但有深邃的哲理和辩证的思维，还有众多的神话吸引着人们的朴素的精神寄托，加上吐蕃统治者的大力推广，得以在西藏迅速传播，形成与汉传佛教、南传佛教并称"佛教三大体系"的藏传佛教。但自此，藏族人不再有明显的尚武精神。

13世纪上半期，兴起于蒙古高原的蒙古汗国向四周积极扩张。出于以大迂回、大包抄战略进攻南宋时要确保西部侧翼安全等方面的考虑，蒙军对西藏采取了军事征服行动。由于西藏分散的教派和家族势力无法组织有效的抵抗，蒙军很快就打到拉萨北面，控制了西藏主要地区，并设立驿站供应物资。

此时西藏各地大多采取政教合一的体制，宗教领袖有最高权力。于是有一个声望较高的佛教领袖代表西藏地区主要僧俗首领与蒙军高层谈判，议定了西藏归附蒙古汗国的办法：主要是西藏各僧俗首领向蒙古降附纳贡，承认是蒙古汗国的臣民，接受蒙古的统治，而蒙古则维持原来的各地僧俗首领的职权，并正式委任给相应的官职。

随后，蒙古派人进藏清查户口，以万户为单位，大体分为13个万户，分封给一些蒙古王子。这些蒙古王子往往会将封地的宗教首领奉为自己的上师，将当地首领委任为自己的官吏。

忽必烈建立元朝后，在中央政府中设立总制院（1288 年改名为宣政院），掌管全国佛教事务和藏族地区的行政事务，并命藏族国师八思巴负责，这标志着忽必烈对西藏的管理是政教结合、僧俗并用的行政体制。宣政院使作为朝廷重要官员，是由皇帝直接任命的，这就确定了西藏的行政体制是元朝行政体制的一部分。此外，元朝在西藏屯驻军队，设立各级官府，以保证对西藏的统治和政令的推行。

元朝对西藏的管辖有恩威并举的特点：一方面，元军以军事力量进驻西藏，形成威慑；另一方面，元朝皇帝给予西藏宗教领袖以极高的荣耀和相当大的权力，并以宗教认同令藏人心悦诚服。

元世祖忽必烈对西藏佛教高僧八思巴极为尊崇，封为帝师。这不仅因为八思巴本人学识渊博，能解答忽必烈的各种疑问，还能治好蒙古贵族的病，更重要的是藏传佛教已经在蒙古族中迅速传播。

八思巴

蒙古大汗起初并未独尊佛教，成吉思汗建立蒙古汗国以前，蒙古地区占支配地位的宗教是萨满教。从成吉思汗到忽必烈时期，蒙古统治者对萨满教、佛教、道教、伊斯兰教、基督教等采取了兼容并蓄的态度。成吉思汗西征途中，还诏请道教的丘处机为其讲道，两人在西域军中相处一年，交谈甚欢。

为了给蒙古族寻找一种较为先进、文明而实用的宗教，蒙古贵族做了多方面的考察工作。1258 年在上都的宫殿里还隆重举行了佛道辩论会，由忽必烈主持，两派各参加 17 人，佛教辩论队以时年 23 岁的八思巴为首，获得胜利。道教辩论队承认失败，17 名道士削发为僧，少许道观也随之改造成佛教寺院。藏传佛教于是大行其道，成为蒙古族最为流行的宗教信仰。

蒙古人追求宗教信仰的热情是虔诚的，忽必烈还曾请欧洲教会派遣 100

名教士来北京参加辩论，但教廷只派了 2 个人，而且还因路途遥远半途而返，失去了一次向东方传教的绝好机会。

明朝建立后，明太祖朱元璋派人深入藏区招抚政教首领。包括元朝帝师在内的大批藏族首领归降明朝，并赴南京朝见了明太祖。对前朝所封的灌顶国师，明太祖下诏仍封给他灌顶国师之号，并遣使赏赐，而该国师次年正月即遣使入朝。

明朝在确定藏族地区的都指挥使司、卫、所的行政体制后，陆续委任了不少藏族首领担任都指挥使司和卫所的官职。在西藏不同教派与政治势力的争执与冲突中，明朝中央有决定如何处理的权力，如明成祖曾经下旨令西藏某主要地方政权将一座有争议的寺庙让给势力较弱的一个教派，并得到完全落实。

与元朝相比，明朝对西藏的政策更突出怀柔和安抚政策。明朝没有对西藏地方政权进行直接扶持和支撑，也未在西藏驻军以形成军事威慑。明朝在西北驻军布防主要是为对付北方的蒙古势力。明朝主要是推行朝贡制度以彰显中央政权的权威，但从某个角度讲，对西藏的控制是弱化了。

就在皇太极率领清军与明朝军队激烈厮杀的同时，一个叫固始汗的蒙古部落首领从新疆出发，率兵从青海一路打到日喀则，成为全藏族地区的新的统治者。但他继承了元明时期的传统，即寻求中原中央政权的承认与支持。

固始汗一入藏就主动和清朝联系朝贡之事。清朝定都北京后，固始汗派其子赴京上书顺治帝，表示对清政府的谕旨"无不奉命"。清政府给固始汗送去金册金印，承认他的统治藏族地区的汗王的地位。自此之后，西藏蒙古贵族与藏族宗教首领几乎年年必遣使莅京，通贡不绝，清朝也厚给回赐。

但在康熙时期，准噶尔部从新疆突袭西藏，将整个青藏高原并入自己的版图。清军入藏击溃准军后，没有让原来的蒙古首领继续统治西藏，而是建立了对西藏的直接统治，在拉萨设立了驻藏大臣，直接监督地方政权，留驻藏清军数千人，归驻藏大臣指挥。另外清朝还划定了西藏和青海、四川、云南的地界，确定西藏的行政范围。

　　清朝中央政府对西藏的统治和管辖，较之明朝是大大加强了。除军队入藏外，宗教信仰仍是最重要的联系纽带。清朝通过尊奉藏传佛教，与蒙、藏民族建立了强有力的共同精神信仰，进而成为控制华北、西北、西南广大地区的重要力量。在蒙古和西藏地区对藏传佛教采取了利用、保护和鼓励的政策，通过拨款修建寺庙、免征喇嘛赋税、差役和兵役等政策措施，积极在蒙、藏地区推广藏传佛教。

达赖喇嘛

由于清朝和准噶尔部在西藏的斗争涉及达赖喇嘛，且达赖喇嘛在西藏影响力颇大，因此故事还要先从达赖喇嘛和藏传佛教说起。

达赖喇嘛是藏传佛教中的黄教教主。藏传佛教是结合了印度传入的密教、汉地传入的大乘佛教以及西藏原有的苯教而形成的以大乘佛教教义为主的宗教，也称喇嘛教，在西藏有政教合一的特点。其下分成密教与显教传承。传承方式既有师徒传承方式，也有家族传承方式。藏传佛教从对佛祖的崇拜演变为对本派祖师的崇拜，视师为佛，因此达赖等教主对信众的影响极大。

藏传佛教在西藏的传播分为"前弘期"和"后弘期"。以吐蕃赞普朗达玛灭佛运动及其影响时期为界，之前的佛教传播称为"前弘期"，之后称为"后弘期"。后弘期根据佛教传入路线的不同，分为上路弘传和下路弘传。此后，佛教逐渐在西藏复兴，并发展成独具高原民族特色的藏传佛教，而且因不同师承、所据不同经典和对经典的不同理解等佛教内部因素和不同地域、不同施主等教外因素而陆续形成各种支派，最主要的包括：

宁玛派（rnying-ma-ba）是藏传佛教最古老的一个派别。由于该教派僧人只戴红色僧帽，因而称"红教"。

萨迦派（sa-skya）因该派的主寺——萨迦寺建寺所在地呈灰白色而得名，曾经是藏传佛教中影响力最大的教派。由于该教派寺院围墙涂有象征三个菩萨的红、白、黑三色花条，故称"花教"。

噶举派（bkav-brgyud-pa）是藏传佛教支派最多的教派。"噶举"藏语意为"口授传承"。因该派僧人按印度教的传统穿白色僧衣，故称"白教"。

格鲁派（dge-lugs-pa）中的"格鲁"一词意为善规，指该派倡导僧人应严守戒律。该派虽是后来兴起，却一举发展成为藏区最有影响力的教派。由于此派戴黄色僧帽，故又称为"黄教"。

14 世纪，黄教的创始人宗喀巴（1357—1419 年）出生在青海西宁附近的一个藏民部落中。他 7 岁出家，16 岁到拉萨学佛，20 岁时提出宗教改革主张，52 岁时在拉萨发起正月祈愿大法会，建立格鲁派。为与红教区别，改穿黄衣黄帽，禁止教徒娶妻生子，以便全心全意宣扬佛法。随着宗喀巴声望的提升，明成祖朱棣几次召请其赴北京弘法，宗喀巴以身体状况为由派其弟子进京面圣。格鲁派真正走向全盛的转折点是活佛转世制度的采用。然而在宗喀巴去世时，格鲁派还没有采用活佛转世的办法来解决教主继承人的问题。活佛转世制度，是说教主是永不死亡的活佛，肉体虽然毁坏，但灵魂却立即再转生世界，永远不灭。他在死前就预言他的灵魂要到某个方向或某个地方重生，死后由法师寻觅他转世的灵童。找到之后，迎回拉萨，经过一段时间的宗教教育，等年龄稍长举行坐床大典，成为正式教主。

清代格鲁派形成达赖（前藏）、班禅（后藏）、章嘉活佛（内蒙古）、哲布尊丹巴（外蒙古）四大活佛转世系统。达赖与班禅开始同在前藏的拉萨。后来黄教统一前藏、后藏后，班禅移到日喀则，达赖留在拉萨。四大活佛中，达赖对藏人的影响力最大，但最初并不如此。更有意思的是，一世达赖和二世达赖在生前并无此荣誉称号。

宗喀巴有 135 名弟子，主要的弟子除接班主持工作的贾曹杰外，还有克珠杰和根敦珠巴，这两人后来分别被追认为第一世班禅[①] 和第一世达赖喇嘛。达赖与班禅个人之间互为师徒，6 位班禅曾为达赖师，4 位达赖曾为班禅师。

---

① 班禅称号始于 1645 年。蒙古固始汗赠给黄教罗桑曲结"班禅博克多"的尊称，"班禅"意为"大师"。1713 年，清朝康熙皇帝册封班禅为"班禅额尔德尼"，"额尔德尼"是满语，意为"珍宝"。从此，班禅这一封号就成为班禅系统的专用名称。

班禅被视为"无量光佛（阿弥陀佛）"的化身，达赖喇嘛被视为是"观世音菩萨"的化身，班禅地位原本是高于达赖的。但在二世达赖的任内，达赖转世系统的影响和实际地位超过了班禅系统，成为黄教的实际领袖。

宗喀巴圆寂后，格鲁派受到权势贵族的压制，根敦珠巴就到别的地方建寺院讲佛法，相当有影响力，后来被追认为第一世达赖喇嘛。根敦珠巴死后，一个叫作根敦嘉措的佛学造诣很高的僧人继承了根敦珠巴的事业，一些人认为他是根敦珠巴的转世，因此他后来被追认为第二世达赖喇嘛。

达赖喇嘛的称号真正出现在三世达赖索南嘉措身上。公元1576年，被认为是根敦嘉措转世的索南嘉措，应蒙古部落首领俺达汗的邀请到青海弘扬佛法。

俺达汗出于仰慕之心赠给他尊号："圣识一切瓦齐尔达喇达赖喇嘛"。"圣"表示超出世间；"识一切"是在藏传佛教显宗方面取得最高成就的人；"瓦齐尔达喇"是在藏传佛教密宗方面取得最高成就的人；"达赖"是蒙语里的"大海"（几乎所有达赖的名字中都有的"嘉措"在藏语里也是"大海"的意思）；"喇嘛"是藏语里的"上师"。整个称号的意思是：在显教、密教两方面都取得最高成就，佛学知识渊博犹如大海一样的大师。

这是达赖喇嘛名号的开端。当然，那时的达赖喇嘛还只是一个有学识的僧人而已，远没有后来那么有地位和权势。

但三世达赖索南嘉措应该很有政治头脑。他与蒙古及明朝的关系都很好。在他受明朝邀请赴北京途中去世后，蒙古首领俺达汗的曾孙云丹嘉措成为他的转世。当时黄教在西藏立足未稳，将自己的宗教领袖转世为蒙古贵族，可使黄教依靠蒙古的政治和军事力量扩大自己的影响。四世达赖云丹嘉措带着蒙古军队和贵族到西藏坐床，确实对格鲁派在西藏的发展给予极大的支持。

五世达赖时期，达赖喇嘛的声望扶摇直上，逐渐超越了其他活佛，最主要是因为蒙古的军事支持和清朝中央政府的政治支持。1642年，信奉黄教的蒙古部落首领固始汗率兵统一西藏，夺取了红教信徒占据的日喀则，并在该城举行盛大仪式，将西藏十三万户献给五世达赖，五世达赖成为西藏至高无上的宗教和政治领袖。1652 年，五世达赖动身到北京朝见，清朝政府正式封他为"西天大善自在佛所领天下释教普通瓦赤喇怛喇达赖喇嘛"的封号，并赐金印金册。从此达赖喇嘛的封号以及其在西藏的宗教地位，为其他活佛所不能比拟。

66 岁的五世达赖去世后，最受争议的六世达赖仓央嘉措登上了历史舞台。他的所作所为和人生经历与其他达赖喇嘛完全不同，他多情且很有文学修养，他的抒情诗集在西藏民间广为流传，并为后来历代文人津津乐道。一首著名的"不负如来不负卿"的情诗很能反映他对佛学与爱情的看法：

美人不是母胎生，应是桃花树长成，
已恨桃花容易落，落花比汝尚多情。
静时修止动修观，历历情人挂目前，
若将此心以学道，即生成佛有何难？
结尽同心缔尽缘，此生虽短意缠绵，
与卿再世相逢日，玉树临风一少年。
不观生灭与无常，但逐轮回向死亡，
绝顶聪明矜世智，叹他于此总茫茫。
山头野马性难驯，机陷犹堪制彼身，
自叹神通空具足，不能调伏枕边人。
欲倚绿窗伴卿卿，颇悔今生误道行。
有心持钵丛林去，又负美人一片情。
静坐修观法眼开，祈求三宝降灵台，
观中诸圣何曾见？不请情人却自来。
入山投谒得道僧，求教上师说因明。
争奈相思无拘检，意马心猿到卿卿。
曾虑多情损梵行，入山又恐别倾城，

世间安得双全法，不负如来不负卿。①

六世达赖生于西藏南部的一个农民家庭，尽管在两岁时就被秘密认定为五世达赖的转世灵童，但在 15 岁之前，他像普通孩子一样同父母生活在一起。被迎进布达拉宫坐床后，六世达赖并不喜欢深宫里的出家修行和黄教领袖的生活，于是经常微服夜行，甚至在外面寻芳猎艳，并且用一些美丽的情歌来表达自己的感受。后来他的政权靠山被政敌擒杀，他也被奏称是"耽于酒色，不守清规"的"假达赖"。清朝政府将其废黜，并解送北京。六世达赖在赴京途中病逝青海。

虽然当时的西藏实权人物又立了一位新的六世达赖，前后达 11 年之久，但西藏民众多认为已故的仓央嘉措才是真达赖。仓央嘉措生前有一首诗歌："洁白的仙鹤，请把双羽借我；不到远处去飞，只到理塘就回。"根据诗中提到的"理塘"，一些西藏僧人和贵族在西康理塘寺附近找到仓央嘉措的转世灵童格桑嘉措，秘密保护起来，9 岁时被青海蒙古僧众迎至塔尔寺供养。后来清朝出兵赶走入侵西藏的准噶尔军，直接统治西藏，中央政府正式册封其为六世达赖（后乾隆朝又册封其为七世达赖），并任命其主管西藏地方政权，达赖喇嘛自此开始真正执掌西藏的政教大权，成为西藏政教合一制度的开端。

在康熙、雍正、乾隆三代清朝皇帝的经营下，西藏局势由乱而治，民众安乐。八世达赖时期是清朝中央政府治理西藏的全盛时期②。

---

① 原诗为藏文，此为曾缄所译。
② 自九世达赖起，连续 4 位达赖均原因不明地暴卒，小的 11 岁，大的 22 岁。有说法认为，达赖是统治西藏的政教领袖，可摄政王是不希望达赖亲政而使自己失去权力的，因此有加害达赖的动机。但并无证据可以证实这种说法。目前在世并流亡在外的是十四世达赖。

康熙出兵

康熙时期，中国西北的准噶尔部突袭拉萨，吞并西藏。前来救援的清军却因准备不足在藏北草原全军覆没，清廷朝野震动。

当时西藏的政治形态是三驾马车：宗教领袖达赖，行政主管藏王（藏语称"第巴"，是西藏地方政府最高政务官的称呼），军事首领和硕特首领（此时西藏由漠西蒙古四大部落中的和硕特部军事占领）。

五世达赖在当时的西藏无论是宗教还是政治领域都有最高的影响力，对藏王有提名权，因此其去世时，藏王（桑结嘉措）为保持自己的权力地位，秘不发丧，伪称达赖闭关静坐，借达赖之名发布命令长达 15 年。

期间，藏王以达赖名义向清朝邀封自己"法王"称号，又称"土伯特国王"。为将和硕特部逐出西藏，藏王还暗中支持准噶尔部的噶尔丹，但噶尔丹败亡后清朝从其降卒中得知五世达赖早已圆寂的消息。康熙派人严词责问，藏王派密使赴京解释，辩称主要是为维持藏区社会安定，且达赖转世已经认定。清朝接受了藏王的解释，并同意藏王寻找的转世灵童仓央嘉措继任六世达赖。新的和硕特部首领拉藏汗继位后，与藏王矛盾迅速激化，双方爆发战争，藏王被擒杀。拉藏汗取得胜利后，立即向清朝报告事变经过，奏称仓央嘉措是假达赖，平日耽于酒色，不守清规，请予废黜，并另找了一个僧人立为达赖。清朝同意了拉藏汗的奏请，并批准新达赖为六世达赖。但藏区很多人不承认这个新达赖，以致西藏局势不稳。

准噶尔汗策妄阿拉布坦抓住这一机会，康熙五十五年（1716 年）发动了旨在吞并西藏的突然袭击。他本来娶了拉藏汗的姐姐，又将女儿嫁给拉藏汗的儿子，关系非常亲密。但当他听说拉藏汗改立达赖导致西藏很多人反对，觉得有机可乘，于是制定了奇袭西藏的计划。

策妄阿拉布坦派出两支军队，一支以护送女儿、女婿回拉萨的名义突袭西藏，另一支奔赴青海西宁塔尔寺，企图劫持已故六世达赖的转世灵童格桑嘉措，以号令藏区民众。

当准噶尔的精兵到达藏北草原时，拉藏汗发现形势不对，匆忙召集人马抵御。但准噶尔军宣称他们已经从青海接到了真正的达赖喇嘛，将送到拉萨来，拉藏汗军心涣

塔尔寺

散。事实上，派去塔尔寺的准噶尔军队已被清军击溃，并未劫持到转世达赖，但消息难辨真假，拉藏汗仓促撤回拉萨城，立即请求清朝派兵救援。

康熙五十七年（1718年）康熙收到拉藏汗的信："恳求皇上圣鉴，速发救兵。并青海之兵，即来策应。"[1] 此前康熙早已意识到西藏局势存在危险，特派人入藏协同拉藏汗办理西藏事务，并警告他要提防策妄阿拉布坦的野心，但未引起拉藏汗的重视。

康熙还曾抢在策妄阿拉布坦迎请原六世达赖仓央嘉措到准噶尔之前，命护军统领将仓央嘉措擒解至京。当时诸皇子及大臣对此不甚理解："一假达赖喇嘛，擒之何为？"康熙答："朕意以众蒙古俱倾心皈向达赖喇嘛，此虽系假达赖喇嘛，而有达赖喇嘛之名，众蒙古皆服之，若为策妄阿拉布坦迎去，则西域、蒙古皆向策妄阿拉布坦矣。"[2]

对一直忠顺的拉藏汗的求援，清朝不能置之不理，但路途遥远信息不

---

① 《清圣祖实录》卷二百七十七，康熙五十七年二月庚寅条。
② 《清圣祖实录》卷二百七十七，康熙四十五年十月乙巳条。

畅，康熙又低估了入藏准军的实力，导致清军出师不利。

西藏这边，拉藏汗的求救信还未送到北京，准噶尔军已经在不满拉藏汗的僧俗人众的配合下，攻破拉萨，拉藏汗在突围时被杀。准军废黜拉藏汗立的新达赖，并处死"护送"来的拉藏汗的儿子，将西藏全境纳入准噶尔部的版图。准军扶植傀儡，委派官员，向僧俗勒索财物，对不服从的寺院和地方则派兵烧杀抢劫，使藏区民众大失所望。

康熙很快也接到西藏沦陷的报告，迅速派兵进藏，这是清朝第一次出兵西藏。

由于此前不久清军曾在新疆哈密以 200 人击退准噶尔军 2000 多人，因此康熙乐观地认为："（入藏准军）疲敝已极，未必满二千……（清军）二百余人，便可破之矣。"[1] 在此轻敌思想指导下，清军将领率军 2400 名轻骑急进，孤军深入，在藏北草原被准噶尔军围困，结果粮食断绝，"为贼所困，全军饿毙"。

清军出兵西藏不利的消息传回，朝廷震惊。康熙力排不宜用兵的意见，史载："满汉大臣咸谓不必进兵"，但康熙从稳定西部边疆的局势考虑，决意再次出兵。

入藏前先册封青海的转世灵童格桑嘉措为六世达赖，以护送其到拉萨坐床的名义出兵西藏。分三路进军，一路进剿驻藏准军，攻取拉萨；一路攻击准噶尔本部，使准军无法向西藏增援；一路边战边进，护送达赖抵达拉萨，并将拉藏汗立的达赖解送北京，以防后患。

半年后，西藏准噶尔军被清军彻底击溃，大部分被歼。

清军进入拉萨，撤销了原来的"土伯特"国号，改称"西藏"，开始了清朝对西藏的直接统治。不但开始驻军西藏，还改由中央政府任命 5 位当地王公组成西藏地方政府，联合执政。

---

[1] 《清圣祖实录》卷二百七十五，康熙五十六年十一月甲戌条。

雍正平叛

雍正时期，西藏内乱未平，青海战火又起，青藏高原依然动荡不安。清初，蒙古族和硕特部落首领固始汗曾军事统一青海和西藏，并服从清朝中央政府的领导。他去世后，诸子争位，四年没有结果，最后青海和西藏分头领导。

西藏这一支，到固始汗的曾孙被入侵的准噶尔军消灭政权。

青海这一支，缺乏统一领导，大体上各部独立为政，但都接受清朝的册封，固始汗的孙子罗卜藏丹津就承袭清朝册封其父亲的亲王爵位，并曾随同清军进藏驱逐准噶尔势力。

从地位来说，罗卜藏丹津是青海蒙古族和硕特部中的唯一亲王，算是青海地区的一把手，但他不满清朝将政治权力分散给青海蒙古各部，他企图在其集中领导下恢复和硕特蒙古曾经一统青藏的辉煌。

1722年，康熙去世，镇守西部边疆的皇十四子回京奔丧，也有与亲哥哥雍正争夺帝位的意思，这让罗卜藏丹津看到了造反的机会。

他先联系策妄阿拉布坦，希望一起出兵反清，但策妄阿拉布坦不敢轻举妄动，只是怂恿罗卜藏丹津叛清。于是罗卜藏丹津召集青海蒙古各部，公开发动武装叛乱，企图将青海从清朝的管辖下独立出去。

罗卜藏丹津下令各部恢复原来的称号，不再称清朝册封的王、贝勒、贝子、公等爵号，不受清王朝导，并集结兵力进攻西宁。虽然没有把西宁攻下，但中原通往西藏的道路却被切断，沿边震动。

雍正做出迅速而强烈的反应，任命年羹尧当总司令（抚远大将军），岳钟琪当副总司令（奋威将军），从陕甘调兵往青海平定罗卜藏丹津的反叛。青海各部蒙古首领有不少本就不情愿闹独立，只是受罗卜藏丹津的胁迫，听说清军将至，纷纷投降。

1724 年，年羹尧根据有利形势，下令"分道深入，捣其巢穴"。岳钟琪抓住春草未长、叛军人畜乏粮、分散屯驻牧养的时机，长驱直入，奇兵奔袭叛军总部。率五千精兵，均是一人两骑，换马不换人，冒雪昼夜兼进，直扑罗卜藏丹津营

年羹尧

帐。叛军遭遇突如其来的猛攻，顿时溃不成军。罗卜藏丹津见大势已去，趁乱换上蒙古妇女的衣饰，带了二百多人投奔准噶尔。其母、弟、妹、妹夫一并被俘。岳钟琪率军乘胜追击，一昼夜驰三百里，直到见不着敌人才还师。

反叛事件使青海大量蒙古族人被杀和逃散，人口由康熙时期的 20 多万减至 10 多万。而清将岳钟琪兵不过万，只用了 15 天时间，平定了面积约 60 万平方公里的青海叛乱，创造了历史上著名的成功战例。大将军年羹尧也凭借此役名扬朝野，震慑西陲。

至于罗卜藏丹津，后来在乾隆二十年（1755 年），清军在平定准噶尔、攻占伊犁时将其俘获。但乾隆对他宽大处理，免去死罪，软禁北京，后来和他的亲属一起，被安置到内蒙古监视居住。

平定叛乱后，清朝采纳了年羹尧的《青海善后事宜十三条》和《禁约青海十二事》，对青海行政建制进行重大改革，青海完全置于清朝中央政府直接管辖之下。例如根据"宜分别游牧居住"原则，将青海蒙古族仿照内蒙古分编为 29 旗，各旗划定游牧界限，规定不得强占牧地，不得互相统属，不得互相往来，这就从制度上杜绝了青海出现挑战中央的政治强人的可能。

乾隆安藏

清朝在驱除侵藏准军后，没有像准噶尔占领西藏之前那样，让青海蒙古首领统治西藏，而是由清廷直接任命5个西藏贵族，组成管理西藏的领导班子（类似政治局常委），实行集体决策。

但这5个常委不久就起了内讧，为争权夺利而互相厮杀，亲中央政府的常委获得胜利，清廷肯定其功劳，封其为第一常委（首席噶伦），后又晋升为王（郡王），使西藏行政体制又出现一人独大的局面。

郡王一生对中央政府忠心耿耿，但其子承袭郡王之位后却开始图谋"独立"。清廷在西藏实施集体领导制度时，还于1727年设置了驻藏大臣负责监督管理。由于雍正裁撤了康熙设置在西藏的清朝驻军，清朝在西藏的震慑力减弱，新郡王排挤驻藏大臣，企图以准噶尔部为外援驱逐清朝势力。

乾隆

1751年，驻藏大臣见形势危急，又因交通不便无法及时请示中央，就仿照汉朝出使西域的使者作为，采取先下手为强的策略，诱杀了新郡王。但随后被新郡王的党羽杀害，拉萨发生暴乱。

七世达赖派人将杀害驻藏大臣的凶手捕获，安定了拉萨局势，等待清朝派员处理。

清军再次入藏，调查暴乱事件，认为问题出在西藏"地广、兵强、事权专一"。乾隆以此次平乱为契机，改革西藏地方政制，废除郡王专政，建立由达赖喇嘛领导的一僧三俗的四常委（噶伦）制度。常委之间地位平等，遇事秉承驻藏大臣和达赖喇嘛的指示，共同处理地方各项事务。由于达赖转世长大期间需要有人摄政，因此后来又逐渐演化成达赖、驻藏大臣和摄政王三驾马车的政治体制。

乾隆77岁时又发生了廓尔喀侵藏的事件。

廓尔喀人属尼泊尔部落，民风彪悍，至今印度还将廓尔喀人雇佣军作为精锐部队。

廓尔喀与后藏紧密相连，经济关系密切，也存在一些经济纠纷。1788年，廓尔喀以钱币兑换问题和西藏地方"商税增额"等争端为借口，出动三千人马入侵后藏三地。

乾隆发兵火速驰援西藏，又命一个副部级官员（理藩院侍郎）巴忠赴藏与清军领军将领会商一切善后事宜。巴忠到拉萨后，一方面与清军将领会商，让红帽活佛劝廓尔喀投顺，退回所占地方；另一方面，又自遣使者与廓尔喀讲和，许诺西藏每年向其赔款300个元宝。廓尔喀拿到字据后撤出了占领的后藏地方。巴忠隐瞒实情，向朝廷谎报已经收复失地，"奏凯班师"，为廓尔喀第二次入侵西藏留下了祸根。

1790年廓尔喀派人入藏讨取"赎地"银，达赖喇嘛和地方政府拒绝支付，遣使与之谈判，要求"撤回合同"，遭到廓尔喀拒绝。事情报告到朝廷，乾隆皇帝才知道巴忠报告的功劳都是假的。次

藏族的佛教圣地——扎什伦布寺

年廓尔喀以西藏方面爽约为由，悍然发动了第二次侵藏战争。在短短的十几天内迅速占领了多处地方，并洗劫了著名的扎什伦布寺。

消息传来，清廷大为震动，巴忠自知罪责难逃，投湖自杀。乾隆朝第一名将福康安受命大将军，立即率领一万七千余人的大军，分三路进藏讨伐。1792 年 5 月，清军收复全部失地，将廓尔喀军驱除，并乘势长驱直入廓尔喀境内，打到其首都近郊。廓尔喀投降，交出了从前"贿和"的合同，退还了所有抢去的扎什伦布寺的财物，放回了所抓西藏贵族。

乾隆考虑到当地节气较早，天气骤冷，若大雪封山，后果不堪设想，指示福康安接受廓尔喀的乞降及请罪，令其签写"永不犯藏"的保证，并定期纳贡。廓尔喀接受了全部条件，清军班师。

福康安等人拟订了有关治理西藏的章程，并报经中央政府核准颁布实施，即著名的《钦定藏内善后章程》。根据该章程，驻藏大臣地位与权力有所提升，其地位与达赖、班禅平等，督办西藏行政人事，负责每年两次检阅三千名西藏正规军，并发放粮饷。一切西藏外事交涉权，统归驻藏大臣负责办理。西藏地方与外国行文，须以驻藏大臣为主与达赖喇嘛协商处理。外藩所献贡物，给达赖喇嘛等人的信函须呈驻藏大臣查阅，并代为酌定回书，交来人带回。所有噶伦不得私自向外藩通信，当外藩行文噶伦时，必须交驻藏大臣并达赖喇嘛审阅处理，不得私自回信。外国来藏商旅，必须登记、造具名册呈报驻藏大臣衙门，按其路线签发路证，并由驻扎军队检查路证。《钦定藏内善后章程》显示清朝中央政府对西藏行使完全主权。

宗教力量

自从藏传佛教在西藏地区广泛传播，藏族人便不再有吐蕃时期的尚武精神，加之青藏高原生存条件艰苦，人口稀少，交通通讯困难，因此无论从军事还是经济等方面对比实力，西藏政权都无法与中央政权相抗衡，是以元朝以后西藏很少寻求独立。

军事实力的相对薄弱使蒙古骑兵可以长驱直入地打到拉萨或日喀则，占领西藏，这在历史上出现过三次：1239 年蒙古大汗窝阔台之子阔端率军征服西藏、1642 年蒙古和硕特部首领固始汗率兵占领西藏、1716 年蒙古准噶尔部首领策妄阿拉布坦发兵吞并西藏。甚至尼泊尔的廓尔喀军队都可以在 1788 年入侵西藏。

但中央政权对西藏的实力优势并不是确保西藏维持稳定的统一局面的充分条件，清朝中央政府是以军事实力为后盾，凭借对西藏僧俗首领的尊重与控制来影响西藏民心的。

西藏民众受藏传佛教影响深刻而久远，且藏传佛教更崇拜自己的祖师，加上后来活佛转世制度的采用，使宗教领袖对民众的影响远比其他地区强大。

清朝通过尊奉藏传佛教、拨款修建寺庙、免征喇嘛赋税、差役和兵役等政策措施，与西藏民众建立了强有力的共同精神信仰，使西藏宗教领袖乐于配合中央对西藏的管辖。

但清朝后期对达赖喇嘛的待遇明显下降，如慈禧太后一度褫夺达赖封号并在达赖觐见时要求跪拜等，应是达赖有独立之心的重要影响因素。在清朝灭亡后中央政府不再象元、明、清时期一样尊奉藏传佛教，有的西藏宗教领袖就会产生分裂倾向。

因此，中央政权的统治集团不仅要有坚定的统一意志，还需要有灵活的政治手段，通过发挥宗教领袖的作用引导和赢取西藏民心。

历史经验来看，康熙五十五年（1716 年）准噶尔军突袭西藏之所以势如破竹，很大程度上是利用西藏民众对拉藏汗更换达赖喇嘛怀疑和不满的心理，谣传接到已故六世达赖的转世灵童格桑嘉措，得以号令藏区民众配合其进攻拉萨，而拉藏汗方面则因宗教问题上没处理好导致军心涣散，无法抵挡准噶尔军的进攻。

同样，康熙五十七年（1718 年），清军兵分三路、由皇十四子允禵为抚远大将军统帅诸师进藏，也是以护送青海的六世达赖格桑嘉措到拉萨坐床的宗教名义出兵西藏，赢得西藏民众的欢迎和支持。

铁血天山——新疆的故事

中国西北边陲有一片 160 多万平方公里的地区，占中国国土面积六分之一，现在称"新疆维吾尔自治区"，古称"西域"，意为西部疆域，清朝平定该地区叛乱后，乾隆二十四年（1759年）改称"新疆"或"西域新疆"，意为新归西部疆域。"新疆"的称呼沿袭至今。清朝前期新疆地区围绕和平和统独议题发生清朝中央政府与准噶尔政权为主的分裂势力近百年的军事斗争，最终确保新疆保留在中国版图。

新疆石头城

西域之民

新疆自古以来是一个多民族聚居和多种宗教并存的地区。据历史记载，先后在这一地区居住的民族主要有塞、月氏、乌孙、羌、匈奴、汉、柔然、高车、吐谷浑、突厥、吐蕃、回鹘（原称回纥）、契丹、蒙古、满、锡伯、索伦（达斡尔）等。

有确切记载的史料中，最早统一管辖新疆的政权应是匈奴和西汉政权。秦汉之际，匈奴日益成为中国北方草原地区的实力强盛的游牧民族，势力逐渐延伸至西域，西域各国臣服于匈奴，结束了该地区长期以来诸游牧部落不相统属的分割局面。汉武帝为击败匈奴，通使西域，联合西域诸国共同对付匈奴。其后多次征战，汉军大败匈奴，威震西域，各国转而臣服汉朝，汉朝中央政府开始在西域设置地方官员，进行屯田，后来扩大到全疆各地。公元前 60 年天山南北诸地均归汉朝中央政府统属，汉朝设"西域都护府"管辖整个西域。

汉武帝刘彻

隋唐时期，中原政权恢复了对西域地区的统治，唐朝先后在西域设"安西都护府"和"北庭都护府"，完成了对天山南北的收复和统一。唐朝版图西达波斯边境,曾设"波斯都督府"①。波斯受阿拉伯帝国(黑衣大食)入侵后曾向唐太宗求援,波斯王子及大批随行波斯人在长安定居。高宗时征服波斯的黑衣大食派使团向唐廷贡献方物。

唐玄宗时期中国边疆政权发生了一个重要变化。西北新崛起的回鹘(原称回纥)政权与唐朝联合消灭了在中国北方雄强一时的突厥汗国,建立了包括新疆北部地区、东到兴安岭的强大的回鹘汗国。

回鹘人(一说是突厥人)是现代新疆主要民族——维吾尔族的祖先。由于"维吾尔"的意思本就是"联合"(或"团结"),因此民族诞生时也可能是多个部落联合而成,关于其起源有多种说法也不足为奇。维吾尔人使用属于突厥语系(阿尔泰语系)的维吾尔语言,文字几经变化,现在使用以阿拉伯字母为基础的维吾尔文。

回鹘汗国与唐朝关系友好,历代可汗受唐朝册封,曾派兵助唐朝平定安史之乱和击败吐蕃。后来回鹘被另一个北方少数民族(黠戛斯,其首领自称是中国西汉名将李陵的后裔)击败,回鹘部落开始分成若干支迁移,并与新疆地区各族融合为"畏兀儿"族,即后来的维吾尔族。另一个与维吾尔族宗教信仰相同的民族——回族的名称也来源于回纥,但其民族起源、居住地区、宗教信仰历史、相貌、民族服装、语言、宗教用语等方面均与维吾尔族有显著不同。②

维吾尔人主要集中在新疆地区,现在多信仰伊斯兰教。早期萨满教、祆教、佛教、道教、摩尼教、景教等多种宗教曾在新疆各地流传,后来又有基督教、天主教等宗教传入,但隋唐时期逐渐传入新疆的伊斯兰教对后来的维吾尔人影响最大。

---

① [英]崔瑞德编:《剑桥中国隋唐史(589—906年)》,第五章之"对外关系"。

② 元代之前,"回纥""回鹘"和"回回"("回纥"的音转)三个词在的汉语文献中几乎是同义词,而元代则开始明确区分"畏兀儿"和"回回"两个民族,"回回"除了指已经定居在中国境内的穆斯林外,也包括比"畏吾儿"更西(葱岭以西、黑海以东)的穆斯林。维吾尔人先信佛教后信伊斯兰教,而回族则是一开始就信伊斯兰教。

唐玄宗时期（751年），唐帝国与阿拉伯帝国曾在中亚（怛逻斯，今哈萨克境内）有一次历史性碰撞。战争的起因是唐朝军队攻陷了中亚的一个小国（在今乌孜别克斯坦境内），王子在途中逃走，向阿拉伯帝国和中亚诸国求救。正处于扩张期的阿拉伯帝国派出二十万人的军团出征，唐朝名将高仙芝率军三万余人西进。由于高仙芝指挥有方，在两军数量悬殊的恶劣条件下血战五日，不分胜负。但由于唐军中有一支少数民族部队（葛逻禄部）突然叛变，唐军大败，死伤二万余人。

这场战争唐军虽然失败，但其作战能力让新兴的阿拉伯帝国打消了对中国进行"圣战"的念头，转向其他地区扩张。与此同时，阿拉伯人信奉的伊斯兰教却开始迅速在中亚和西域地区传播。

唐朝灭亡后的二百多年里，西域出现三国对峙的局面，三国的首领都认为自己与中国皇帝是外甥关系，但因信仰宗教不同，爆发了伊斯兰教与佛教国家间的数十年的宗教战争。

一个是葱岭以西的中亚草原上的喀喇汗王朝（也称"葱岭西回鹘"或"黑汗王朝"），由一支西迁的回鹘部落与当地的葛逻禄部落汇合而成，以伊斯兰教为国教。

一个是天山以北的西州回鹘（也称"高昌回鹘"），是一支西迁的回鹘部落以吐鲁番盆地为中心建立的政权，主要信奉佛教。

还有一个是天山以南的于阗国（也称"新复州回鹘"），是存在了至少1300年的西域古国，一直臣服于中原王朝，唐朝时是安西四镇之一，后与一支西迁至此的回鹘部落融合，以佛教为国教。

回鹘贵族

喀喇汗王朝是历史上第一个接受伊斯兰教的突厥语民族的王朝，并向东进行"圣战"，重点进攻佛教中心于阗。于阗在进行了顽强抵抗后向长期关系友好的中原政权求救，但当时北宋建立未久，无力西顾。于阗被消灭后，伊斯兰教也推行到该地区。喀喇汗王朝又乘胜进攻西州回鹘，对其佛教徒进行杀戮，但因西州回鹘的激烈反击使其武力传教无果而终。

后来喀喇汗王朝分裂为东西两个汗国，先后被西辽征服。西辽是女真部落灭亡辽朝后，契丹贵族耶律大石西迁后建立的政权。由于耶律大石具有出色的指挥才能，西辽很快崛起为中亚强国，先后征服了西州回鹘、喀喇汗王朝、乃蛮部落和中亚大国花剌子模，管辖范围包括大部分新疆地区。在汉化程度较深的耶律大石的领导下，西辽对宗教信仰持开放态度，各宗教均可在西域地区传播。

13世纪，蒙古铁骑纵横亚欧大陆，建立起世界历史上幅员最广的汗国。成吉思汗消灭乃蛮汗国、西辽和花剌子模后，将该地区大部分土地封给次子察合台，在察合台汗国的强制推行下，伊斯兰教逐渐成为该地区民众信仰的主要宗教。

明朝时期，藏传佛教在该地区有重大发展，成为与伊斯兰教并列的新疆两大主要宗教。明朝政府还承袭元朝对新疆地区的宗主权，设立哈密卫（1406年），任用哈密当地的世族首领为各级官吏统辖当地军政事宜，维持中西商贸通道安全，并对西域其他地区实施控制。

清朝平定了长期割据西北的准噶尔政权以及新疆境内伊斯兰教大、小和卓的叛乱，巩固了对西域各地的军政统辖，维护了国家统一。乾隆时期开始在新疆各地置官立府，行使中央政府对天山南北各地的管辖治理。光绪十年（1884年），清政府发布新疆建省上谕。

喇嘛汗国

本篇故事讲述的是在以上历史背景下，清朝初期有一个喇嘛在西北经营起一个强大政权，控制地域约为中国版图的 1/3，并企图独立于清朝中央政府。这个人热心宗教，多有权谋，长于军事，战功赫赫。曾经兵锋所至，距北京仅 350 公里，震惊朝野，牵动中俄。

他的名字叫噶尔丹，是准噶尔政权的一个著名首领。

准噶尔政权是由一支叫作"准噶尔"的蒙古族部落建立的，该部落属于漠西蒙古。蒙古族历史上曾以西部、东部分为"草原百姓（斡亦剌惕）"和"林中百姓（不里牙惕）"，清初蒙古族分为漠西蒙古（大体今新疆和中亚草原）、漠北蒙古（外蒙古）和漠南蒙古（内蒙古）。

漠西蒙古即明朝的"瓦剌"，曾统一东西蒙古并大举攻明，败明军于土木堡，俘获明英宗。清朝称瓦剌为卫拉特、厄鲁特、漠西蒙古等。清初，漠西蒙古分为和硕特、准噶尔（绰罗斯）、土尔扈特、杜尔伯特四大部落。

漠西蒙古的四大部落出于共同抵御外敌和协调各部之间关系的需要，很早就组成了联盟，定期举行首领会盟。这种联盟称为"呼拉尔"或"丘尔干"，其盟主称为"丘尔干·达尔加"，由各部首领推举产生，原本长期由出自成吉思汗族系、在四部中最高贵的和硕特部（该部清初军事征服青海、西藏）首领担任。

在清崛起于东北之际，四部中的准噶尔部也日益强大，不仅西征哈萨克地区，还连续两次击退俄国的进攻，并将过去的蒙文改造而制定成准噶尔政权的统一新文字，在漠西四部中声望日隆。其活动地区也逐渐成为漠西蒙古的政治中心，"四部虽各有牧地，而皆以伊犁为会宗地"。

在四部的内部纷争中，失利的土尔扈特部则被迫西迁至乌拉尔河与伏尔加河之间，建立了卡尔梅克蒙古部落，苏联革命领袖列宁的祖母即为该族人。

清朝顺治年间，准噶尔部已成为雄踞于天山北路并为伏尔加河流域（土尔扈特部）、青藏高原（和硕特部）、中亚草原（杜尔伯特部）等蒙古部落事实盟主的一个强大势力。

漠西蒙古中最早与清朝建立联系的是和硕特部首领固始汗（青藏高原征服者），清朝顺治帝承认了他在漠西蒙古中的盟主地位。此时清帝尚未认识到准噶尔部的崛起。直到噶尔丹（1644—1697年）的出现。

噶尔丹的父亲是准噶尔政权的首领，父亲去世后长兄继位。噶尔丹小时候被藏传佛教格鲁派（黄教，达赖这一支）认定为四世班禅老师（三世温萨活佛）的转世，12岁左右赴西藏拉萨大昭寺接受五世达赖灌顶，此后又去日喀则拜四世班禅为师。四世班禅去世后，他又回到大昭寺追随达赖，极受达赖器重，经常与其密语。噶尔丹也曾对藏僧笑曰："安知护法不生今日。"可见其自我期许甚高。在藏期间噶尔丹与藏王（第巴，桑结嘉措）结为好友。

噶尔丹虽在西藏做喇嘛，但并未认真学习佛经，却对新式武器很有兴趣，"不甚学梵书，唯取短枪摩弄"。由于他是漠西蒙古的实际盟主之子，格鲁派上层很重视，也不太约束他，五世达赖还亲为其师，并授其呼图克图（藏语"活佛"之意）名号。在藏期间，噶尔丹并未脱离漠西蒙古的政治生活，常返回准噶尔参与其兄的政治外交活动。

噶尔丹之兄遇刺后，达赖五世准许噶尔丹还俗，支持他返回准噶尔部夺权。临行"达赖喇嘛多密语，膜拜别"。噶尔丹日夜兼程返回准噶尔，以活佛身份招集兄长旧部，在和硕特部首领支持下，击败暗杀者，夺取准噶尔部统治权。康熙十一年（1672年），噶尔丹宣布还俗，继位为准噶尔部落首领，号"珲台吉"，并遣使向清朝政府朝贡，要求其承认自己的统治权。康熙确认了其继位的合法性。

夺取准噶尔部统治权后，噶尔丹开始进攻邻近诸部，并击败曾助其夺取政权的和硕特部首领，兼并其部众，首领之妻率部逃往伏尔加河畔的土尔扈特部。击败和硕特部标志着漠西蒙古四部联盟的彻底崩溃和噶尔丹军事集权统治的建立，"噶尔丹因胁诸卫拉特奉其令"。

康熙十七年（1678 年），五世达赖表彰噶尔丹统一漠西蒙古，授予其"博硕克图汗"（蒙语，意为"持教受命王"）称号，噶尔丹成为两个多世纪以来准噶尔部自称"汗"的唯一首领（以前称"台吉"，意为贝勒、皇太子、皇太弟），准噶尔汗国正式宣布建立。次年噶尔丹遣使向清朝进贡锁子甲、鸟枪、马、驼、貂皮等物，并禀告已接受达赖喇嘛所授之博硕克图汗号，请求承认。康熙收受其进贡方物，但不承认其汗号，拒绝授予汗印。不过，由于未采取任何反制措施，在事实上默认了噶尔丹是漠西蒙古诸部首领。

统独方略

噶尔丹"有大志，好立奇功"，野心勃勃，企图仿效祖辈建立一个庞大的蒙古汗国，独立于清朝中央政府之外。为此，他在政治、经济、外交、军事、文化等多方面进行积极准备。

政治路线：远交近攻，扩张版图。

噶尔丹臣服和结交清、俄两强，将战争目标锁定周边，意图先控制漠西四部，再侵入南疆地区，最后征服漠北和漠南蒙古。

为此，康熙二十七年（1688 年）噶尔丹侵入漠北蒙古之前，几乎每年遣使向清朝进贡，并上奏准噶尔部重大事宜。同时，一改前任与俄国的对立态度，1672 年噶尔丹在给沙皇的信中表示愿意为沙皇服务，还称对俄国人向自己的属民征收实物税一事"目前并不为此苦恼"。1682 年西征哈萨克之前，噶尔丹几乎年年遣使赴俄。

另一方面，则是集中力量吞并了与其面积相仿的伊斯兰教政权叶尔羌汗国（在今南疆），又出兵哈萨克、青海和面积同样广阔的漠北蒙古，战略核心是与已定鼎中原的清政府争夺对相关地区的控制权，实现其"圣上（清朝）君南方，我长（掌控）北方"的战略目标。

经济路线：立足自给，加强商贸。

当时西域社会经济的大致格局是：天山北路以畜牧业为主，局部地区有农业；天山南路以农业为主体经济。从事农业的劳动者来源有三个途径：一是战争中掳掠，二是从被征服地区胁迫迁徙，三是招募人口。为加强自给能力，以各种贡赋、租税作为准噶尔部军事征服活动的重要经济来源，噶尔丹采取一些发展农业和手工业生产的措施，"招徕归附，礼谋臣，相土宜，课耕牧，修明法令，信赏罚，治战攻器械"，一时准噶尔"资用报备，不取给远方"。

尽管准噶尔部的手工业已有一定的规模和水平，但无论其产品的种类或数量都还不能满足本部的需要，尤其是一些生活用品，必须通过贸易来换取。准噶尔部长期与中亚和内地保持着贸易关系。与内地的贸易以两种形式进行：一是在甘肃和青海特定市场交易；二是以贡使的名义赴北京，商队把携带的牲畜和畜产品等货物在沿途或北京出售，向清朝进献方物的同时，领取赏物赏金，并购买绸缎、布匹、茶叶、药材等货物后返回。

与内地贸易不仅对包括准噶尔在内的广大草原牧区的生活非常重要，也是噶尔丹个人的需要。史载噶尔丹有一件内地产的丝织彩衣，绣了很漂亮的金色蟒蛇图案，噶尔丹故意穿在外面见其他蒙古部落与国家的首领，首领们都羡慕得不肯离去。① 因此，当清朝限制与准噶尔的贸易规模时，噶尔丹大怒，并对清廷发出战争威胁："四厄鲁特与汉人贸易之事，如仍复旧制，则事皆归好矣。"

外交路线：依附俄国，征服周边。

噶尔丹之前的准噶尔首领一直与俄国不睦。俄国本是乌拉尔山以西的欧洲国家。明朝万历年间，一个俄国富商招募组织哥萨克（突厥语，意为"自由人"，是居无定所的闲散牧民，类似"盲流"）军队越过乌拉尔山，侵入并于次年（1582 年）灭亡了蒙古人建立的西伯利亚汗国。接着，哥萨克军队在俄国政府支持下开始蚕食准噶尔部及其属民吉尔吉斯人的牧地。明朝崇祯年间和清朝顺治年间，准噶尔军多次武力阻止俄军的入侵。准噶尔部首领在接见俄使时，坚持不按俄使提出的"礼仪程序"，站起来接受沙皇的书信和

① 梁份：《秦边纪略》卷六《嘎尔旦传》："又与以织金大蟒，立蟒刺绣诸彩色。嘎尔旦皆罗列露文绣于外，引各台吉及各夷来视之。""诸彝咸艳慕之，徘徊不能去云。"

礼物。

但噶尔丹不再坚持其父兄原来的对俄强硬立场。早在噶尔丹继位前，据俄国档案记载，噶尔丹在自己的帐篷里设宴招待了正在准噶尔访问的俄国使者，并不顾当时准噶尔首领要求俄国归还属民的强硬立场，表示那些属民"在任何地方都不应发动对皇上陛下的战争"，准噶尔也没必要保护那些已经迁至俄国领土的属民。噶尔丹上台不久，立即派出信使把他已经控制准部局势的情况告知俄国，并准备牺牲部分土地和税收来巩固与俄国的友好关系，而且，俄国人判断，"他还想与俄国结成军事同盟"。

在稳住俄国之后，康熙二十年（1681 年）噶尔丹开始向西扩张，进攻哈萨克。哈萨克人用计突袭准噶尔骑兵，准军马匹陷入雪坑，死伤过半。但噶尔丹"丧师返国，未尝挫锐气，益征兵训练如初"，并遣使警告哈萨克首领："汝不来降，则自今以往，岁用兵，夏蹂汝耕，秋烧汝稼，今我年未四十，迨至于发白齿落而后止。"次年，噶尔丹果然再发兵，攻下一些城市，还擒获哈萨克王子作为人质，押往西藏。

噶尔丹还于康熙二十一年（1682 年）征服南疆，使天山北路的"准部"和天山南路的"回部"统一在准噶尔政权之下。明末清初，察合台后裔建立的叶尔羌汗国政权统治着天山南路的大部分地区。随着伊斯兰教在天山南路的传播和发展，代表伊斯兰教的和卓（波斯语，意为"主子""圣裔"，也译作"火者"）势力日益强大。和卓势力中分成了白山派和黑山派，彼此利害冲突，严重对立。噶尔丹在当地白山派教徒的响应下，派出 12 万准噶尔骑兵，横扫南疆，扶植亲准噶尔的和卓为王，要求其"总理回地各城，为准噶尔办理回务"，每年向准噶尔上缴大量贡赋。

军事路线：重视武器，激励士气。

噶尔丹重视使用新型武器装备，在掌权前就爱玩短枪等火器，曾在部众逡巡不前时以此激励士气："进！汝等视吾枪所向。"噶尔丹还为准噶尔士兵配备先进武器，每人都持有鸟炮短枪，腰挎弓矢佩刀。作战时，骆驼驮回回大炮，先炮轰敌军，然后依次用鸟炮短枪和弓箭射击，再用刀剑击刺。另为士兵配备小连环锁甲，轻便得像平时穿的衣服一样，但非常坚固，如能被弓箭射穿，就杀掉制作的工匠。这些装备使准噶尔骑兵的战斗力大大增强。噶尔丹还将准噶尔部分成三部分，轮流出兵对外作战，确保军队不会衰竭，周边各国均感畏惧。

元代回回砲

噶尔丹还身先士卒以激励士气。在其继位前与反对势力作战时，噶尔丹面对敌方上万骑兵，"独当先，跃马挺枪，最深入，斩杀百十骑，溃其军，身不著一矢"。登山仰攻时，亲冒雨石，身率二十骑先登，己方呼声震天。最后冲到敌方首领的车内，亲手活捉。"左右皆走散，莫敢当。皆大惊异以为神，弃弓矢，下马趋拜降"。①

文化路线：弘扬黄教，以教领政。

噶尔丹以当时在蒙古族盛行的喇嘛教为国教，极力向各地推广，甚至武力传教。其征服哈萨克后要求当地民众改教、交税，即令哈萨克人改以黄教为本民族宗教信仰，并将赋税交给准噶尔部。后来噶尔丹将这些赋税献给了黄教的宗教领袖达赖，以显示其对达赖的虔诚。

噶尔丹从小接受藏传佛教，又在藏传佛教圣地拉萨生活十年左右，黄教领袖达赖喇嘛承担了他亲人、师长、良友等角色，所以达赖对噶尔丹的个人生活和政治生涯有深远影响。噶尔丹出兵天山南路，也是接受达赖喇嘛旨意而为，其能顺利接手，同样得益于达赖直接插手天山南路黑山派与白山派争斗。

再看清朝方面的工作重点和政策思路。

---

① 梁份：《秦边纪略》，青海人民出版社 1987 年版，第 419 页。

清朝面对噶尔丹和准噶尔的崛起，采取了先礼后兵、后发制人的策略。康熙在噶尔丹扩张之初按兵不动，静观其变，一是尚不清楚噶尔丹的真实意图，二是忙于巩固清政权，三是并无领土扩张之意。

康乾时期，清朝鼎盛，经济繁荣，国力强大，清军完全有实力也有机遇突破传统疆域、扩大中国领土面积。但清帝多以中原正统政权自居，在领土方面谨守分际。乾隆明确提出："既不无理强取他国之寸土，亦决不无故轻让我寸土于人。"[1] 即使后来清朝完全平定准噶尔叛乱后，清帝仍只要求收复汉唐故地，"与汉唐史传相合，可援据者"[2]，并无扩张领土之野心。因此当大军横扫西北之余，八旗骁勇即在哈萨克边境勒马收缰。这从康熙坚持不给台湾郑氏政权以朝鲜待遇的政策底线也可见一斑。

清朝对蒙古通过和亲政策凝聚在一起，但与三部分蒙古的关系远近也有所不同：漠南蒙古已归属清朝，漠北蒙古恭顺友好，漠西蒙古与清廷的关系稍疏一些，准噶尔还未归顺清朝。尽管如此，双方爆发冲突之前，噶尔丹对康熙也还较为恭顺。康熙二十一年（1682 年），清朝遣使赴噶尔丹处赏赐，"噶尔丹俯身两手受之"。

但双方经济关系的恶化影响到政治关系。清朝对蜂拥而至、与日俱增的准噶尔商队加强了管理，改变了对噶尔丹"所遣之使不限人数，一概俱准放入边关"的常例，1682 年规定"限二百名以内，放入边关，其余俱令在张家口、归化城等处贸易"，凡"沿途抢掠，戕民作乱，即依本朝律例……罪之"。

清朝此举是否与噶尔丹接受五世达赖授予的"博硕克图汗"称号有关不得而知，但在噶尔丹看来明显是不友好的举动，因此在覆奏中以"向有旧制"为由要求清廷取消 200 人的限令，未得获准。

清朝需要关心和处理的事情很多，对噶尔丹崛起还看不出有太大的威

---

[1] 《清代中俄关系档案史料选编》第一编下册，中华书局 1979 年版，第 501 页。
[2] 《清高宗实录》卷四百八十二。

胁。平定"三藩之乱"（1681 年）后的南方地区需要巩固整治，针对沙俄侵扰黑龙江流域的情况亲自赴关东巡视（1682 年），并部署预防方案，刚刚收复的台湾岛（1683 年）也需要考虑如何处置，整治黄河和编修《大清会典》（1684 年）需要挑选人才和布置工作，这涉及如何完善康熙需要亲自面试的科举制度。

此时最令康熙重视的情况是：俄国人正在不断侵扰东北。

事实上俄国东侵西伯利亚已经进行了 100 多年。自从蒙古人建立的统治俄罗斯的金帐汗国衰落后，俄罗斯人就开始了长达几个世纪的领土扩张步伐。由于俄国人有欧洲先进的火枪和火炮，又对西伯利亚寒冷的草原与森林地带有无限的兴趣，他们在越过并不算高的乌拉尔山后就迅速地向东扩散。清军入关前后，沙皇俄国分三路侵入中国北部边陲。西路是沿额尔齐斯河而上，侵入准噶尔部游牧地区；中路是沿叶尼塞斯河而上，侵入贝加尔湖和漠北蒙古地区；东路是沿勒拿河而上，侵入黑龙江流域。在西路和中路，俄国主要是派殖民官吏对世居当地的中国少数民族诸部落交替使用政治诱骗和武装蚕食的两面手法；在东路，则组织哥萨克殖民军，对中国黑龙江流域各族人民进行屠杀和掠夺。

清朝虽多次对沙俄侵略军予以武力反击，但这些殖民军采取游击战术，敌进我退，敌退我进，清朝不堪其扰。清帝虽多次警告沙俄，都无济于事。若非"创以兵威，则罔知惩畏"，因此康熙决定征剿雅克萨（今牙克石），彻底解决沙俄造成的边患。

康熙二十四年（1685 年）春，清军约 3000 人携战舰、火炮和刀矛、盾牌等兵器，分水陆两路抵达雅克萨城下，向侵略军头目发出通牒。沙俄驻守雅克萨城的士兵有 450 人，炮 3 门，鸟枪 300 支，拒不撤离。清军发动攻击，俄军伤亡惨重，被迫乞和。清军获得俄军不再侵犯的保证后，允许俄军撤至尼布楚（今涅尔琴斯克）。

清廷刚获捷报不久，当年秋天，莫斯科派兵 600 人增援尼布楚。趁清军

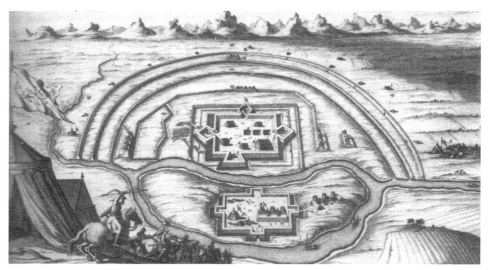

清朝军队攻雅克萨城

撤走，俄军再次侵入雅克萨。康熙对俄军这一背信弃义的行为极为愤慨，下令反击。

次年夏，清军2000多人围困雅克萨城，并开始强攻，双方均有较大伤亡。清军考虑到俄军死守雅克萨，必待援兵，于是在雅克萨城的南、北、东三面掘壕围困，在城西河上派战舰巡逻，切断守敌外援。俄军被围困近年，826名俄军最后只剩66人。雅克萨城旦夕可下，俄国摄政王（此时彼得大帝尚未亲政）急忙遣使请求清朝撤围，议定中俄边界。清朝答应所请，准许俄军残部撤往尼布楚。

中俄边界谈判一谈就是3年，此时噶尔丹的威胁才暴露出来。

东进决战

以康熙二十七年（1688 年）噶尔丹进军漠北蒙古为界，此前其对清朝采取恭顺和平的态度，此后则爆发激烈的军事冲突。冲突的实质是对漠北蒙古控制权的争夺和军事实力的较量。

噶尔丹在完成统一新疆和征服中亚之后，将目标锁定为对清朝保持臣附关系的漠北蒙古，意图通过兼并战争建立统一的蒙古帝国。

但噶尔丹深知进攻漠北蒙古会激怒清朝中央政府，因此想将俄国拉进来给自己撑腰。噶尔丹的使者对俄国代表说：希望沙皇军队与噶尔丹的兵力会合，共同打击漠北蒙古，将其彻底歼灭。作为交换条件，本应属于自己的雅克萨（噶尔丹称"阿尔巴津"）可以让给俄国。

俄国也支持噶尔丹进攻漠北蒙古，因为俄国虽然同时在蚕食漠西蒙古和漠北蒙古，但前者对俄友好，后者坚决抗俄。加之中俄尼布楚谈判正在紧张进行，俄国希望借噶尔丹之手，重击漠北蒙古，减少清朝筹码，使俄国在谈判中处于有利地位。因此俄国全权大使向噶尔丹保证：沙皇可根据噶尔丹的进攻形势，从一些城市发兵进攻蒙古人，"沙皇陛下官兵永远不会停息干戈"。

在得到俄国的支持后，噶尔丹认为东进时机已趋成熟。康熙二十七年（1688 年），噶尔丹借口两年前漠北蒙古不尊敬达赖使者，率军 3 万，越过杭爱山，大举进攻与其屡有摩擦的漠北蒙古。

事实证明噶尔丹被俄国代表忽悠了。

噶尔丹发动侵略漠北蒙古的战争后，参加尼布楚谈判的清朝使团中途撤回。为集中精力应对这一重大事变，清廷最后决定在谈判中对俄国作重大让步，不再坚持收回尼布楚。康熙指示尼布楚谈判的中方代表：俄国"若恳求尼布潮（即尼布楚），可即以额尔古纳为界"。这一决策调整虽使清朝在中俄雅克萨之战中的胜利未能充分转化为实质利益，但策略上有利于中方摆脱在边境问题上与俄国的纠缠，赢得了外交上的主动，可以全力对付咄咄逼人的准噶尔骑兵。

俄国从《尼布楚条约》中获得实利后，不再急于与噶尔丹建立联盟，而采取口头上支持、行动上敷衍的策略，并对噶尔丹的军火供应持消极态度。

噶尔丹却仍按计划进攻漠北蒙古。漠北三部本来正在抗击俄军侵扰，且有内部矛盾，突然陷入腹背受敌、两线作战的不利境地，加上此前噶尔丹派遣的千余名喇嘛做内应，在与噶尔丹骑兵混战三日后，大败而退，举部内附。清朝出使俄国的使者经过时，看到漠北蒙古"溃卒布满山谷，行五昼夜不绝"。

康熙先安顿溃逃的漠北蒙古牧民，调粮赈济，再从内蒙古北部划出部分水草地，暂供其游牧。同时，一边派出国防部长带清军接应漠北蒙古，并监视噶尔丹动向；一边派外交大使赴噶尔丹处与之谈判，尝试和平解决漠西蒙古与漠北蒙古的纷争。

双方和谈未能达成一致意见。噶尔丹认为错在漠北蒙古，坚持要康熙交出漠北蒙古投降清朝的僧俗首领，并得到西藏方面的支持。康熙认为他不能偏袒任何一方，作为统领天下的保护者绝不能交出受困依附的漠北蒙古僧俗首领，并斥责支持噶尔丹的西藏僧俗领袖。

此时康熙得到情报：噶尔丹的侄子带兵偷袭了他的后方老巢，且向清朝政府表示"噶尔丹若逼近我土，必竭力进剿"。

噶尔丹在后方生变的情况下，急于平息漠北蒙古的局势，竟冒险率军进入清朝管辖的漠南蒙古，追捕依附清朝的漠北蒙古两位主要僧俗首领，但没有抓到。

对这种大胆的入侵举动，康熙决心严惩，于是立即筹划在最短的时间内汇集主力部队，在漠南蒙古境内一举歼灭噶尔丹军队。

清军先头部队与噶尔丹军队在乌尔会河（内蒙古乌珠穆沁左翼旗）遭遇后，在援军未至且没有火器部队、装备的情况下，贸然发动满洲、漠南和漠北轻骑兵主动进攻配有强大火器的准噶尔军。

清军战术是先派少量军队进攻准噶尔军辎重，引起混乱，再以大军趁机而入，一网打尽。由于所遣 700 名漠北蒙古骑兵不守纪律，先去争抢被准噶尔军抢掠的子女和牲畜，以至阵形大乱，加上清军将领指挥有误，陷入包围，被鸟枪四射的噶尔丹骑兵完全击溃。噶尔丹首次与清军交战，看到清军战斗能力不过如此，遂率军继续南下。

康熙果断派出左、右两路军，夹击噶尔丹。右路军与噶尔丹相遇交战，清兵又败。噶尔丹乘胜再进，逼近北京。消息传来，店铺关门，米价飞涨，京师戒严，朝野震动。

清朝右路军虽败，左路军继续前进，和噶尔丹相遇乌兰布统峰，次日一早展开决战。

河对岸噶尔丹早已摆好了历史上著名的"骆驼阵"：利用较高地势，将一万多匹骆驼捆住脚，卧在地上，驼背盖垛箱，用土覆盖，士兵藏在后面，发射弓弩枪炮。噶尔丹军队经常在没有屏障掩体的草原作战，这种阵法有利于抵挡对方弓箭、骑兵和轻火器的进攻，保存己方实力，而后反守为攻，赢得胜利。这也是噶尔丹重要的常胜之法。

果然，清兵发起锐利的攻势，但噶尔丹军队利用驼城坚守不退，清军死伤惨重，无法渡河。但此次有备而来的清军不是漠北蒙军，也不是中亚军队，他们配备有重炮在内的先进火器，在骑兵冲锋受阻的形势下，清军架起重炮猛轰，从黎明一直轰到傍晚，噶尔丹的骆驼基本都被炸死。炮火之烈，改变了乌兰布统草原部分地质构造，地下水涌泉成湖，300 年不涸，至今犹存，当地称其为"将军泡子"，纪念阵亡清将佟国刚。

清军分左右两翼再次出击。右翼渡河选择地点不好，骑兵为泥沼所阻，好不容易到了对岸，又发现河岸高出河床数尺，无法登岸。

左翼成功渡河。由于清军炮火烟炎闭日，又近黄昏，噶尔丹军队没有及时发现清军渡河，致使清军左翼杀入骆驼阵。噶尔丹士兵惊溃，清军左右冲突，杀伤无算。噶尔丹见难以取胜，利用天黑北遁。

清军虽胜，却也死伤枕藉，连康熙的舅舅（佟国刚）也战死了，况且其他援军仍未赶到，所以没有追击。

噶尔丹被迫游牧于科布多（今蒙古西部），抚伤恤亡，以图再举。噶尔丹致清廷的誓文中曾说："自此不敢犯中华皇帝之所属之众"。但经过数年的休养，1695年，噶尔丹在藏王的支持下，再次进军漠北。

噶尔丹此次敢于再犯，是自恃北方大漠是清军难以逾越的天然屏障，其士兵的武器装备仍优于漠北蒙军。但他没想到，康熙为绝后患，不但驱兵大漠，而且御驾亲征。

康熙三十五年（1696年），康熙发兵10万，分东、中、西三路进击。康熙亲率中路军先期抵达噶尔丹驻扎的克鲁伦河附近。西路军穿越大漠时遇连日大风雨，未能及时赶到。

噶尔丹得知康熙亲征，大出意料，来不及进行作战准备。他立即登山遥望，见清军营垒遍野，自忖不敌，弃帐而逃。

康熙命西路军火速赶到噶尔丹西逃必经之地昭莫多（今蒙古乌兰巴托南），进行决战。西路清军先以400骑兵诱敌，噶尔丹中计，以为是走散清兵，于是穷追不舍，误入清军伏击圈。清军发起总攻，噶尔丹部展开激烈抵抗，其妻亦冒矢舍骑而战，自中午至黄昏，难分胜负。清军加强火力，又出奇兵袭准军侧后，准军大乱，噶尔丹妻中枪而亡，噶尔丹率数骑逃亡，清军斩首2000余，获决定性胜利。

昭莫多战后，噶尔丹的处境十分困难，欲劫清军的贮米仓站，却又兵败。四处流窜，以躲避清军追剿。噶尔丹因连年征战，四处树敌，连他长期依靠的俄国和西藏也拒绝接纳他。藏王（第巴桑结嘉措）与他虽为好友，但遭到康熙遣使痛斥：对达赖喇嘛五世之死秘不发丧，又唆使噶尔丹兴兵启衅，"其罪甚大"，要求其按清朝要求做到几点，否则兴师问罪。藏王一一照办。

1697 年，康熙率大军抵狼居胥山（霍去病北征匈奴处），摆出军事围剿的姿态。当时留在噶尔丹身边的已不到百人，"掘草根为食"。噶尔丹自知无力回天，但不甘心投降。噶尔丹埋怨"初不欲来克鲁伦地方，为达赖喇嘛煽惑而来，是达赖喇嘛陷我，我又陷尔众人矣"。

有一则西方记载这样描述："（康熙）皇帝后派去了两个准噶尔人，他们也被（噶尔丹）接见了，他们向他报告了帝国的实力以及被俘人员等如何在中国得到了一个舒服的收容所。当然，所有这些话，那个骄傲的首领，是听不进的。据说，他一言不发地中断了接见。"

走投无路之下，噶尔丹服毒自尽。随从当天即"夜焚其尸"，而后携噶尔丹尸骸及其女儿前往西藏欲托付给达赖喇嘛，途中被噶尔丹侄子的军队劫获。清朝要求噶尔丹侄子擒拿在漠西的噶尔丹后人及要人，并以断绝关系、停止贸易来威胁，噶尔丹侄子虽不情愿，但最后还是按照清朝的要求把这些人都交到了京师。

复仇王子

噶尔丹的侄子发动政变偷袭其后加速了噶尔丹的失败。这位侄子的名字叫策妄阿拉布坦，他先上演了一出蒙古版的"王子复仇记"。

策妄阿拉布坦是准噶尔部首领的长子，父亲被暗杀后，本应由他继承王位，但他的叔叔噶尔丹却夺取大位，他因此受到打压和排挤。

策妄阿拉布坦在噶尔丹手下，奉命西征哈萨克人，但当他弟弟被噶尔丹处死后，他担心自身安全，就率领 5000 部众逃走，并击败了噶尔丹亲率的 2000 追兵。噶尔丹出兵东侵时，策妄阿拉布坦趁机占领了原准噶尔领土，夺回王位，并使噶尔丹无法西还。

噶尔丹兵败自杀后，策妄阿拉布坦遣使清朝，正式登上了准噶尔汗位。策妄阿拉布坦与其儿子统治时期是准噶尔部的鼎盛阶段，领土广大，人口 500 余万，拥兵 30 万。策妄阿拉布坦凭借强大实力四处扩张，北退俄罗斯，西征哈萨克，南袭西藏，东扰清朝。

策妄阿拉布坦一改噶尔丹的亲俄政策，对俄军不断蚕食自己的牧地严厉打击。康熙五十三年（1714 年），他在给俄国西伯利亚总督的信中，要求把建在他的牧地上的城堡拆除，"否则，他将用武力攻占这些城市"。针对俄国远征军赴天山南路寻找金矿，策妄阿拉布坦采取强硬手段，于康熙五十五年（1716 年）派一万大军前往征讨，包围了俄军，切断供给线后发起攻击。俘房俄军数百名，打死打伤近 3000 名，其余俄军乘船北逃。但后来俄国趁准噶尔军队西调与哈萨克作战的机会，再次派军队进入该地区建立军事要塞。

策妄阿拉布坦还继续征讨哈萨克地区。哈萨克人是一支信奉伊斯兰教的突厥族游牧民，他们统治着从巴尔喀什湖到乌拉尔河之间的地区，分为三个主要部落，但服从同一个大汗。由于这位大汗冒失地处死了大批准噶尔使者，策妄阿拉布坦大为愤怒，雍正元年（1732 年）春，正当哈萨克草原大雪成灾时，配备着枪炮的准噶尔大军突然袭击哈萨克草原，开始了哈萨克族历史上的"大灾难时代"。在这次侵袭中，哈萨克族被彻底击溃，三个部落成为准噶尔的附庸。

策妄阿拉布坦在位时发动了对西藏的远征，统治西藏达三年之久。策妄阿拉布坦早有控制喇嘛教格鲁派圣地西藏的想法。康熙五十五年（1716 年）底，策妄阿拉布坦派一支数千人的部队，翻越人迹罕至的昆仑山，"涉险冒瘴，昼伏夜行"。次年春，抵达藏北，击败驻军，占据西藏。准噶尔军搜刮财物，甚至洗劫寺庙，"搜各庙重器送伊犁"，使西藏社会更为混乱。康熙五十九年（1720 年），入藏清军击溃准噶尔军，收复拉萨，准噶尔部对西藏的统治即告结束。

策妄阿拉布坦初起之时，地盘还不大，人口还不多，势力较弱，面对清朝与噶尔丹的对峙，他在夹缝中加紧发展自己的势力，在态度上对清廷恭顺供贡。为笼络他，康熙也亲自致信："尔与尔叔噶尔丹分离以来，诚心恭顺，聘贡不绝，朕亦不时加恩遣问。"①

但噶尔丹死后策妄阿拉布坦认为自己完全代表准噶尔部，对清朝的态度开始强硬。当清朝提出索要噶尔丹尸骨及女儿时，策妄阿拉布坦以"我土风俗，与无用之女、已灰之骨为仇，人必嗤之"为由拒绝交人。清朝不断施压："倘若隐匿不行擒解，不但尔历年之恭顺皆虚，即尔贸易之人，亦永不许通行矣。"② 最后策妄阿拉布坦虽不得不交出，但双方关系已不和谐。

不久，策妄阿拉布坦主动挑衅清朝。康熙五十四年（1715 年），策妄阿

---

① 《清圣祖实录》卷一百八十九，康熙三十七年八月壬寅条。
② 《清圣祖实录》卷一百八十一，康熙三十六年三月乙丑条。

拉布坦"以兵二千，掠哈密"。哈密是清朝和准噶尔相邻之地，也是准噶尔与内地交通、贸易的要冲。当初噶尔丹占领了哈密、吐鲁番，噶尔丹败后哈密人即向清廷"诚心归投"，清朝在哈密正式驻军防守。对策妄阿拉布坦发兵进攻哈密，清朝驻军立即进行了反击，"杀90人，生擒3人"，策妄阿拉布坦之兵退去。此次攻击哈密，史料中并未明确记载策妄阿拉布坦是想要与清朝为敌还是欲占领清朝土地。

对策妄阿拉布坦进攻哈密之举，康熙认为是势力渐强的准噶尔大举进攻清朝的先声，于是随即调大军布防。清军兵分三路：阿尔泰山为北路军，天山北路为中路军，天山南路为南路军，严密防守。

康熙当时并不明白策妄阿拉布坦的意图。策妄阿拉布坦先是以2000人的精兵突袭哈密，被清军200人就击退了。等到清朝三路大军全都布防到以哈密为中心的南北沿线后，策妄阿拉布坦的两支精兵已经出袭青海、西藏。清朝为应对可能的变局先后出动三十万大军，在很长的西部边界线上不停地调动，而牵制清朝三十万大军的准噶尔兵总共不到万人。直到雍正帝即位后，清廷才弄清准噶尔一系列军事行动的目的："因图青海诸部，及西域诸番，暗遣人攻拉藏，杀之，掠据藏地。"[①] 即以声东击西之计加快吞并青藏的进程。

策妄阿拉布坦的所作所为严重威胁清朝在西部地区的统治地位，康熙决定对准噶尔部再次用兵。康熙五十五年（1716年），清军出兵占领吐鲁番。清军在吐鲁番地区的军事行动虽然取得了很大成功，但粮食供应却成为一个突出的问题。吐鲁番地区经过长期战乱，农业生产遭到严重破坏，连当地维吾尔人的吃粮都成问题，更无法解决数万清军的粮食。从遥远的内地运送粮食至吐鲁番更是困难重重。为此，清朝政府决定在吐鲁番进行屯田，设立了军屯区。

康熙不仅攻下了准噶尔占领的吐鲁番，还从策妄阿拉布坦手中夺回了西

---

① 《清世宗实录》卷五十五，雍正五年闰三月丁丑条。

藏。正当西征清军士气高涨的时候，康熙却去世了。继位的雍正与策妄阿拉布坦议和。雍正五年（1727 年），策妄阿拉布坦死，其长子继位成为准噶尔部首领，并立即派遣使臣到北京朝贡，吐鲁番地区也因此出现了数年较为平静的局面。

后来准噶尔部又兴兵与清朝争夺吐鲁番，清军虽屡屡获胜，但清廷出于整体政治形势的考虑，决定放弃对吐鲁番地区的控制。雍正去世前，清、准双方初步达成停战协议，划分了双方控制的大致疆界。乾隆初年，清军只在哈密留兵 5000 名进行防守。至此，清朝与准噶尔关于吐鲁番地区的争夺暂时结束。

安定西疆

在本篇故事中，有三个重要人物：第一个是噶尔丹，第二个是策妄阿拉布坦，第三个是阿睦尔撒纳，均为蒙古族准噶尔部首领。策妄阿拉布坦是噶尔丹的侄子；阿睦尔撒纳是策妄阿拉布坦的外孙。有趣的是，策妄阿拉布坦曾与清朝联盟，消灭了清朝的敌人噶尔丹，随后策妄阿拉布坦开始与清朝为敌；阿睦尔撒纳曾在清军征讨准噶尔时出谋划策，身先士卒，但清军撤离后阿睦尔撒纳同样叛清。

这三个人都有一个共同目标：重新建立强大的蒙古汗国。

但在统独这种敏感的政治问题上，总体实力往往是决定成败的关键。准噶尔政权虽然强大，但清朝政府的实力更加强大。

乾隆时期，准噶尔最后一位悲剧式人物阿睦尔撒纳出场了。

阿睦尔撒纳曾经与新的准噶尔首领结盟，助其取得统治权。但新首领并未答应阿睦尔撒纳提出的酬庸要求，二人于是翻脸，互相征伐。阿睦尔撒纳屡战屡败，不得不率2万余部族向清朝投诚。

乾隆对阿睦尔撒纳率众归附十分重视，发放牛羊、口粮，并晋封阿睦尔撒纳为亲王，给予优厚待遇。阿睦尔撒纳在承德避暑山庄觐见乾隆时，恳求清廷立即出兵讨伐准噶尔。

乾隆认为消灭准噶尔政权的时机已经成熟，乾隆二十年（1755年）清军兵分两路，3个月占领伊犁。准噶尔首领被擒，押送北京。

清廷获胜后，决定"将卫拉特（漠西蒙古）分封四汗，赏功策勋，用奖劳绩"，并晋封阿睦尔撒纳为双亲王，食亲王双俸。

但阿睦尔撒纳并不满意。他本欲借清廷之手把自己最大的对手消灭，而后自己统治准噶尔，现在漠西蒙古的统治权却一分为四。阿睦尔撒纳于是寻找机会反叛。

阿睦尔撒纳不用清纛、不穿官服、不戴清廷所授黄带孔雀翎、不用清朝所颁官印的做法使清廷判断出他的谋反意图，乾隆便指示阿睦尔撒纳早日入觐，欲在其到达内地后将其剪除。阿睦尔撒纳也察觉事情有变，便在伊犁公开反叛，袭杀了镇守的清军 500 人。

乾隆立即采取应对措施：重封四部汗王，稳定漠西蒙古贵族之心，而后组织第二次远征。乾隆二十一年（1756 年），清军分西路军和北路军向伊犁进发。

阿睦尔撒纳面对清廷大军压境，无法组织有效抵抗。一个很重要的原因是，许多漠西蒙古头目叛清不久就倒戈相向，反与其为敌。阿睦尔撒纳只好用出缓兵之计，两次伪装投诚，并取得清军信任，停止对他的追剿，赢得了喘息时间，使清军追剿一年无所进展。

乾隆二十二年（1757 年），清廷调整统帅，兵分两路，再次征伐准噶尔，决心全歼阿睦尔撒纳。此时，准噶尔部内讧不已，加之部落内瘟疫流行，人畜大量死亡。六月，清军几乎兵不血刃顺利抵达伊犁。

阿睦尔撒纳逃入哈萨克。哈萨克慑于清廷威力，遣使向清廷表示愿将阿睦尔撒纳擒献清廷。此举被阿睦尔撒纳觉察，乘夜带妻子亲随 8 人，盗马沿额尔齐斯河投奔俄国。乾隆命理藩院行文沙俄外交部进行交涉，要求按两国商定的彼此不纳逃人的协议，交出阿睦尔撒纳。沙俄推延不交。乾隆二十二年九月，阿睦尔撒纳染上天花病死，时年 35 岁，沙俄才将其尸交给清朝。

至此，准噶尔部平定。乾隆帝曾谕内阁："准噶尔诸部尽入版图。"在平定阿睦尔撒纳叛乱后，清廷对新疆地区的地图绘制正式开始，完整地包括了准噶尔统辖的疆域。

值得一提的是，清军虽平定了阿睦尔撒纳叛乱，其本人也在俄罗斯境内病死，但余众仍不时攻击扰乱地方，清军又花了些时间稳定局面。同时，清军进驻伊犁时已归属清朝的大小和卓两兄弟返回天山南部后，密谋趁机发动叛乱。

小和卓认为：清朝新占的北疆地区，游击战激烈，人心惶惶，不可能对南疆派出大军。即令派出军队，凭借固守天山险要，清军粮道辽远，补给困难，绝不能持久。

他说服了天山南路各城主，于是宣布建立汗国，并杀害清朝政府派去安抚维吾尔群众的使者及其随从百余人。清朝因天山北部的战事还没完全结束，决定把平定大小和卓的叛乱推迟到次年进行。

第二年，清军四千余人进攻叶尔羌，在距城一公里的黑水（叶尔羌河），渡河一半时，桥梁中断，被分为两截，陷于包围。僵持了三个月，清朝援军到达，救回被围清军。

乾隆二十四年（1759 年）清朝再次出兵，攻陷叶尔羌，大小和卓向中亚逃亡，被一个部落酋长杀掉，把人头献给尾追不舍的清朝追兵。大小和卓建立的汗国只维持了四年。

自噶尔丹至阿睦尔撒纳这四代蒙古准噶尔部的首领，一心想建立与清朝中央政府平起平坐的蒙古汗国，但最终失败了。政权归属也是一种竞争性质的自然法则，综合实力，尤其是军事实力较强的一方往往是竞争的获胜者。清廷的成功是"势"之所归，"力"之所至。当时清朝正处在鼎盛时期，武力强大，且康熙与乾隆在统一问题上意志坚定。但在争取民心方面清朝没有太好的办法，最终以对准噶尔部的大量杀戮解决问题。据清朝魏源记载："计数十万户中，先痘死者十之四，继窜入俄罗斯哈萨克者十之二，卒歼于大兵者十之三。除妇孺充赏外，至今惟来降受屯之厄鲁特若干户，编设佐领昂吉，此外数千里间，无瓦剌一毡帐。"[1]

　　蒙古准噶尔部人口在新疆锐减，造成其他民族人口向该地区的大量涌入，维吾尔人逐渐成为当地主要民族。当前新疆有 2200 万人，包括维吾尔、汉、哈萨克、回、蒙古、塔吉克、乌孜别克、满、塔塔尔、俄罗斯等 47 个民族。维吾尔族人数最多，占 46%，其次是占 40% 的汉族，第三是占 7% 的哈萨克族，其他少数民族约占 7%。

---

① 　魏源：《圣武记》卷四，第 11-12 页。

荒沙贺兰——宁夏的故事

　　中国西北地区有一处以银川市为中心的草原与荒漠过渡地带，北倚贺兰山，南凭六盘山，黄河纵贯南北，亦称"塞上江南"。战国时期该地开始归中原政权管辖。北宋时期党项族首领李元昊以银川市为首都建立了大夏国，史称西夏，面积辽阔，"方二万余里"，与宋、辽（金）政权形成三足鼎立之势。12世纪，崛起漠北的蒙古军队六征西夏，立国190年，比北宋、南宋和金朝寿命还长，曾在中国历史上威震一方的西夏王朝在为独立进行了殊死抵抗后国破人亡，幸存者融入异族，文化断绝。元灭西夏后，设宁夏府路，始有宁夏之名。1958年成立宁夏回族自治区。目前该区汉族人口占65%，回族人口占35%。

宁夏西夏王陵

湮灭古国

宁夏银川附近的贺兰山下，分布着一片高低不同的黄色土丘，据传民间奇怪其寸草不生，也从来没有见到过鸟落在土台上。史学界和考古界称其为"唐墓"，但也不清楚何以如此气势雄伟，恢宏壮观。终于有一天，一个偶然的机会，一段被黄沙掩埋了数百年的历史和古迹再次浮现，让世人知其为何物。

1972 年，兰州军区某部战士在贺兰山挖掘工程地基的时候，意外地挖出了十几件古老的陶制品。在一些形状较为规则的方砖上面竟刻有一行行的方块文字，可这些文字谁也看不懂。部队首长将这一情况迅速报告给宁夏博物馆。

宁夏博物馆立即组织考古人员进行抢救性挖掘。10 天之后，一个尘封近 800 年的古老墓室重见天日，被称为"中国金字塔"的西夏王陵的身份得到确认。这一发现，震惊了考古界！

西夏政权与宋、辽（金）政权形成中国历史上近 200 年的三国时代（同期存在的大理国远比三国实力弱小），较之魏、蜀、吴仅 60 年的三国对峙远为久长，且西夏军力强盛，足以寇境宋、金；境内西夏文、汉文、藏文并行，儒学与佛教昌盛，形成独具特色的西夏文化。

然而西夏亡国之后何以繁荣的文化、剽悍的民族都迅速消失了？主流意见认为，西夏在元代一直被看成是宋、辽、金的属国，且成吉思汗死于征西夏的军中，所以西夏没有资格得到一部专史，以致被灭其国，去其史。

在被历史遗忘了近千年后，随着西夏历史文物与文献不断被发现，一个强大王朝的崛起与覆灭又重新进入人们的视野，为独立而战的成功与失败故事鲜活地呈现在后世的眼前。

西夏是中国历史上唯一以党项族为主体建立的王朝。党项族是羌族的一支（也可能是鲜卑族的一支[①]）。羌族是中国最古老的民族，源起于青藏高原，有些部落发育成熟后逐渐向外迁徙。传说炎帝部落就是较早进入黄河中下游地区的羌人，成为中原农业文明的先驱。"禹兴于西羌"，那么中国第一个王朝—夏朝也可能是以羌人为主体，并形成汉族的前身—"华夏族"。

留居在西部地区的羌人，仍保存其传统文化。"所居无常，依随水草，地少五谷，以产牧为业"[②]。因其畜牧业发达，以"牧羊人"（"羌"字的由来）著称于世。隋唐时期，活动在甘青和川藏高原的羌人有党项羌、白狗羌等羌人部落，多被吐蕃融合。

在吐蕃强大势力的挤迫下，党项族陆续北迁，在陕、甘、宁一带居住，力量逐渐壮大，由于参与平定安史之乱和镇压黄巢起义受到唐朝的重视和封奖。唐末五代藩镇割据时期，党项族建立起以夏州（今陕西横山）为中心的割据政权，节度一方，统辖五州之地。

这五州之地成了后来西夏独立建国的基础。由祖孙三代人完成。开创者是李继迁。

李继迁祖上本姓拓跋，唐朝贞观年间归唐，赐姓李。北宋初年，宋政权挟强盛之势要求割据五州之地的党项族交出管辖权，主事的李继迁的族兄于是献地朝宋。

李继迁此时只是一个中层干部，大约副厅级，不过他提拔得早，12岁就担任这一职务，是党项人历史上最年轻的将领。此时仅20岁的李继迁坚

---

① 一些学者认为党项族首领拓跋氏为北魏鲜卑后裔。《宋史·夏国传》上，元昊上宋仁宗表章："臣祖宗本出帝胄，当东晋之末运，创后魏之初基。"《辽史·西夏外记》："西夏本魏拓跋氏后。"《金史·西夏传》："夏之立国旧矣，其臣罗世昌谱叙世次，称元魏衰微，居松州者因以旧姓为拓跋氏。"

② 《后汉书·西羌传》。

决反对降宋，他召集族人与亲信说：我们祖宗在这片土地生存了三百年，雄视一方，现在需要族人奉诏尽入京师，死生不能自主，李氏家族就要完了！

李继迁听取部下的意见，先传出乳母的死讯，借发丧之名将兵甲武器暗藏在灵柩之中，部下扮作送葬队伍，避开宋军的监视，离城而去，逃至距夏州 300 多里的一处沙漠绿洲建立根据地。

李继迁采取诈降的手段，骗取宋朝将领的信任，但在受降时，党项军伏兵骤起，擒杀宋将，并假扮宋军，袭取银州。宋朝闻讯大惊，立即发动银州收复战。李继迁不敌，退出银州，转而投靠辽国，请求册封。辽国为牵制宋朝，将义成公主嫁给李继迁，册封其为夏国王。

李继迁立国之后，采取"联辽扰宋"的策略，不断侵扰宋境。宋真宗继位（998 年）后，李继迁派遣使者求和。已被西夏骚扰得疲惫不堪的宋朝便任命李继迁为定难军节度使，管理夏、银等五州之地。这片归属宋朝版图已 15 年的土地重新落到了党项李氏的手里。

李继迁获取五州之地后继续四处扩张，屡屡获胜。直到有一次，有个已经归附宋朝的吐蕃酋长诈降李继迁，李拒绝了部下劝他将计就计消灭吐蕃军的建议，结果被吐蕃军突袭，左眼中箭而死。

李氏应该相貌堂堂，传说李继迁"生而有齿"。其孙李元昊鹰钩鼻子，魁梧雄壮，宋朝边帅曹玮派人暗中偷画了李元昊的图像，见其状貌不由惊叹："真英物也！"然而李继迁眼睛中箭而亡的 44 年后，西夏开国皇帝李元昊被割掉鼻子而死。

无论如何，在李继迁的生命里，西夏政权已经在宋、辽夹缝中建立起来。考虑到当时宋、夏的实力对比，这样的成就是匪夷所思的。

李继迁的军队只有数万人，即使后来在西夏国力最强盛时军队总数也不过 50 万人（全民皆兵制，平时不脱离生产，战时参加战斗），而宋朝仅首都的禁军就多达 80 万人，宋仁宗时有军队 125 万，且武器装备远优于李继迁的部队。宋太宗曾向李继迁派来的使者展示劲卒强弓，笑问"羌人敢敌否？"

使者说党项军队看到这样的弓就会吓跑，不要说作战了。[①]

西夏得以独立的主要因素还是统治集团的意志。李继迁一心一意追求独立建国，而宋朝对维护宁夏地区的统一却显得三心二意，尤其宋真宗上台后，在辽军不断侵袭并发动澶州会战的压力下，能取得澶渊之盟已经令真宗精疲力竭，对是否坚持宁夏地区的归属也就不那么意志坚定，最终做出了让与李继迁的决定。

宋朝放弃这片土地的考虑，一方面是企图将该区域让给李继迁后，转而利用其牵制主要敌患辽国（事实上并不成功）；另一方面是无力剿灭夏军，守卫成本又过高。宋朝防守宁夏地区的军粮马料和军需一向都依赖关中诸州供给，行军转饷，千里跋涉，粮运艰辛，民不堪命。李继迁则采取以逸待劳、断宋粮运、长期围困、"利则战、不利则退"的战略，屡屡骚扰宋军，劫持粮草，令宋朝相当头痛。有一次宋朝派兵护送四十万石粮饷赴灵州，全部为李继迁伏击所获。宋朝随即派五路大军惩罚性进剿，却因李继迁灵活机动的游击战术，使宋军在沙漠里往来奔波，无功而返。

---

① 《宋史》卷四百八十五。

开国称帝

李继迁临死前说："我族受吐蕃与吐谷浑之迫，无奈离乡背井，被汉室流放在不毛之地，经年受累。若要族种不亡，就得自己立世立朝。"他的子孙忠实执行了他的独立开国的理念，这大概也是谋求独立者较为普遍的精神动力。

李继迁死后，其24岁的儿子李德明继位，将统治中心迁往贺兰山东麓的兴州（今宁夏银川市）。李德明采取"依辽和宋"的战略，同时向辽、宋称臣，接受两国封号，并西收回鹘，击败吐蕃，领土扩大到河西走廊，奠定了西夏立国的规模，并完成了称帝的准备。

李德明在位29年，在西夏独立建国的事业中扮演了承上启下的角色。他似乎不太擅长作战，虽对外用兵频繁，取得"西掠吐蕃健马、北收回鹘锐兵"的成绩，但打败仗的时候很多，直到极有军事才干的太子李元昊担任主将后才使西夏军队所向披靡。

1038年，34岁的李元昊在银川称帝，定国号为大夏，开创了宋、辽、夏三国鼎立的局面。夏国在宋朝西北，史称"西夏"，而其国号的全称逐字翻译过来是"白高大夏国"，国号里有"大"字很常见，但"白"、"高"指什么并不确定。学者意见有的说指"白水（黄河上游）高山（贺兰山）"，有的认为指"母亲、父亲"，还有的说是"白、高"二姓，或者因为党项族是崇尚白色的部落。

夏景宗李元昊在政治、外交、军事、文化、经济等方面进行了大刀阔斧的改革，使西夏实现了完全的独立建国。

一是西夏在政治上摆脱宋朝属国的地位，吸引和重用各方人才。

李元昊凭借显赫战功和合法身份继承王位后，抛弃了唐、宋王朝赐封给其祖的李姓、赵姓，改姓"嵬名"，称"吾祖（兀卒）"，即党项语的"皇帝"。大兴土木，广营殿宇，仿照唐都长安、宋都东京建设兴庆府（今银川）。

从很多小事可以看出李元昊重视人才。在他继位前，有一次父亲李德明遣使臣到宋用马匹换取物品，因得到的东西不合心意，盛怒之下把使臣斩首。李元昊不以为然，劝说："吾戎人本从事鞍马，今以易不急之物已非策，又从而杀之，则人谁肯为我用乎？"西夏重臣野利仁荣去世后，李元昊三次前往祭奠，抚棺痛呼："何夺我股肱之速也！"

李元昊不分民族网罗各方人才，《宋史·夏国传》中记载李元昊任命的官员中有汉人过半。

还有个故事说明李元昊对汉族人才的重视。宋朝有两个不太擅长考试的陕西书生，"累举进士不第"，想去边境投笔从戎。宋朝边师未能挽留，于是他们进入西夏。二人到酒店里豪饮，又在墙壁上书写"张元、吴昊饮此"，被西夏巡逻兵发现，将二人带入宫中。当元昊问他们为什么不避讳自己的名讳时，他们讽刺李元昊说：你先姓唐李，后姓宋赵，这不比我们用别人的名字更丢人吗？（姓尚不理会，乃理会名耶？）李元昊听后，不但不生气，反而认为他们有胆识，立即予以重用，并废弃赵宋赐姓。[①] 数月后派人潜入宋境将二人的家眷接来，使之团聚，从而安心为西夏服务。

后来张元官至国相，和李元昊一起指挥了对宋战役，大败宋军。他还为李元昊规划了"联结契丹，夹击宋朝，先取宋关中之地，然后直捣长安"的侵宋总方针，并得到采纳。

二是西夏在外交上以和、战两手周旋于辽、宋两大国之间。

---

① 《宋史纪事本末》卷三十。

称帝 4 个月后，李元昊正式派使者向宋朝进表，解释了自己创建西夏国的原因："臣祖宗本出帝胄，当东晋之末运，创后魏之初基……伏愿一境之土地，建为万乘之邦家。于是再让靡遑，群集又迫，事不得已，显而行之……伏望皇帝陛下，睿哲成人，宽慈及物，许以西郊之地，册为南面之君。"

宋朝接到奏表大为震惊，宋仁宗下诏削夺李元昊爵位，撤销所赐国姓（赵），停止宋夏贸易，并在边境张贴布告称：凡能捕杀李元昊者给予节度使的官职，管辖西夏地区。

李元昊对此反应激烈，亲自率军攻宋，并取得了三次重大战役的胜利。但西夏毕竟国力有限，不能将战争持续下去，而且战争所获有限，于是再次向宋朝请和。

双方最终达成和约：宋朝册封李元昊为夏国王，夏对宋称臣，宋每年给夏"岁赐"，包括 13 万匹绢、5 万两银、2 万斤茶，生日、节日额外再加，其他内容涉及领土、贸易、青盐等。这份和约是宋朝得面子，西夏得里子，西夏除对宋保持名义臣属关系外，得到了所有想要的东西。和约签后直到李元昊去世，夏宋未有战争。

李元昊对辽以联合和臣服为主，同辽联姻，受辽封号。即使在给辽以军事上重创之后又立即以胜求和，恢复两国友好。很大程度上，正是有强辽的存在，西夏才得以脱宋独立。此外，西夏将军事斗争对象锁定为西南的吐蕃部落和西北的回鹘，并取得最终胜利。

唐朝灭亡前 30 年，吐蕃王朝灭亡，青藏高原分裂成若干部落。北宋时期，青海西宁一带出现一个屡败西夏的藏族政权，首领称唃（gū）厮啰（吐蕃语"佛子、王子"之意）。唃厮啰归附宋朝，宋朝开始对其多有防范，后来为牵制西夏授其官职。

李元昊与唃厮啰政权四战三败，而最终倒下的却是唃厮啰，关键是综合实力的差别。四次战争的大体过程是：

第一次李元昊派大将率 2.5 万人进攻唃厮啰，被击败，其主将被唃厮啰军俘获。

第二次李元昊带兵亲征，攻城月余不克后，派人向吐蕃守将诈称约和，突袭成功。这是李元昊对唃厮啰作战的唯一一次胜利。

第三次李元昊率军与唃厮啰军战斗 200 余天，因粮食不继被迫撤军，被唃厮啰军决水淹溃，士卒漂没不计其数。

出土于黑水城的西夏武士像

第四次李元昊率军进攻唃厮啰部，在渡河时在河水浅的地方插标识为记，作为返军渡河之处。唃厮啰派细作前去侦探，得其虚实，暗中使人把渡河标识移到河水险处。李元昊兵败后士兵争相逃命，寻找标识抢先涉水，不断误入深水，险浪扑击，士兵溺水而死者十有八九，失去辎重无数。李元昊此败后再不敢轻易涉足其境。

但李元昊在四战唃厮啰后，仍能迅速恢复元气，维持西夏发展，而唃厮啰部却发生内讧，有人分裂投夏，致使日益衰落。后为宋所灭，宋欲夺其地而攻夏，最终被新兴的金朝占领该地。

三是西夏军事上重视军队建设，并在对宋战争中连续取得胜利。

汉唐以来，中原军队战斗力优于北方游牧民族士兵的重要因素是武器装备，但随着北方贸易和技术的发展，武器质量与中原差距缩小，总的发展趋势是双方战斗力此消彼长。在武器质量相近时，由于北方地区艰苦环境生长的士兵承受力更强，战斗力反往往优于中原士兵。

西夏早期的武器装备远落后于宋军。但李元昊在重视士兵素质的同时，更强调武器装备的改进，并使西夏军队的武器有了突飞猛进的发展。史载西夏曾到宋朝大量求购弓弩武装自己，但遭到宋朝禁止。西夏人带回样本，加

宁夏银川西夏王陵6号陵出土的铁剑

上自己的研发，在远距离武器的开发上走到当时世界前列，大大增强了夏军的战斗力。

西夏人发明了用牦牛角做弓，力量强劲，射程极远。北宋沈括在《梦溪笔谈》中记载了党项人制作的"神臂弓"，"射三百步，能洞重札"，《西夏书事》称"中之必贯甲"。不但"西夏弓"很受宋朝权贵青睐，党项人制作的短兵器"夏国剑"也被称为天下第一，宋钦宗就经常随身佩带。西夏王陵出土一把"夏国剑"，仅剑身就长达88厘米，需要很高的技术水准。

李元昊对宋用兵屡胜，且多有智谋，颇具戏剧化情节。夏宋共有五次大的战争，李元昊指挥了第一次夏宋战争，共有三次战役。

第一次战役李元昊假意与宋和谈，宋朝边将放松警惕，夏军迅速出击，围点打援，偷袭宋军，宋军损失惨重。

第二次战役李元昊声东击西，以10万大军埋伏在好水川，而后以小股部队引诱宋军追击。宋将率5万大军追至夏军埋伏圈，发现路上很多泥封的盒子，里面有声响。宋兵好奇，打开盒子，里面的鸽子破笼而出。伏在远处的夏军见群鸽飞起，知宋军已入埋伏，杀声四起。宋军长途追击，人乏粮断，虽浴血奋战，最后将帅阵亡，全军覆没。

此役中，范仲淹作为宋军副指挥，虽识破李元昊策略，但所提建议未被采纳，宋军败后范亦贬官。其好友滕子京因在抚恤战败宋军时花费过多，谪守巴陵郡，范仲淹为其写下"先天下之忧而忧，后天下之乐而乐"的千古名句。

西夏方面，在好水川战役结束后，针对宋地流行的歌谣："军中有一韩（韩琦），西贼闻之心胆寒。军中有一范（范仲淹），西贼闻之惊破胆。"张元奉命在寺壁题诗嘲讽道："夏竦（宋军总指挥）何曾耸，韩琦（副指挥）未足奇。满川龙虎辇，犹自说兵机。"

第三次战役李元昊兵分两路攻宋，一胜一负，但再次大量杀伤宋军。北宋对西夏的三次战败史称"镇戎三败"，终于不得不承认西夏。

宋军在贺兰山的损兵折将也激发了宋人对抗击北方强敌的雄心壮志。南宋名将岳飞在其著名的《满江红》（也有人认为该词为后人托岳飞之名而作）里，抒发了对反击贺兰山的渴望：

> 怒发冲冠，凭栏处，潇潇雨歇。
>
> 抬望眼，仰天长啸，壮怀激烈。
>
> 三十功名尘与土，八千里路云和月。
>
> 莫等闲、白了少年头，空悲切！
>
> 靖康耻，犹未雪。
>
> 臣子恨，何时灭？
>
> 驾长车，踏破贺兰山缺。
>
> 壮志饥餐胡虏肉，笑谈渴饮匈奴血。
>
> 待从头、收拾旧山河，朝天阙。

西夏军事上屡胜北宋，一方面是因为李元昊知兵善战，另一方面宋朝的制度和文化导致其军事积弱。由于赵匡胤黄袍加身获得政权，有宋一代在军队问题上"防内"重于"防外"，也就是皇帝可以容忍军队因"兵不习将、将不知兵"而对外作战不利，却不能容忍军队战斗力强悍、将领指挥有力而对皇权造成威胁。另外宋朝军人地位降低，整体人员素质下降，唐人以投笔从戎为荣，宋人以做"贼配军"为耻。

四是西夏在社会文化上突出本民族特点，与辽、宋区别。

李元昊颇有自信，不慕中原，保持旧俗，并且非常重视突显本民族特点。他颁布"秃发令"，率先自秃其发，戴重耳环，强令国人三日内一律剃去额顶的头发，有不服从者，任何人都可以处死他。规定官员和平民的服饰，以白色为帝色。令重臣野利仁荣创造西夏文字，组织人才将汉、藏文献翻译成西夏文字。

西夏王供养图

五是经济上鼓励自给自足，尽量不依赖于宋朝。

西夏一直仰赖从中原换取丝织品等物，李元昊的想法是宁可不要这些东西，也不能因此受制于宋朝。史载父亲李德明对他说："吾久用兵疲矣，吾族三十年衣锦绮，此宋恩也，不可负！"李元昊反驳道："衣皮毛，事畜牧，蕃性所便，英雄之生，当王霸耳，何锦绮为？"后来李元昊明确主张"习练干戈，杜绝朝贡，小则恣行讨掠，大则侵夺封疆"，从而达到"上下俱丰"的目标[①]。

李元昊重视发展农业和传统畜牧业。西夏的中心地带是处于黄河上游富庶的银川平原。李元昊建国后，在疏通原有的渠道的基础上，又修筑了长达200余里的水利工程，后人称之为"昊皇渠"或"李皇渠"，沟渠遗迹，至今仍存。这使首都周围成为西夏主要的粮食生产基地之一。在李元昊攻占了自古既有"畜牧甲天下"的河西走廊后，畜牧业发展基础更为雄厚，著名的"党项马"是西夏与中原进行贸易交换的主要商品。畜牧业兴盛的同时带来毛纺业和商业的繁荣。

---

① 《宋史·夏国传上》。

宫闱风月

国运兴衰自有各种因素，但因风月情事弄到当皇帝的杀母杀妻杀岳父、后来太子杀老爹，这个政权的国运也就开始走向衰落了。政权力量的衰落打破了维持对峙的实力均衡，一般会为国家统一创造条件。

李元昊开国后西夏先后出现了三个对政局有重大影响的女人。第一个女人叫野利氏，她除掉了对手，又被新的对手除掉。

野利氏最初只是李元昊的妾室，但李元昊称帝后却成为第一任皇后。李元昊的元配是自己的表姐，母亲的侄女。后来李元昊的岳父谋反，李元昊将其全族沉河杀死，又毒杀了自己的生母，同时将怀孕的妻子软禁起来。妻子在冷宫生下儿子后，野利氏怂恿说这孩子长得不像李元昊。李元昊一怒之下将母子二人一起杀掉，将野利氏扶正。

野利氏身材颀长，容颜美丽，并生下了太子宁令哥，因此她在李元昊这里非常受宠。不但如此，野利家族还是党项大族。李元昊的祖母就是该族人。野利氏的两个哥哥都是西夏支柱级的大将，带兵作战威名远扬。另一亲戚野利仁荣是被李元昊称为"股肱"的重臣。凭借这些优势，野利氏过了几年呼风唤雨的日子。

第二个女人的出现结束了野利氏的好日子。她叫没藏氏。

没藏氏美艳妩媚，风流放荡。她的丈夫是野利氏的哥哥，没藏氏也就是李元昊的嫂子。李元昊大概对这位嫂子早有图谋，以谋反的罪名杀了她的丈夫，将她收入宫中。

当然，另一个重要原因是：野利氏的哥哥掌握西夏军队大权，又因多权谋和善用兵闻名遐迩，总是让李元昊不能放心。此时宋朝边将又巧施离间计，借李元昊之手最终除掉了这个劲敌。野利皇后却因此失去了重要的靠山。

没藏氏入宫后马上和李元昊关系暧昧，野利皇后一怒之下把没藏氏送入戒坛寺出家为尼，想以此将李元昊与没藏氏分开。但是李元昊哪里会受制于人，反而频频驾临寺院与没藏氏幽会，甚至不顾大臣们的反对，经常公开带着没藏氏去打猎、野营。野利皇后岂能容忍，与李元昊大吵大闹。没藏氏也在李元昊面前攻击野利氏。终于，野利氏被废黜，没藏氏取而代之成为新皇后。

李元昊没想到废黜野利氏会给自己带来杀身之祸。

糟糕的是此前李元昊还娶了自己的儿媳妇。太子宁令哥的新婚妻子容貌姣好，李元昊一见倾心，收入宫中，正式立为妃子，还为她兴建宫殿，号称"新皇后"。太子对父皇的夺妻之举极为不满，接着又遇到母后被废，想到自己与幽禁别宫的母亲面都见不着，太子地位也岌岌可危，宁令哥决心冒险复仇。

1048 年正月十五元宵节，李元昊与诸妃饮酒作乐至深夜，酩酊大醉，被侍从扶入宫中就寝。太子宁令哥突然闯进寝宫，提刀便砍，李元昊躲闪不及，被一刀削去鼻子。因失血过多，次日不治而死，终年 45 岁。众侍卫闻讯赶到时，宁令哥仓皇逃脱，躲进了国相家中。

国相是皇后没藏氏的哥哥。由于妹妹得宠，没藏氏哥哥被李元昊提拔为国相，一切军国大事交由他全权处理。没藏氏当初随李元昊打猎途中曾生下一子，取名李谅祚。当时毕竟没藏氏还是李元昊的嫂子，不方便将孩子公开养在皇宫，于是先是寄养在没藏氏哥哥家中。没藏氏哥哥对他这个外甥相当好，并想让他取代宁令哥成为太子。

因此，身为国相的没藏氏哥哥早就向太子表示愿意帮助他从父亲手中夺取王位，挑唆其复仇。宁令哥对其非常信任，所以砍伤父亲后立即逃到国相家避难。国相听他讲了详细情况，认为李元昊已经难逃一死，便命人将太子宁令哥缉拿，并以杀父、弑君的大罪，和他的母亲野利氏一起处死，实现了其一箭三雕的计划。

之后，凭借其国相的权势，没藏氏哥哥没有按李元昊的遗言让其族弟继位，而是立没藏氏未满周岁的儿子李谅祚为皇帝，没藏氏升为皇太后。没藏氏哥哥借辅政专权14年。

没藏氏由于风流成性，相好的男友太多，后来竟在与人偷情时被一个吃醋的男友派骑兵杀死。当然，没藏氏哥哥为她报了仇，处死了那个吃醋的男人。

西夏女供养人像

故事还没完。第三个女人出场了，梁氏，汉人。她的出现，不仅令西夏政权和社会天翻地覆，也使夏、宋关系地动山摇。

梁氏是国相的儿媳妇。没藏氏哥哥为稳住自己的外甥夏毅宗李谅祚，将女儿嫁给他做皇后。但小没藏皇后的魅力显然不足，李谅祚最晚13岁左右就与舅舅的儿媳妇梁氏私通。

看来西夏的第二任皇帝李谅祚颇有其父之风，娶了自己的表姐，又临幸自己的嫂子。虽然古代很多少数民族为繁衍后代缺乏伦理观念，但西夏已是一个文化大国，违背伦理纲常的事还是不能被容忍。

于是，国相父子密谋废掉他。精明的梁氏察觉到这一动向，凭借她的政治嗅觉，认为此时应该站在皇帝一边，否则不但没有前途，性命都有危险。梁氏立即向李谅祚通风报信，15岁的李谅祚先下手为强，诱杀了国相全家，并处死身为皇后的国相女儿，改立梁氏为皇后。

李谅祚慕汉亲宋，英明有为，改汉人礼仪，与宋朝友好。但宋朝采轻视态度，迫其改变对宋立场，转而攻宋，亲率夏军作战时受箭伤，21岁离世。他与梁后当初私通生下的儿子继位，称夏惠宗。

夏惠宗继位时年仅 7 岁，梁氏以太后身份垂帘听政。由于夏惠宗后来亲政时与太后发生冲突，被太后囚禁，并最终与太后两年内相继去世，常被后人比做慈禧太后与光绪帝的早期版本。实际上，梁太后的作为也许受稍早前宋仁宗前期刘太后垂帘听政的影响更大。

但观其所为，梁太后的才能远在慈禧之上，她不仅深通权力与政治斗争，更在文化、军事、外交领域果敢专断，颇有治国才干。

梁太后一上台就废除李谅祚时期施行的汉礼，重新实行蕃仪，像李元昊一样坚持突出本民族特色。

梁太后主政时期正值宋神宗任用王安石推行变法（1068—1086 年），夏、宋双方均有开疆拓土、奋发有为的想法，于是互相进攻。西夏曾发动 30 万人的军队攻宋，宋朝也曾遣兵 50 万分五路攻夏。

宋朝低估了梁太后的军事才能。开始宋朝名将种谔称"西夏朝廷孤儿寡母，如果出兵，我可以提着小皇帝的胳膊回来（夏国无人，秉常孺子，臣往持其臂以来耳）。"

但梁太后采取坚壁清野、纵敌深入、断绝粮运、决堤黄河的策略，最后水淹宋营，宋兵冻饿溺死者无数，大败而退。

其后西夏迅速转入战略进攻，宋军也展现了罕有的高效率，19 天建成边界防御的永乐城。30 万夏兵发起急攻，宋军 7 万应战。由于被夏兵切断水、粮供应，宋将沈括的援军又受阻，最后永乐城被攻陷，守城宋将阵亡数百人，士卒役夫伤亡 20 万人。消息传到开封，宋神宗临朝失声痛哭。

梁太后虽然军事上获得对宋战争的胜利，但因宋朝停止岁赐和贸易，西夏财政困难，物价飞涨，民生困难。为缓解国内经济压力，梁太后解除了对主和派夏惠宗的囚禁，令其复位，并以其名义遣使宋朝称臣议和，重新得到宋朝每年的岁赐。

永乐城之战还葬送了宋朝延安地区前敌总司令（经略安抚使兼延州知州）沈括的政治前途。这位曾经凭借其博学多才在宋辽边界谈判中有出色表现的副部级干部，因为指挥对夏战争不力，被撤职查办，以副处级待遇（团练使）下放湖北。后来行动自由后选择镇江买了一所梦中相识的小园林，称为"梦溪园"，并在那里写出了当时就很畅销的集科学和文学成就为一体的鸿篇巨制《梦溪笔谈》，沈括也被后世的英国学者李约瑟称为"中国整部科学史中最卓越的人物"。

蒙古铁骑

到了西夏的第六代皇帝，西夏国力已大大衰微，而此时一个巨大的威胁在西夏的北方隐然成形，那就是日益强大的蒙古汗国。

13世纪初，铁木真统领的蒙古部落在漠北兴起，短短的几年时间就统一了蒙古草原，其疆域东南与金国相邻，西南与夏国接壤，成为当时中国政治舞台上的一支新兴力量。

铁木真的南下战略是：先解决和金订有"交相救援"之盟的西夏，断金右臂，同时解除侧翼隐患，并取得补充战略物资、马匹兵源的基地，各种条件成熟后再消灭实力雄厚的金国。

1205年，铁木真借口西夏收纳蒙古仇人，发动了对西夏的第一次进攻。蒙古军这次对西夏的进攻，主要目的是以劫掠财物和试探西夏虚实为主，并没有扩大疆域、据守城池的战略意图，所以没有深入西夏腹地，抢掠了一个月即行撤退。

1207年秋，铁木真被推举为成吉思汗的第二年，以西夏不肯向蒙古纳贡称臣为由，亲率大军第二次攻伐西夏。这次蒙军进攻的目标是西夏北方要塞，并直逼西夏腹地。有重兵把守的西夏要塞苦战了40多天，蒙军大量伤亡，成吉思汗破城后下令屠城。西夏赶紧调集各路军队阻击蒙军继续深入，双方相持了5个多月。蒙军见西夏兵势尚盛，抵抗顽强，加之粮草匮乏，只好退兵。

1209年春，高昌（在今新疆吐鲁番市东）回鹘与成吉思汗结成联盟，西夏的西北面就完全暴露出来，成吉思汗率兵第三次征伐西夏。西夏以皇子为元帅，领兵 5 万迎战蒙军，但未能挡住蒙军猛烈的攻势，北方要塞被再次攻陷。西夏再调集 5 万精兵前往增援，并在中兴府（即兴庆府，银川）外围的最后的一道屏障——克夷门与蒙军展开拉锯战，相持两个月，互有胜负。最后成吉思汗设计伏击夏军，一举歼灭主力，蒙军乘胜攻占克夷门，直入河套平原，包围了中兴府。

中兴府城池坚固，粮草充足。夏襄宗亲自登城，鼓舞士气，死守国都。蒙古大军攻城两个多月，仍不能破城。

成吉思汗想到中兴府地势低洼，城外四周湖塘密布，其时又连降大雨，黄河及城外渠湖之水暴涨。于是下令蒙古兵在城外环筑长堤，水淹中兴府。城内水深数尺，致使房屋倒塌，兵民被压溺死者甚众。

危在旦夕的西夏向盟友金国求救，但金国慑于蒙军的声势拒绝发兵救援。夏军只好固守苦撑。成吉思汗派人招降，和议未成。水淹中兴府近三个月后，蒙军所筑堤坝溃决，大水四溢，蒙古军营汪洋一片，反受其害，已无法再行攻城。西夏趁势答应蒙古的议和要求，纳贡并献公主给成吉思汗，并向其称臣。蒙古撤围退兵，此次战役方告结束。

此次蒙古包围中兴府并没有灭亡西夏，原因在于西夏军事实力尚强，蒙军又缺乏在河渠纵横、深沟高垒的农业环境作战的经验。不过，蒙古消灭了夏军大量有生力量，已经达到使西夏臣服、破坏金夏联盟的目的，后顾之忧解除，第二年便开始了对金国的大举进攻。

由于金国对西夏见死不救，西夏改变了联金抗蒙的原有政策，转而臣服蒙古，向金国进攻，从此结束了夏、金 80 余年的联盟体系。

1211 年，西夏发生宫廷政变，皇室贵族遵顼（xū）废黜了夏襄宗，自立为帝，是为神宗，是西夏开国后的第八代皇帝，也是中国历史上唯一一位状元皇帝。

夏神宗依附蒙古，乘蒙古攻金的机会，攻打金国，掳掠财物，扩大领土。然而，西夏臣属蒙古之后，迅速扩张的蒙古征发兵役日益频繁，西夏人疲于奔命，朝野上下对这种政策产生了怀疑和不满，导致西夏开始与蒙古逐渐疏远。

1217 年蒙古第四次征伐西夏。起因是当年成吉思汗决定亲率大军西征，几乎集中了蒙军全部精锐，一些属国也都奉命派军从征。西夏在接到派兵从征的通知后，朝廷内外怨声四起。

蒙古使节要求西夏履行当初臣服蒙古时答应的"为汝右手"的诺言，有西夏大将嘲讽说："气力既不能，何以称汗？"成吉思汗闻知西夏拒绝出兵后大怒，命大将木华黎在其西征期间伺机攻夏。

木华黎当年 12 月派兵进入西夏境内，踏冰过河，在西夏毫无防备的情况下，长驱直入，再次包围中兴府。夏神宗在中兴府被围 20 余日后，将守城之责交给太子，自己率精骑乘夜突围，逃奔西凉。西夏遣使至蒙军大营请降，奉表谢罪，蒙军才撤兵解围。

这次蒙古攻夏的目的也仅仅是惩罚性警告，所以蒙军进入夏境，一路并不攻占城池。而当时夏军主力正对金作战，后方空虚，无法组织对蒙军的有效抵抗。蒙军第四次征夏效果明显，此后数年中，西夏对蒙古恭顺备至，蒙、夏之间出现了一段暂时的和平。

但在西夏朝廷中，以太子为代表的一些王亲重臣提出了联金抗蒙的战略意见，遭到夏神宗的坚决反对。太子以削发为僧与父亲对抗，夏神宗下令废掉太子，将其囚禁。同时，蒙古因西夏攻金多次失利而对夏神宗不满，遣使责令他退位。夏神宗最后不得不将帝位传于次子，自己做了西夏历史上唯一的太上皇。

新皇帝夏献宗是大夏国第九位皇帝。他改变其父的政策，重新与金修好，以求共同抗蒙；并乘成吉思汗大军西征未归之际，派遣使节联络漠北与蒙古有仇的部落，结成抗蒙同盟。

成吉思汗得知西夏在组织抗蒙力量，立即准备结束西征，进行第五次征夏战争。1224 年，中原蒙军越过黄河攻打西夏东部，大败夏军，牲畜被掠走数十万头。西夏向金求援，但金国在蒙军攻击下已经自顾不暇，无力援夏。成吉思汗从西域凯旋途中，围攻西夏西部重镇沙州。沙州军民在兵力与蒙军悬殊的情况下，守城半年。但夏献宗考虑整体形势被动，还是派出使节到蒙古军前请降，并答应派送人质。而成吉思汗围攻沙州半年，师劳兵疲，也接受了西夏的投降，撤围休整。

六征贺兰

成吉思汗在远征西域、东伐金国取得胜利后，撤军回到漠北根据地休整。在条件成熟后，以西夏不派兵西征并出言不逊等为由，发动了灭亡西夏的第六次攻伐。

1226年，成吉思汗兵分两路，沿贺兰山两侧分头攻击。西路军攻占贺兰山以西地区，切断西夏退路。东路军由成吉思汗亲自率领，从漠北直扑西夏腹地，计划东西合击，包围中兴府，一举攻灭西夏。

西路蒙军在沙州又遇到顽强抵抗。蒙古大将见强攻不利，便写信招降。沙州西夏守将设下诈降计，派使节到蒙古军前请降，并准备牛、酒犒劳蒙军，暗中设下埋伏。蒙军大将中计，虽逃出重围，但损失惨重。西路蒙军集中力量围攻沙州，因众寡悬殊，沙州城被攻破，守城将士大多战死。蒙军继续东进攻肃州，再遭顽强抵抗。在蒙军诱降之下，肃州党项世家率众献城投降。但得到战报后的成吉思汗仍因久攻不下而怒气未解，下令屠城。西夏肃州籍蒙军部将请求赦其亲族家人，最后只留下该族106户，其余城中军民统统杀光。

东路蒙军首先攻取了黑水城（今内蒙古黑城子），乘胜东进贺兰山。途中成吉思汗狩猎时坐骑受惊，落马摔伤，只得屯兵养伤。随行大臣建议成吉思汗暂且退兵，待伤愈后再进军，成吉思汗不同意，并派使者到西夏，责问西夏拒绝征调之事，对证当年夏将对他的讥讽。这名夏将仍不服气，回答说：讥讽他的话，我曾经说过。今你蒙古若以为能征善战而欲战，那么我有贺兰山的营地，可到贺兰山找我，在那里我们打一仗。负气好胜的成吉思汗在伤势未愈的情况下，立即发兵进攻贺兰山。夏将敢说敢为，列阵与蒙军相持，但激战后兵败被俘，西夏军营帐、骆驼尽为蒙军掠获。成吉思汗为了发泄心头之愤，下令将俘虏中的精壮士卒全部屠杀，瘦弱者则分发给蒙古将士为奴。这时天气已经暑热，成吉思汗在河套北屯兵避暑，等待与西路军会师。

西路蒙军在攻取肃州后直扑甘州。西夏籍蒙军大将察罕是成吉思汗养子，其父为西夏甘州主将。此时察罕也在围攻甘州的蒙古军中，他派使者带信劝父亲投降。其父正有降意，但被甘州西夏副将阿绰察觉，阿绰暗中联络军中将领36人，袭杀主将全家及蒙古使者，率领军民死守甘州，蒙军久攻不下。成吉思汗得报后，立即率军从避暑地赶赴甘州，东、西两路蒙军在甘州城外会师，合力攻城。甘州军寡不敌众，城被攻破，阿绰等36人皆战死。成吉思汗怒而欲屠全城，被察罕谏止，甘州百姓才免遭屠戮。

当蒙古大军攻占整个河西走廊的消息传至西夏王宫时，夏神宗和夏献宗相继惊悸而卒，西夏末代皇帝在一片慌乱中继位。曾被蒙军俘虏过的西夏老将嵬名令公率兵10万再去黄河沿岸抵挡蒙军。

双方大军在黄河冰面及河岸上展开激战。西夏将士都知道这一仗关系到家国存亡，所以无不拼死战斗。黄河岸边，刀光闪闪，杀声阵阵，血流遍地，尸积如山。史料记载：当时两军对战之激烈为蒙军作战史上所罕见，西夏灵州守军和援军及居民有30万人被杀，蒙军也阵亡数万人。在这场黄河平原的决战中，西夏精兵几被全歼。

西夏将士虽然顽强拼杀，但仍未能挡住蒙古铁骑的冲击，灵州城陷落，西夏废太子德任被俘。蒙古将帅劝其归降，德任宁死不屈，大骂蒙古军残忍无道，终被杀害。蒙军扫荡西夏河东地区后，包围了中兴府。1227年初，成吉思汗留下部分兵力继续围攻中兴府，自己率军渡过黄河，切断了西夏与金的联系。

6月，成吉思汗感到身体不适，回师六盘山避暑养病。此时中兴府已被蒙军围攻半年多了，西夏军民在右丞相的领导下进行了艰苦卓绝的保卫战。但在局势穷困之际，右丞相劳累过度而卒，军民痛哭。此时中兴府又遭遇了历史上少有的大地震，"地大震，宫室多坏，王城夜哭。"各种迹象显示西夏王朝气数已尽。

夏末帝不得不派使臣向成吉思汗乞降，并请求说：为了准备贡品，迁移民户，请宽限一个月，到时亲自来朝谒。成吉思汗同意了，并让使者回话：夏主投降之后，我会像对待自己的儿子一样对待他。

随着天气酷热，成吉思汗的病情越来越严重，7月病逝。留下遗命：死后秘不发丧，夏主来降时杀掉，将中兴府兵民全部杀死，毁其城池、宫殿和陵墓。四子拖雷遵照遗命，在夏末帝来降时将其执杀。蒙军进入中兴府，城中军民惨遭屠戮，宫室、陵园付之一炬。后在成吉思汗养子西夏人察罕的劝谏下蒙军才停止屠杀，但这时城中人口所剩不过十之一二了。

幸存的西夏人四处流散，并为逃避蒙军的追杀隐埋民族，加速了党项族的消亡。据考证，除少部分留在宁夏外，分别迁移到四川、西藏、山西、河北、河南等地，有的还建立过地方政权，但往往只有很少一部分西夏党项族的文化特征，并且说不清自己从何而来。西夏文字成了无人能识的天书，在近现代学者将其重新破译出来前，西夏历史被人淡忘，曾经的辉煌也被掩埋在黄沙浅水之中，本篇开始提到过的西夏王陵则成了世人不知为何物的贺兰山脚下的几个土堆。

刀光闪耀

在东亚大陆这片土地上，唐朝时期绝大部分地区属于中原政权管辖，包括宁夏地区，这是一个统一时代。唐末诸侯割据，五代十国持续了近60年的分裂局面，到北宋统一一大部分地区，却不能收复辽国、西夏等地，从而两宋又使这种分裂局面延续了300多年。直到蒙古政权消灭西夏、金、南宋等政权，元朝实现了包括宁夏地区在内的东亚大陆的政权统一。

从统一形势来看，蒙古政权在成吉思汗的出色统领下迅速崛起，成为席卷欧亚大陆的强劲旋风，而西夏政权恰好位于风暴的中央位置，矛盾不可避免。成吉思汗坚定地要消灭曾经欺压过他们的金政权。作为金国臂膀的西夏，在蒙古人眼中只有两个选择：臣服蒙古，或被统一。

经过较量后，西夏选择了臣服蒙古，但这就意味着需要服从蒙古汗国"以战养战"的发展思路。大量的军事力量消耗在蒙古对外扩张的征战中，使西夏原来基本自给自足的体系面临崩溃的危险，于是西夏又调整外交政策，重新联金抗蒙。

从成吉思汗为代表的蒙古人角度看，西夏态度的反复无常就是背叛，对待不忠就不能允许臣服，只能消灭。因为臣服后说不定哪天又背叛了，何况西夏不定，金国难平。因此成吉思汗遗命中坚持要诱杀夏主。可以说西夏的摇摆态度加剧了政权灭亡。

纵观西夏开国与灭亡的历史，仍可看出综合实力是统独胜负的根本。西夏建国阶段，屡与北宋交战，胜多负少，却仍然要称臣才得以自立，就是因为北宋综合实力远在西夏之上，军事力量虽不足以消灭西夏，长期军事消耗却足以将西夏拖垮。

因此最早反宋的李继迁临终前的政治遗嘱是：一定要坚持反复上表附宋，请求宋朝谅解，"一表不听，则再表，虽累百表，不得请，不止也。"其子李德明贯彻其意，牢筑帝基。

而西夏早期与吐蕃部落和回鹘的战争则相反，是胜少负多，但最终却征服这些地区，就是因为综合实力强于这些政权。

蒙古政权综合实力比西夏政权更强大，主要不在于经济、文化，而突出表现在军事实力和组织能力。成吉思汗去世时遗留的全部兵力也只有 12 万左右。[①] 但由于蒙古军队的强大战斗力和蒙古统治集团出色的军事指挥才能，成吉思汗和其子孙建立了世界历史上最庞大的帝国。

能够支撑蒙古汗国不断扩张的力量主要来自军事实力，经济实力则基本上是依靠"以战养战"的策略，从占领区获得物质和人力。例如征服西夏后向其收取贡赋，每次出征都向西夏征调士兵、马匹和武器。蒙古汗国扩张一部分版图，就多一部分资源供应。

蒙古将帅在战争中体现出高超的指挥技巧，不少战术其实来源于游牧民族打猎时的策略，如包围战、迂回战、运动战，并且以歼灭对手的有生力量为目标。《狼图腾》这本书里描写了蒙古人如何切断狼群退路进行围歼的方法和过程，这些战法在蒙军西征中东、欧洲和南征夏、金、宋时都有明显体现。

当然，成吉思汗独特的成长经历使其练就娴熟的战争技巧和坚韧的领导意志对于提高蒙古将帅总体指挥水平有重要影响。这也是蒙古汗国的事业在历代北方游牧民族中更为突出的原因之一。

蒙古军队的士兵作战能力也较强。与南方农耕地区相比，北方游牧地区物产贫乏，条件艰苦，其士兵对风雨、饥渴、疲劳等恶劣因素的忍耐力要更

---

① ［瑞典］多桑：《多桑蒙古史》（上册），上海书店 2001 年版，第 179 页。

强大。这也是为什么中国古代历朝历代大多是北方统一南方的重要原因。而且，由于骑射是游猎民族的生存技能，蒙古军队的骑射水平总体优于南方农耕社会的军队。西夏经济以农业和传统畜牧业为主，军队在一百多年的安定生活中战斗力相对减退。

除形势和实力外，策略也是影响结果的重要因素。

对于蒙古汗国采用的"以战养战"的发展模式，蒙古民众的支持度应该也是很高的，毕竟对外战争可以给他们带来大批的牲畜、牧场和工匠。蒙古军队以频频的胜利为这种生存方式赢得内部民心。

成吉思汗

对外部，成吉思汗曾告诫子孙，他最重要的教训就是战胜一支军队不等于征服一个国家，"你只能通过赢得民心的方式来征服"。①有不少西夏将领和士兵效忠于蒙古军队，对蒙古政权有强烈的认同感。由于他们的存在和请求，党项才在蒙古军队冷酷的屠刀下免于灭族。

为争取民心，蒙古帝国实行宗教宽容政策，不树立意识形态偶像、不定思想罪、不将自己的制度强加于所有的臣民。这是因为蒙古帝国兴起之初技术落后、没有文化优越感，也就没有阻碍新技术和新观念传播的文化藩篱。

蒙古军队不但统一了西夏，还建立了一个"世界体系"，在13世纪推动了一次全球化进程。比如蒙元时代之前，印刷术、纸币、火器、自由贸易、外交豁免权等只在个别区域存在，是蒙古帝国予以推广使之构成了现代世界体系的基础。蒙元时代出现的制度创新和技术创新是前所未有的，这和现代

① ［美］杰克·威泽弗德：《成吉思汗与今日世界之形成》，重庆出版社 2006 版，第 131 页。

美国的兴起颇有些类似。由于蒙古汗国广阔的领土，众多被孤立分隔在各自的小圈子里的文明融为了一体，有了统一的洲际交通、商业、技术和政治体系。中国传统的抑商政策被蒙古人彻底打破，中国的瓷器、丝织品和一些全新的品种可以更顺畅地出口欧洲。[①] 明朝李开先在《西野春游词序》中评价元朝的统一政权之利："元不戍边，赋税轻而衣食足，衣食足而歌咏作。"

---

① ［美］杰克·威泽弗德：《成吉思汗与今日世界之形成》，重庆出版社 2006 版，第 238 页。

风云洱滇——云南的故事

　　云南地区为多民族杂居之地，早先居住着青羌、僚、濮等少数民族，古称"西南夷"，又称"夷越"，秦始皇与汉武帝均对该地区进行武力开拓，并纳入版图。该地也有中原地区移民，如战国后期楚国将领跷率军抵达现今云南滇池地区，因归路被秦军断绝，跷就留在当地做了滇王，部众成了移民。但与当地土著相比，在很长一段时期内汉族在数量上反为少数民族。该地区在历史上存在过一些相对独立政权，例如以滇池为中心的滇国、以洱海为中心的南诏国和大理国等。元朝以后，云南省一直成为中国版图牢不可分的一部分。

云南玉龙雪山

诸葛南征

公元 223 年，魏、蜀、吴三国鼎立时期。蜀国南方反叛，蜀国面临分裂的危机。蜀汉政权此时刚刚遭遇对吴战争的失败，奉"托孤"遗命主持政务的丞相诸葛亮不得不处理这一棘手的难题。

诸葛亮是蜀汉政权的缔造者之一，出生在今山东沂南县的一个官吏之家，父亲做过泰山郡丞，但母亲与父亲先后早逝，诸葛亮兄弟随叔父在湖北生活，叔父病逝后隐居湖北襄阳（一说河南南阳）乡间耕种，后经人推荐与刘备结识。刘备当时只是一个落魄的军阀，势力不大，但爱惜人才，名声较好，且常有雄心壮志，曾被曹操称为与其并列的"天下英雄"，诸葛亮很看好他，所以第一次见面就向刘备和盘托出他精心准备的政治军事战略分析，史称"隆中对"。根据这个战略，刘备暂时不能与曹操、孙权争锋，但需把握时机夺取刘表的荆州与刘璋的益州，形成三分天下的格局，再利用皇家后代的名分，处理好与周边少数民族的关系，联合孙权，北伐曹操，复兴汉朝。

后来的历史进程基本按照"隆中对"的战略设计发展，但在北伐的过程中战略执行出了问题，没能最终实现最初构想。按诸葛亮当初的设计，三国局面形成后，蜀国应兵分两路，从湖北和四川北伐曹操，但有一前提，一定要与孙权结好。偏偏蜀国大将关羽在从湖北出兵时没有重视巩固与孙权的联盟，反而采取傲慢的敌视态度，以致在蜀魏相争的关键时刻，孙吴军队袭取关羽后方，导致关羽北伐失败。荆州一失，彻底打乱诸葛亮的战略部署。

蜀汉皇帝刘备不甘心失去荆州的失败，倾巢出动，采取先伐吴后伐魏的战略，完全违背了原来诸葛亮的"联吴伐魏"方针，在作战时又犯了战术僵化的错误，面对孙吴的坚守战术，没有寻求运动中歼敌，反而连营七百里大打阵地战和消耗战，被吴国的陆逊用火攻击败。

夷陵之战失败后，不仅刘备命丧白帝城，蜀国也面临内忧外患的崩溃危险：外有大军压境，内有各地叛乱。"隆中对"的战略设计已经时过境迁，当前最急迫的问题是如何维持蜀国的统一安定局面。

蜀汉在与孙吴的夷陵之战中惨败后，元气大伤，蜀国中央统治力下降，各地叛乱频发，尤以南方为重。南方叛乱主要发生在蜀国的南中四郡，大体是现在的云南、贵州及四川西南部分。当地土著与后来移居南中地区的汉族豪强互相勾结，常有独立倾向。蜀汉参军马谡认为"南中恃其险远，不服久矣"。

刘备死后，蜀汉南方豪强认为独立的时机到了，于是兴兵作乱。最早举兵号召南中四郡反叛蜀汉的是蜀人雍闿，并得到当地一些地方官员的响应。雍闿叛乱后希望得到南中少数民族的支持，便请孟获帮助游说各部族酋长。孟获是彝族人（一说是汉族人），是当时南中地区的大姓豪强，在云南少数民族地区较有名气，为当地土著和汉人所信服。在他的煽动下，参与叛乱的人越来越多。

南方叛军势大造成蜀汉边境不宁，人心浮动。负责总揽蜀汉军政的诸葛亮对此次分裂事件进行冷静处理：一是继续坚持其在"隆中对"中提出的"南抚夷越，西和诸戎"的"和抚"政策，不急于派兵平乱。二是派人到南方实地调查事件原委，弄清叛军的反叛原因及意图。三是力争以和平手段维护国家统一，为此诸葛亮前后给叛军首领雍闿六封书信，晓以统独利害，但雍闿只回了一封信，说当今天下三国鼎立，魏蜀吴都自称正朔，我们地处偏远的人就感到惶惑，不知该归属哪个政权。这封信的言外之意是认为蜀汉政权既然没有能力统一天下，也不见得能让南方地区臣服。四是全力做好军事平叛准备，因为对中央政权而言，如果分裂政权因轻视中央力量而寻求独立，就必须要展示自身可以维护统一的实力。

诸葛亮决定出兵南征的理由：一是政治上需要保持蜀汉政权的统一安定，而和平统一的尝试又未能成功，为避免出现分裂势力的多米诺骨牌效应，必须武力平叛；二是经济上南中地区物产丰富，是蜀汉经济的重要组成部分，蜀汉与魏、吴政权相比，本就国力最弱，民丁最少，再失去西南地区就更无法争雄天下；三是社会稳定需要平息叛军的挑战，并给予南中地区那些愿意接受蜀汉政权领导的各族人民以支持。

诸葛亮在南征前做了以下的准备工作：一是恢复"联吴"战略，派"名嘴"邓芝带蜀锦、名马等礼品去与孙吴政权和好，签署和平协议，吴蜀联盟得以恢复，蜀汉东部威胁得以解除；二是派遣蜀国名将赵云和马超分别坚守北部和西部边境，防范魏国和西戎的侵袭；三是稳定农业生产，增加粮食储备，用两年时间完成军粮囤积；四是训练军队，休养民生，养精蓄锐，巩固后方。

攻心为上

公元 225 年春，诸葛亮率军南征。但其战略方针依然是"和抚"政策。蜀汉参军马谡对该政策有较透彻的解释：用兵的办法，最好是攻心，攻城则是下策。因为城虽攻下来，如果当地人心不服，中央军一撤可能又反叛了。如果杀光叛军以绝后患，短时间内难以做到，而且也不是仁义之师的作为。因此南征的关键是令南人心服。

除此而外，诸葛亮还预先考虑了取得军事胜利后如何维持南方统一安定局面的问题。南部地区少数民族众多，取得军事胜利的同时必然带来当地人的死伤，如果派兵驻守维持安定，地远路险，粮食供应困难；如果派官而不驻兵，南人可能因战争遗留创伤找中央委派官员寻仇，从而再次引发叛乱。因此诸葛亮认为最好的解决办法，是不从成都派官，而是任用当地精英治理该地区，并建立起当地精英对国家统一的认同，这才是维持统一安定的长久之道。

蜀建兴三年（225 年）三月诸葛亮南征四郡，十二月返回成都，前后用了 9 个月时间。期间对叛军首领孟获七纵七擒的攻心战术更是中国历史上的经典案例。由于七擒孟获的内容在最权威的《三国志》中并未提及，仅见于《汉晋春秋》及《资治通鉴》等后来的史书，因此后人对七擒孟获史料的可靠性存疑。

为确保武力统一的同时能够切实执行"和抚"政策，诸葛亮亲自带兵南征。蜀军兵分三路，诸葛亮率西路军，李恢率中路军，马忠率东路军，分进合击，斩杀雍闿等人，平息各处叛乱，三军会合时只剩孟获率雍闿余部负隅顽抗。

诸葛亮

孟获是当地名人，意图独立称王。为煽动各族参加独立，孟获骗各部族酋长说：蜀汉朝廷想要征收黑狗三百头，而且胸前都要是黑色，还要三丈长的断木三千根，你们可以拿出来吗？当地土著认为蜀汉政权故意为难压迫他们，因此大感不满，便加入叛军，南部民族对立情绪也日益严重。孟获就利用南人的仇汉心理及云南山地的有利地形和蜀军打起游击战。

诸葛亮认为孟获符合自己实施"和抚"政策所需的当地精英人士的标准，可以为己所用，就下令蜀军不得杀害孟获，而将其作为未来管理南部少数民族地区的人才加以引导和培养。在战术上采取诱敌出战的围歼策略，活捉孟获。

为令其心服，诸葛亮以礼相待，还请孟获观看蜀军阵容，希望以蜀军严明的军纪、高昂的士气来震慑住这个夜郎自大的蛮王。但不料孟获并未被吓住，仍旧嘴硬。诸葛亮不以为意，放他再战。

由于孟获屡战屡败，七纵七擒（"七"泛指其多），终于心服口服，认为诸葛亮代表"天威"，南人不会再造反了。当年秋天，诸葛亮率军进入昆明的滇池地区，肃清所有叛乱。诸葛亮于是委任孟获等当地民族首领担任蜀汉官吏，管理南方地区。孟获后来还升迁到蜀汉中央任职，官至御史中丞（相当于副部级官员）。

诸葛亮在平定南方叛乱后，继续贯彻"攻心为上"的"和抚"政策，为蜀国南部地区长治久安打下坚实基础。

一是重新划分行政区域，进行政治改革。诸葛亮将原来的南中四郡重新划分为六郡，分别任命在南征中立有显著战功的李恢、吕凯、马忠为建宁太守、云南太守和牂柯太守，并大量起用少数民族上层分子，留用董荼那、渠帅、爨习、孟琰等当地将领，一起授予官职，基本实现"以夷治夷"。

二是引进先进生产技术，恢复经济发展。西南地区因交通闭塞而生产落后，诸葛亮平定南中后，在当地推广内地已普遍采用的铁犁牛耕等先进农业技术，并派匠人教给当地人织锦的方法。同时兴修水利。云南保山县至今有三个能灌溉几千亩农田的堤堰，名为"诸葛堰"，相传为诸葛亮下令修筑。三是尊重土著风俗习惯，维护社会安定。诸葛亮依土人习俗，设香案，铺祭物，列灯四十九盏，亲自临祭泸水，平息在战争中丧失亲友的当地民众的情绪。此举令蛮人感动，甚至为其立有生祠，四时享祭，皆呼之为"慈父"。

此外，针对当地土著刚毅、斗狠的性格，诸葛亮劝当地大族捐出金帛，聘请夷人作部曲，聘请多者可世袭官位。此举不但建立起夷、汉并列的部队，并有效改善了夷人与大族、富豪的关系，夷人渐渐臣服和融入蜀汉政权。

从蜀汉政权的角度看，诸葛亮南征后重用地方势力，保障他们的利益，一反两汉以来委官统治、遣兵屯守的政策，对南中既不用留人，又不留兵，赢得了当地民众的支持，获得了地方首领的真心效力，维持了蜀国统一，巩固了蜀汉后方，为日后北伐奠定了基础。

同时蜀汉政权从南中地区得到了金、银、丹、漆、耕牛、战马等特产，军资所出，国以富饶，为诸葛亮北伐提供了大量物资。诸葛亮还在南中地区选拔劲卒到蜀地，分成五部，号为"飞军"，非常勇猛，是蜀军中很有战斗力的一支队伍。

历史证明，诸葛亮对南方用兵是成功的，其攻心战略是有效的，政治经济效果是显著的。直到诸葛亮辞世，南夷始终未再叛乱，维护了蜀国统一，促进了南方经济发展和蜀国南北的经济交流，有利于增进当地民众福祉。

洱海强权

蜀国丞相诸葛亮平定南方后，随着西晋统一魏、蜀、吴三国，云南地区也归西晋管辖。此后各朝陆续增置州县，扩大统治权，对非汉族的居民，都是采取诸葛亮"纲纪粗定，夷汉粗安"的施政方针，也就是"因其故俗，羁縻勿绝"，以求相安无事。

当初诸葛亮南征时收用当地豪酋大姓，例如孟、爨（cuàn）等氏族。大约东晋时期，爨氏在昆川（今晋宁）称王，并维持统治400年。南北朝时期，北周南征控制了该地区。隋朝取代北周后，爨人起兵反抗，宣布独立。

随后爨人分裂成东、西两爨，西爨称"白蛮"、东爨称"乌蛮"。白蛮生活在滇池地区，妇人穿白衣，长不过膝。乌蛮居滇池东边，妇人穿黑衣，衣长曳地。白蛮的爨氏自蜀汉以来历朝有人作本地长官，文字与汉族同，语言相近，耕田养蚕，也同汉人。乌蛮多有牛羊，无布帛，男女都用牛羊皮做衣服，不知耕织，语言与汉语不通，也很少同汉人接触，经济文化较为落后。

爨人居住云南东部。唐玄宗时，西爨大姓爨氏杀东爨大姓孟氏首领，白蛮兼并乌蛮。但后来白蛮内乱，居住云南西部的南诏出兵兼并了滇池附近的白蛮部落，消灭了残存的爨氏政权，基本统一云南地区。

南诏国是西南地区历史上最大的政权。唐初，云南西部洱海一带部落林立，较大的有六个不相统属的政权，史称"六诏"。当时唐朝与吐蕃是军事实力相当的两个强国，云南地区各部落夹在中间，多采取左右摇摆的外交政策。与其他五诏不同，最南边的南诏距离吐蕃最远，受吐蕃威胁较小，因此采取始终依附唐朝的外交策略，从来不跟随吐蕃进攻唐军。在唐朝支持下，南诏不断壮大，开始进行统一战争。738年，南诏部落首领皮罗阁消灭了其他五诏，建立南诏国，被唐朝封为"南诏王"。

南诏与唐朝原本非常友好，其统一六诏就是借助唐朝之力。双方往来也相当频繁，有些南诏首领在继位前都曾经在唐朝任职为官，对唐朝非常熟悉。唐朝对南诏首领也非常重视，唐高宗、武则天、唐玄宗都给予南诏王厚赐与礼遇，武则天还在长安盛情招待南诏首领。

因此南诏后来的独立与北宋时期的西夏有很大不同。西夏开创者李继迁及其父辈子孙均未在中央政权的其他地方任职，世代只关注当地风土人情，对中原其他地区不甚了解，也缺乏认同感。而一些南诏首领或其子孙则在南诏以外的中原地方任职，有"留学"和社会实践经历，仰慕中原文化，认同中央政权，并不反对统一。后来反唐独立完全是被逼，因此换了国王后还是归顺唐朝。

天宝战争

南诏建国称王时，正值唐朝开元盛世。在唐朝强盛的国力支撑下，边疆个别将领恃强凌弱的事件时有发生，毕竟任何朝代的将领官员素质都是参差不齐的。但这些事情多了必然会给自己的国家带来麻烦或灾难。南诏脱离唐朝也根源于此。

唐朝云南太守张虔陀蛮横腐败，对南诏官民敲诈勒索，甚至敲到南诏国王的头上。此时南诏国王皮罗阁已逝，其子阁罗凤当政。750 年，当阁罗凤按当地礼节携妻赴姚州拜会张虔陀时，身为唐朝都督的张虔陀，竟然当面污辱阁罗凤的妻子，惹怒了阁罗凤。

不仅如此，张虔陀还派人到南诏阁罗凤处索贿并辱骂，同时向中央诬告阁罗凤有谋反迹象。阁罗凤派专使远赴长安向唐玄宗控诉张虔陀的罪行。唐玄宗听信杨国忠的谗言，对此事不予理会。杨国忠是杨贵妃杨玉环的哥哥，本身就是靠裙带关系和行贿受贿爬上宰相职位的，并无政治眼光，分不清利害关系，也意识不到这种问题的敏感性。

阁罗凤感慨"九重天子难承咫尺之颜，万里忠臣岂受奸邪之害"。于是干脆奇袭云南郡，把张虔陀杀掉，并攻取其他数十处州郡。

擅自杀掉唐朝大臣并侵占领地是很严重的事件。第二年唐朝 8 万大军压境时，阁罗凤表示谢罪，"切陈丹款，至于再三"，并表示愿意退出所占领的土地，归还俘虏。

阁罗凤第一次请和与谢罪应该是真诚的。阁罗凤特使对唐军主帅说：

"虽然吐蕃早已对南诏威逼利诱，但南诏仍然一心向唐。吐蕃已是虎视眈眈，依据情势，如果唐军执意要进攻南诏，唐南双方交战，吐蕃将坐收渔翁之利。"但唐军不为所动，继续向洱海地区进发。

中途阁罗凤第二次遣使者请和，并警告唐军："如果唐朝逼人太甚，南诏将不得不投靠吐蕃，到时整个云南都非唐所有。"唐军不仅不允和，反而扣留了南诏使臣。而南诏也在认真着手联合吐蕃拒唐。

阁罗凤第三次派出使臣求和，是在唐兵包围了苍山洱海之间的南诏腹地之后，此时的求和应该是故意放低姿态、诱敌深入的一种战术了，唐帅不明就里，仍按部就班，计划用奇兵从苍山西坡突袭，大军由水道向西进攻，东西夹击，可一举而下南诏太和城。

南诏向吐蕃求援。当时吐蕃大军正驻守在洱海北部，闻讯急驰洱海之滨，与南诏军队联合，猛攻宿敌唐朝军队。唐军惨败，主将战死，悬首辕门，唐军军心动摇，加之腹背受敌，最终被一举击溃，唐军死亡 6 万余人，1 万余人被俘。第一次天宝战争以唐军全军覆没告终。阁罗凤乘胜占领现在的云南省全境。

经此一役，南诏彻底脱离了唐朝，转而依附吐蕃。752 年战后，阁罗凤自立国号为"大蒙"，接受吐蕃册封的"赞普钟（意为小赞普）蒙国大诏"，与吐蕃结为"兄弟之国"。

此役南诏军也损失惨重，阵亡 5 万。阁罗凤的儿子凤伽异回师途中感慨战争之惨烈，作《归师曲》：

> 天径云开马蹄扬，旌风卷虹霓。
>
> 角号海螺，声震古道。
>
> 铎鞘金鞍少年郎，盔插山茶独一朵。
>
> 战马嘶啸，蹄打磐石寻旧路。
>
> 报子频传，洱河渡口万人歌。
>
> 饮马洱河濯荡，慢马敌血洗。

擦净长剑，寒光射日月。

归师乐，乐无穷，戈海刀林我出没。

横扫唐师十万众，是非属谁说。

得胜归喝回归酒，刀兵无情多愁人。

多少诏民沙场死，五万寡妇泪淋淋！

凤伽异曾长期在唐为官，工于诗词也不奇怪。早在其祖父皮罗阁在位时，凤伽异就在唐朝做禁卫军，后来任唐朝省级干部（刺史）。

在这次战争中，唐军主帅"逃师夜遁"，只身返回。由于和宰相杨国忠交好，竟被谎报为军事胜利。唐玄宗听信了"南诏勾结吐蕃谋反唐朝"的说辞，一方面为败将设宴庆功升官，另一方面责令杨国忠积极备战，征集士卒，调集军队，再征云南。

宰相杨国忠不知出于什么考虑，征战云南的唐朝军士不在西南征调，而是从陕西、河南、河北等地征集。北方人风闻云南为蛮荒之地，"瘴气"袭人，历来去者无还，纷纷逃避兵役，闹得人心惶惶。

唐代诗人杜甫目睹当时唐军征兵之弊，写下了诗作《兵车行》：

车辚辚，马萧萧，行人弓箭各在腰。

耶娘妻子走相送，尘埃不见咸阳桥。

牵衣顿足拦道哭，哭声直上干云霄。

道旁过者问行人，行人但云点行频。

或从十五北防河，便至四十西营田。

去时里正与裹头，归来头白还戍边。

边庭流血成海水，武皇开边意未已。

君不闻汉家山东二百州，千村万落生荆杞。

纵有健妇把锄犁，禾生陇亩无东西。

况复秦兵耐苦战，被驱不异犬与鸡。

长者虽有问，役夫敢伸恨？

且如今年冬，未休关西卒。

县官急索租，租税从何出？

信知生男恶，反是生女好。

生女犹得嫁比邻，生男埋没随百草。

君不见青海头，古来白骨无人收。

新鬼烦冤旧鬼哭，天阴雨湿声啾啾！

754 年，唐玄宗任命前云南都督李宓为主帅，征发战士 10 万，负责运送粮草辎重的兵卒 10 万，共 20 万大军，以必胜的决心再征南诏。此前一年唐朝曾发兵 3 万讨南诏，南诏军趁其立足未稳大破唐军。

李宓出征前到恩师处辞行，并请教方略。恩师勉励其以诸葛亮七擒孟获之法，攻心为上，并推荐文武双全的侄儿郭仲翔随军。可惜郭仲翔有马谡之谋，李宓无诸葛亮之智。

李宓入云南，令唐军日夜急行到姚州，即行攻击南诏军队，南诏军队败退 50 里。郭仲翔建议：班师回姚州，然后派人先播将军的威德，招当地兵民，使其内附，不可深入其地，以免中计。李宓认为敌人已丧胆，应乘胜追击。

唐军迅速抵达洱海之滨，从三个方向对南诏都城太和城形成包围之势。南诏形势万分危急，阁罗凤再次向吐蕃求援。

李宓采取水陆协同作战的战术，一面命令士卒日夜赶造战船，做好从洱海渡水作战的准备，一面指挥军队在陆地从两个方向猛攻。

三路大军均不顺利，几乎成了第一次天宝战争的翻版。

阁罗凤派兵奇袭唐军水师，捣毁唐军造船厂，抢获全部船只。唐军水师尸横遍野，溃不成军。

唐军陆地进攻也受阻于南诏的精锐部队，主帅李宓亲自上阵，仍不能破关。这时吐蕃军队驰援南诏，出其不意抄唐军后路，唐军"流血成川，积尸水"，主帅李宓沉江，7万唐兵覆没。

从南面进攻南诏的唐军，经过激烈苦战，突破关隘天险，直逼太和城下。但太和城的南诏军队以逸待劳，利用强弩药箭歼灭了这支已经实现战略目标、但也筋疲力尽的唐军。

战争过后，阁罗凤将唐军阵亡将士的遗骸建成一座"大唐天宝战士冢"，即习称的"万人冢"，岁时祝祭。他说："生虽祸之始，死乃怨之终，岂顾前非而亡大礼。"阁罗凤以全胜之军，为唐军将士裹尸收兵，"祭而葬之，以存恩旧"，并令人撰文，勒石刻碑以诉衷情，是极有政治远见的明君之举。

阁罗凤在太和城（今大理）立了一个石碑，叙述事件始末，表示叛唐出于不得已。他对臣属说：南诏后世可能又归唐，当指碑给唐使者看，明白我的本心。

这个石碑称"南诏德化碑"，被誉为"云南第一大碑"，碑文约3800字，目前仅存800余字。内容列举了张虔陀的六大罪状，特别是张虔陀欲立边功，不时谋划军事袭击南诏，并在人事任用上企图孤立南诏，并故意加重南诏的赋税征收，有明显的挑衅倾向，目的是激起南诏反抗，挑起双方战争。

唐朝由于战争结束的第二年爆发了安史之乱，无力再征南诏。后来唐德宗时期，唐朝自我反省："云南自汉以来臣属中国，杨国忠无故扰之使叛"，过在唐而不在南诏。唐贞元十年（794年），唐朝派使持节来册封阁罗凤之孙异牟寻（其父凤伽异早逝）为"南诏王"，距"南诏德化碑"树立仅隔28年。自此，南诏重归于唐。

南诏利用唐军战俘及后来的

大理古城

交流，在当地传播汉人技术文化，并在农业、医学、军事、冶炼、政治等方面得到较快发展。通过向外扩张，成为东接贵州、广西，北抵大渡河，南至越南、缅甸边界，西部与古代印度为邻，统治面积近百万平方公里的强大政权。

大理兴衰

在唐朝灭亡前夕，南诏权臣夺位自立，更改国号，南诏灭亡。此后 30 多年间，王朝几经更迭，937 年白族人段思平建立大理国，都城大理。大理国的疆域和面积都与南诏相仿，政治制度也基本承袭南诏。大理立国 300 余年，宋政权曾多次册封大理首领为王。

大理与北宋仅隔 20 余年先后建立。宋军进入四川，消灭了割据西南的后蜀政权，也就停止了向西南进军的步伐。大理国遣使持书牒向宋朝表示祝贺，后又向宋朝呈送公文要求通好。

这里还有一个"宋挥玉斧"的传说。据《南诏野史》记载，宋将平定四川后，向宋太祖赵匡胤进献地图，力主乘势进兵，攻取云南。但宋太祖赵匡胤认为唐朝的灭亡是由于南诏的原因，因而不想再与大理国发生关系，便用玉斧在地图上沿大渡河划了一条线，说："此外非吾所有也。"自此 300 余年宋朝与大理国一直划江而治。

客观来看，宋朝平蜀以后，统一大业并未完成，北有强敌契丹，南有南汉、南唐、吴越诸政权，也不容许它把有限的兵力财力用于降服西南少数民族地区。而大理国建国后，君臣与国民都崇信佛教，以佛立国，以儒治国，不好杀戮，对外无掠地称霸的野心。双方均无意扩张疆域，所以始终保持和睦共处的局面。

大理国创始人段思平曾经官拜节度使，也是武将出身。在唐末到宋初那段军人政权盛行的时代，武将夺取政权极为常见。

段思平借用云南东部的蛮夷部队击败了刚成立不久的政府军。为了充分发挥蛮夷部队的战斗力，段思平和他的军师为士兵们编了一个鼓舞士气的故事。段思平说，他在睡梦中得到三个梦境：人无首、玉瓶无耳、镜破，醒来大惑不解。军师断定此梦境乃天大吉兆，因为："君乃丈夫，去首为天；玉瓶去耳为王；镜破则无对者"。此解一出，军心大振，攻城略地，一举击败对手。

段思平建立了大理政权后，云南地区原有的家族势力仍在。主要格局是两强对峙：东部滇池地区的高氏家族和西部洱海地区的杨氏家族。其势力之大，可以同段氏王族分庭抗礼、争夺权力。

直到有一天，杨氏家族杀了段氏皇帝，自立为帝。高氏家族立即起兵平叛，剿灭杨氏，恢复段家王朝，并借机将势力扩展到大理全境。

在权力的诱惑下，高氏也忍不住废段氏而自立为帝，但云南诸部反对。其子遵其遗嘱，重新将帝位让与段氏，从而保存了高氏的权势。

13 世纪中叶，在蒙古军队征服大理前，大理由高氏兄弟执掌国政，国王段兴智大权旁落。

大理立国 300 多年来从未发生对外战争。面对宋、辽、金、西夏与蒙古之间的争斗，大理国一直置身事外，不予理会。可现在，蒙古军队的威胁就在眼前。

新崛起的蒙古汗国正在发动灭亡南宋的战争。如同曾向南宋借道灭亡金国一样，这一次蒙古又向大理借道进攻南宋。这种迂回包抄的战术手段是北方游牧民族围猎时惯用的打法。

而此时，大理已经国势衰微，政权风雨飘摇。

早在公元 1216 年，成吉思汗就曾召见汉人降将郭宝玉，问攻取中原一统天下之策。回答是："中原势大，不可忽也。西南诸藩，勇悍可用，宜先取之，借以图金，必得志焉。"于是，成吉思汗在临终之前，便提出了利用南宋与金之间的世仇，借道宋境，实施战略大迂回，从而一举灭金的战略决策。这一战略构想由其后人付诸实施。而据有的文献资料记载，成吉思汗确曾派遣过一支部队进攻大理，军队到达金沙江边而还，这应是蒙军对大理的第一次进攻。

蒙军对大理的第二次进攻发生在 1244 年。此时蒙古已灭金，开始实施"先下西南，迂回夹击南宋"的大迂回战略。避开南宋的长江防线，首先攻取川、滇，然后从后方攻打长江中下游重镇襄阳。为此，蒙军在进攻四川的同时，派出另一支部队，从金沙江上游的丽江进攻大理，企图绕道云南直达川南，但未获成功。

1252 年，蒙古大汗蒙哥派他的弟弟忽必烈发动第三次进攻大理。忽必烈为这次军事行动做了一年多的准备工作，因为这对他来说是个非常重要的任务。此时忽必烈 36 岁，而他的父亲拖雷和兄长蒙哥都是在 20 岁左右便担任了远征军的领导任务。忽必烈希望抓住这个展示自己领导才能的机会，奠定其个人在蒙古政权中的地位。

1253 年夏末，忽必烈在临洮（今陕西省西北部）集结军队，然后开始向南进军。出发前，忽必烈派遣了一个由三位使节组成的使团前往大理，要求大理国王投降。

此时大理国王段兴智只是一个傀儡，实权掌握在大臣高泰祥（又名高祥）手里。高拒绝向蒙古军队投降，并把三个使者全部处决了。

忽必烈分三路向大理进军。西路军沿四川阿坝草原向云南挺进，忽必烈统领中路军经大雪山、过大渡河、渡金沙江与西路军会合，东

羊皮筏子

路军过大渡河直接进入云南境内。

忽必烈的队伍在 11 月到达了金沙江。面对滔滔江水，归附蒙军的当地酋长献计用革囊渡江，蒙军于是利用现成的材料制作了大量皮筏。也就是，将剥下的完整牛皮或羊皮的四肢、肛门等处扎紧，然后充气作成皮囊，再用多个这样的皮囊拼扎成皮筏。不习水性的蒙军就这样顺利渡江，史称"元跨革囊"。

渡江蒙军迅速击败了江对岸惊慌失措的大理军，迫使高泰祥撤回都城。忽必烈再派使者到大理劝降，高为展示抵抗决心，又杀了使者。

忽必烈三路大军长驱直入，没有受到太多抵抗就包围了大理城，其形势与当年唐军攻南诏极其相似。只是，大理找不到当初吐蕃这样的强劲盟友来助一臂之力，蒙军的攻击力似乎也更强。

大理军背城出战，惨遭大败，蒙古军队攻占了大理城。国王段兴智与宰相高泰祥弃城而逃，分别逃至昆明和姚州，但均被抓获。高泰祥临刑前感叹："段运不回，天使其然，为臣殒首，盖其分也。"忽必烈认为他是忠臣，对其后代"许以世其官"。后来，高氏子孙有的被封为地方土司，承袭三十多代，直至改土归流。

征服大理各部后，蒙哥令大理国王段兴智和其他各部首领继续统治原属各部，以巩固蒙古对云南的统治。云南完全收归中央政权管辖。

马革征莲——越南的故事

越南是中国的南方邻国，但在历史上有很长时期，尤其是自秦始皇在该地区设置郡县后的 1000 多年间，越南属于中国版图。五代十国末期，越南开始有独立政权。北宋以后的近千年间，越南与中国大体维持了稳定的宗藩关系。越南大体经历了丁朝、（前）黎朝、李朝、陈朝、胡朝、（后）黎朝、阮朝等王朝时期。19 世纪，法国入侵越南，并与越南的宗主国清朝发生战争，虽未取胜，却实际控制了越南，直至二战时期的日本入侵。日本向盟军投降后越南宣布独立，但南北分裂，直到 1976 年越南完成国家的独立统一。

中越边境的德天瀑布

以莲花为国花的越南虽可将当地历史上溯到 4000 年前，但"越南"国名仅沿用了 200 余年，历史上长期被称为"交趾"和"安南"。

"交趾"之名来自汉朝（公元前 111 年）在当地设置的交趾 7 郡。汉武帝时，国势强盛，消灭了南方赵氏割据势力，将赵氏的南越国分置郡县，后来改成 7 郡，统称"交趾"，长官称"交趾刺史"。三国时期，管辖交趾的孙权将其分为交州 3 郡和广州 4 郡。隋朝灭陈后，重新设置交趾郡。唐朝时，废交趾郡，其故地归属交州。

"安南"之名最早来自唐朝于 679 年在以今越南首都河内为中心所设置的"安南都护府"。南宋时始有"安南国"的称呼，南宋孝宗于 1174 年正式下诏"赐国名安南"，封"安南国王"，次年"赐安南国王印"。明朝对该地区恢复直接统治后，1408 年正式下诏把"安南"更名为"交趾布政使司"，将该地区设置为中国的一个行省。但后来明廷放弃了用兵平叛、继续维持对该地区直接统治的政策，1427 年宣布废"交趾布政使司"，仍为"安南国"，承认其独立。

"越南"之名始自清朝。起初清朝沿袭明朝对安南的政策，历代均册封该地区首领为"安南国王"。但到越南的阮朝创立时，创建人阮福映向清帝上表请求以"南越"赐封，取代"安南"。

嘉庆帝对此很敏感，指示大学士说："南越"包括的范围非常广，历史上的南越领土涵盖广东、广西等地。阮福映虽然统治安南，实际领土范围也不过是汉朝交趾故地，怎么就敢称"南越"呢？

估计是考查后认为阮福映表现还算相当恭顺，最后嘉庆于 1803 年册封该国为"越南"，理由是阮福映从越裳之地起家，后占领安南全境，理应越字在前，南字居后，而且从地理位置看，该国又位于百越之南。故"天朝褒赐国号，着用'越南'二字，以'越'字冠其上，仍其先世疆域；以'南'字列于下，表其新赐藩封；且在百越之南。"此后"安南国"改为"越南国"，其首领被册封为"越南国王"。此举使清越双方皆大欢喜，"越南"之名，沿用至今。

统一版图

上溯其源，越南的主体民族越族是古代中国南方百越人的一支。古代越人有许多分支，春秋战国时期，越人大致分五部分，多在今中国境内，主要分布大体是：东越在浙江，闽越在福建，南越在广东，西越在广西，雒越在越南。

秦始皇统一六国后，公元前214年派大军越过岭南，征服了百越之地，设立了桂林郡、南海郡、象郡三个郡，其中越南北部归属于象郡管理。为开发当地，秦始皇曾经迁徙内地50万人"戍五岭"，与越人杂居，当地民族融合因大量移民而加快。秦朝末年，天下大乱，秦朝的南方大吏（南海尉）赵佗割据自立（公元前203年），以今广州为中心，建立了南越国，自称"南越武王"（后改称"南越武帝"），越南北部成为南越国的一部分。

汉武帝北讨匈奴，南灭南越（公元前111年），仅在越南北部地方就设立交趾、九真、日南3郡，对该地实施直接的行政管理。但汉朝在当地的管理基本上是依俗而治，郡守、县令的统治很松，基层政权仍掌握在雒王、雒将、雒侯手里，共同统治雒越之民。但雒王、雒将、雒侯中有不少蛮夷首领骄纵不法，不遵王化，忽视汉朝法律，而汉朝地方官也未必重视民族政策，甚至贪污腐败，终于在东汉初年酿成汉朝中央政权对交趾起义军的战争。

汉光武帝时期，交趾太守处死了一名雒将（诗索），理由是"残害百姓、对抗中央"。该雒将的妻子征侧和征侧的妹妹征贰以此为借口发动起义，自立为王，史称"二征起义"。起义军击败汉朝驻军，取得65座城，并向北进攻岭南地区，汉朝震动。

光武帝下令平叛，拜名将马援为伏波将军，率军 2 万，讨伐二征。马援率军分水陆两路，沿海岸而进，随山开道千余里，大破二征，斩杀数千，招降万余。二征率部溃逃，马援乘胜追击，屡战屡胜，最后将二征残部逼入洞穴之中，封锁洞口将其围歼。马援军擒得二征后，当阵斩杀，传首洛阳。余众散亡，岭南悉定，交趾遂平。

汉将马援一方面以强大的军力压制叛乱分子，一面施行仁政，中央军所过之处，修城墙，挖水渠，造福当地百姓，深得民心。马援曾明志道："男儿要当死于边野，以马革裹尸还葬耳。"后来他以 62 岁高龄带兵赴湖南征讨蛮夷，病死军中，应了"马革裹尸"的誓言。

东汉后期，越南中部脱离汉朝自立。当时生活在越南中部的主流居民是以打鱼为生的占族人，这个民族与越南北部人有所不同，他们深眼窝，高鼻梁，黑卷发，善航海。语言属马来亚 - 波利尼西亚语系，信仰婆罗门教和佛教。汉顺帝时期（137 年），占族人（区连）杀死汉朝的地方官，从东汉独立，占据了越南中部，建立了以婆罗门教为国教的占婆国（占城国），与东汉以顺化为界。

占婆国后来发展成为拥有 200 多万人口的中等国家，国家持续时间长达 1800 年。该国东临大海，因此威胁主要来自西部和南部的真腊国（主要在今柬埔寨）和北方的安南国（主要是黎朝、陈朝、胡朝）。占婆国一度被真腊所灭，后来虽复国，但又长期受到北方安南国的多次进攻。安南各王朝吸收和采用了中国先进的政治、经济和文化制度，国力远比占婆国强大。在多次军事打击下，占婆国最终被安南吞并。

唐朝时期，越南北部一度被地处云贵的唐朝原属国南诏吞并，唐朝曾与南诏对该地展开激烈的争夺战。唐朝一度因丧失辖境撤销了安南都护府的建制，但不久又予以恢复。

本来该地区是唐朝版图的一部分，唐朝在越南北部有 6000 驻军，后来唐朝的安南都护（李涿）罢除该驻军，委托当地部队担当防务。此时南诏正在崛起，并与唐朝关系出现裂痕。南诏拓东节度使见唐朝在安南撤军，乘机写信以高官厚禄引诱当地部队首领，又通过联姻将其招降。唐朝与南诏的关系彻底破裂后，南诏进军安南，唐朝安南都护（李鄠）逃奔广西，安南失守。第二年唐朝大军收复安南。但南诏利用距离近的地利之便，趁唐朝撤军之际，出兵5万进逼安南。唐朝守将蔡袭告急，朝廷调南方部队6000人援救。但山高路远，援兵尚未到达，南诏军已将唐军团团围住。两个月后南诏兵破城而入，蔡袭徒步力斗，身中10箭，本想乘船撤离，但船已离岸，蔡袭遂一跃入海，以死报国。手下将士400余人逃至水边，有人（元惟德）说：我们没有船，入水也是死，不如返回与蛮子拼了。众将士杀回交趾城东，歼敌2000余人。入夜，南诏大军赶到，唐军全部战死，安南再度陷落。

　　唐懿宗时期，唐朝将军高骈（pián）出任安南都护，屯兵海门（今越南海防北），日夜操练，以图进取安南。监军李维周与高骈有矛盾，屡次催促高骈进军，高骈无奈，率兵5000先行进军，约好李维周随后发兵接应。但高启行后，李却拥兵不进。高率军抢获大批军粮而归。后来高骈军屡次击败南诏军。高骈向朝廷奏捷，李维周却压下不报。唐懿宗数月不得音讯，感到奇怪，传诏问李维周。李上奏谎称高与南诏军周旋，不敢进兵。懿宗大怒，下令撤换高骈。而高骈此时已乘胜大破南诏兵，围攻交趾城。城中孤危，旦夕可下。高骈闻知皇帝责怪，立派亲信驾船报捷。懿宗了解真实情况后大喜，加封高骈，令其继续镇守安南。高骈最终亲自督兵攻城，攻占交趾，斩杀南诏兵3万余，1.7万人归附。至此将近10年的安南边患得到安定。唐朝重新在安南置军，封高骈为静海节度使。

　　到了唐朝末年，该地区有个叫曲承裕的地方豪强受唐朝册封静海节度使之职，后来他的孙子（曲承美）承袭该职，由取代唐朝的后梁政权册封，统治越南北部的交州地区。但此时以广州为中心的南汉政权实力日强，南汉不满曲氏向后梁臣服而不受南汉管辖，出兵交州，俘虏曲承美，后又对其赦免。

曲氏部将杨廷艺重新夺回了交州，但慑于南汉实力强大，主动向南汉称臣。南汉见收复交州不易，就顺水推舟，任命杨为节度使。但 6 年后，杨被部将所杀。为替杨报仇并夺回交州，杨的女婿兼部将吴权登上历史舞台，拉开了越南独立的序幕。

独立建国

对于古代越南何时独立，史界主要有两种观点：一是以吴权不再臣服南汉、自立为王为起点；一是以丁部领建立大瞿越国为标志。前者虽使越南北部脱离首都设在广州的南汉政权而独立，但是并未建立国号与使用年号，后者则建立了显著的独立国家，因此似以后者为起点应该更符合独立国家特征。

自 907 年朱温灭唐建立后梁，至 960 年赵匡胤建立北宋，这半个多世纪是中国政权割据的混乱时代，史称"五代十国"。而代表正统的中央政权的五个朝代均只能实际控制黄河流域，对南方各政权鞭长莫及，以广州为中心的南汉政权也因此延续了较长时间。

南汉君主心高气傲，本为唐朝末年的清海节度使，向取代唐朝的后梁请求加封"南越王"被拒后，怒称"今中国纷纷，孰为天子！"随后与中原政权断绝臣属关系，不再进贡，并在几年后称帝建南汉，"呼中国帝王为洛州刺史"。①

南汉凭借较为强大的军事实力迫使越南北部的交州臣服，但一个叫吴权的交州大将起兵争夺交州政权。南汉政权认为正可趁机以援助为名实际控制交州，于是遣大军进至白藤江（林江）。吴权军在南汉军抵达之前已经消灭了原交州政权，并先期到达白藤江，全力对付南汉军。吴权利用白藤江附近高山密林的地形，部署了一场伏击战。

---

① 《旧五代史·僭伪列传第二》。

在战役打响前，吴权仔细分析了双方的力量对比，认为南汉军队数量多，并拥有众多大型战舰，正面水战占有优势。但南汉孤军深入，且内应势力已被消灭，一旦遭遇伏击，军心必定溃散。因此，吴权自信地说："吾众以力待疲，取之必矣！"

为最大限度消灭敌人有生力量，吴权命人在白藤江中密布木桩，顶端包上锋利铁皮。同时利用当地丰富的植物资源制造大量弓箭。这些准备工作在后来的战斗中显示出巨大的功效，并且开创了后世越南人对付北方军队的惯用招数。

战役开始时，吴权军以轻舟挑战，南汉大军压上，战舰直入白藤江内河。由于地处白藤江入海口附近，正是涨潮之时，吴权军布在江中的木桩都被水淹没，战舰均轻松驶过，不觉有异。

落潮之时，吴权下令反攻，埋伏在两侧密林中的士兵箭如雨下，一路紧追不舍的南汉军发现中计，迅速撤退。但此时江中木桩因退潮都露出水面，许多南汉战船被铁头木桩撞破沉没，士卒死伤过半。

正如吴权事先预料，在遭受伏击的时候，南汉军心瞬间崩溃，作为军队统帅的太子也战死沙场，南汉君主痛哭不已。战前，曾有谋士建议说：吴权狡黠，海道险远，不可轻敌。一定要多用乡导，徐徐进兵，才是上策。可惜南汉君主未听此建议，骄兵轻敌，终有此败。

吴权获得白藤江战役的胜利后，于939年脱离南汉政权而独立，史称"吴朝"。但是吴权称王仅5年即亡，并未建立国号与使用年号，其实际统治地区仅为越南北部的部分地区，很多人并不认为他建立了独立的封建国家。

吴权死后，越南北部政权割据，史称"十二使君之乱"。此时一个能人的出现结束了"十二使君"的混战局面。这个人叫丁部领，出身宦门世家，趁各地混战在家乡起兵，割据一方。此后20多年间，丁部领运用谋略，与"十二使君"周旋，或认父，或联姻，或怀柔，或用兵，最终扫平群雄，兼并了"十二使君"。

968 年，丁部领创建丁朝，自称"大胜明皇帝"，国号大瞿越。仿照中国皇帝起宫殿，制朝仪，设六军，置百官，摆脱中国政权独立建国。两年后开始使用年号"太平"，并遣使与宋结好。此时北宋已立朝十年，国力蒸蒸日上，版图不断扩张。971 年北宋出兵灭南汉，消除了丁朝的重要威胁，丁部领再次遣使与宋通好。

975 年，丁部领遣使带方物向北宋朝贡，请求宋太祖册封，表示愿为宋朝藩属。宋太祖册封其为交趾郡王，自此中国皇帝正式承认越南是自治的藩属国，而不再是直接管理的中国本土。

有了宋朝的承认和支持，丁朝的合法性大大提高，江山稳固。丁部领封了 5 个皇后，尽情享乐；还养了几只老虎，并在朝廷上架上大锅，有不听话的就喂虎或煮杀，在国内施以酷刑。丁部领长子能征善战，在其统一交趾过程中战功卓著，类似秦王李世民，却因丁部领晚年喜爱幼子而被废掉太子位。这一废长立幼的举动更加剧了丁部领与长子及身边人的矛盾与怨恨。

一天，丁部领夜宴大醉。有个宫廷官吏趁机杀了丁部领及其长子。官兵搜捕凶手，这个凶手就藏在宫廷内潜伏了三天。时值天下大雨，凶手渴极了，出来用手接雨水喝，被宫女看到，觉得很奇怪，就报告给官兵，凶手被捉住后碎骨做成肉酱。

丁部领死后被称为"丁先皇"。后世史学家对其评价相当高。越南历史学家称其"过人之才明，盖世之勇略"（黎文休语）[1]，"建立起自主国家是一项极其英勇但又无比艰难的奇伟战功"（阮明筏语）[2]。西方学者认为"丁部领统治的主要功绩是为越南的自主封建王朝打下了独立的外交基础和全民兵役制"[3]。

---

[1] ［越］吴士连：《大越史记全书.本纪全书》卷之一《丁纪》。

[2] ［越］阮明筏：《丁部领统一祖国的事业》（于向东译），《中国东南亚研究会通讯》1987 年 1—4 期，第 67 页。

[3] Ronald.J.Cima，"Vietnam：A Country Study"，Washington，D.C，Library of Congress，1989.P.14.

宋朝用兵

丁朝前后仅延续 12 年，一个权臣的出现使交趾地区改朝换代。这个权臣叫黎桓。他本是广西人，到越南后进入军旅，智勇兼备，受到丁部领的器重，不断提升官职，最后总揽军权。

丁部领死后，黎桓等人拥立丁的 6 岁小儿子为帝。黎桓以将军之职代为摄政，自称"副王"，比照周公。8 个月后，模仿宋朝开国皇帝赵匡胤演绎一出越南版"陈桥兵变"，黄袍加身，篡了帝位。

黎桓摄政之初因权力过大，一些丁朝重臣认为危及皇权，联合起兵反黎。黎桓挟幼帝及皇太后号令天下，称"臣居摄副，死生祸变，当任其责"，率水陆大军与叛军激战，大获全胜，将政治对手消灭殆尽。幼帝及皇太后也被软禁在后宫。

此时皇太后及幼帝面对声望日隆的黎桓如芒刺在背，战战兢兢。东汉末年汉献帝见曹操也是这种感觉，才有了几次密诏托人联系外面的刘备等人反曹之举。丁氏母子同样采取了借助外力的做法，将自身的困境报告给了宋朝，想为抗衡黎桓找个后台。

宋朝早已得知交趾内乱。宋朝邕州（今南宁）地方官侯仁宝上奏给宋太宗说：交趾郡王父子已经都被杀，其国垂亡，可趁机用一支非主力部队收复该地，此时不取，机不再来。宋太宗得知情况很高兴，因为此时北宋刚刚在收复幽云十六州的战役中败于契丹，需要一场胜仗提振士气。

于是，宋太宗想召侯仁宝到开封面谈。但当朝宰相（卢多逊）并不想让侯赢得这场胜利，因为侯是自己政治对手（赵普）的人（《资治通鉴后编》）。宰相就对皇帝说：天亡安南，我们只需派 3 万人的军队就能摧枯拉朽，但是要以迅雷不及掩耳之势袭击才行，如果召见侯仁宝，时间一长，消息传出去，安南有备，胜负就很难说了。

宋太宗觉得有道理，不再面谈筹划，直接任命侯仁宝为军队统帅，出兵安南。理由是丁朝一直殷勤进贡，对宋朝恭顺，而今丁部领父子蒙难，丁氏政权不保，宋朝作为宗主国不能坐视不管。

丁氏母子本担心宋朝未必肯救，不料宋军出兵神速，仅数月即大军压境，出乎意外，反倒心生胆怯，讨好黎桓授其全权处理战事，称"舍此公其谁？"[1]

丁朝军队集结后，黎桓手下将领提出，当今主上幼弱，大家在战场拼命也无法论功行赏，不如拥立黎桓为帝，然后再出征。众军士"咸呼万岁"，丁氏母子不得不从，于是黎桓取得了安南的最高统治权，黎朝取代了丁朝。黎桓为争取时间遣使奉表入贡，宋朝判断其"欲缓王师"，加快了进攻步伐。战争初期宋朝水陆两军均大败黎军，斩首三千余级，获战舰二百艘。这使宋军产生轻敌思想。

黎桓利用了宋军这一心理，采用诈降欺敌，侯仁宝率宋朝陆军孤军深入，遭到围歼，侯亦被杀。黎桓又运用吴权对付南汉水师的办法，先以轻舟诱敌，再用弓箭伏击，运用落潮水中木桩阻拦宋船，黎桓亲自率军掩杀，大破宋朝水军。

安南瘴疠也对宋军危害很大，也就是炎热潮湿，伤寒、疟疾盛行，来自北方的宋军有大量非战斗减员，无力发动再次进攻。宋太宗只好下诏班师。黎桓虽败，为求江山稳固，还是多次遣使至北宋京师进贡方物，上表谢罪，请求册封。宋太宗为对付辽、夏，稳住南方，封黎桓为交趾郡王。双方明确

---

① 郭振铎、张笑梅：《越南丁、黎朝的兴亡》,《黄河科技大学学报》2001 第 1 期。

了宗藩关系。

后来黎桓屡次向南扩张，侵略占城，炫耀武力。但其死后，政权又陷入诸子夺嫡的混乱局面，将领李公蕴趁机篡夺王位，建立李朝。黎朝共历 29 年，与丁朝一样是短命王朝，却巩固了安南的独立地位。

李朝开国时，沿用丁、黎两朝的国号"大瞿越"，李朝第三代皇帝李圣宗 1054 年改国号为"大越"。宋朝封李朝前半期的君主为"交趾郡王"，此一时期越南被称为"交趾国"；李朝第六代皇帝李英宗时（1138 年），获南宋改封为"安南国王"，从此被称为"安南"。

李朝开国君主李公蕴（李太祖）虽是越南人（祖籍福建），但仰慕儒家文化，处处模仿中原。李朝的制度、文化、风俗几乎与中原完全一致，其中原化程度甚至高于地处云贵高原的大理国。

李公蕴认为丁、黎两代的旧国都（华闾）地方狭窄，不适合作为帝都，认为应该承袭中国古代商周两代搬迁国都的先例，于是迁都到居于交趾中心地域、地势较高而险要、气候干爽、面积宽阔、交通与居住也很便利的大罗城（今河内），改名"升龙城"，并修建宫殿、府库、城隍、城墙、寺庙等等设施，为河内作为越南首都奠定了基础。

李朝历经九代君主，凡 217 年。越南历史学者认为李朝"为民族和独立封建国家的发展打下了全面的牢固的基础。"[1] 由于文明程度迅速提高，李朝国力也大大增强，不但可以向南扩张，还一度侵扰宋朝，向北打到中国广西南宁。

这次惨烈的战争发生在王安石变法的宋神宗时期，历时两年。由于李朝军队屠城和军中疫情扩散，北宋军民死亡至少 20 余万。最终北宋调动 10 万军队击退了李朝的 10 万军队，并攻入越境，李朝请和。

战争的直接起因，一般认为与王安石的富国强兵政策有关。苏轼曾说：

---

[1] 越南社会科学委员会编著：《越南历史》，北京人民出版社 1977 年版，第 182—183 页。

"熙宁以来，王安石用事，始求边功……结怨安南。"越南史书多认为当时宋朝地方官在广西大造战船和募兵，是在执行宰相王安石企图武力收复交趾的政策。

能证明这种猜测的证据，一是有宋朝人给李朝提供关于宋朝准备攻越的情报，二是宋朝地方关闭了与李朝的边境贸易。

史书记载[①]：宋朝有个叫徐伯祥（徐百祥）的岭南进士，屡举不中第，但他人脉较广，通过关系私下给交趾国王写信，意思是咱们都是福建老乡，我的才略不在人后，却不受宋朝重用，所以愿意投奔大王。现在中国将要发大军灭交趾，交趾不如先出兵攻宋，我愿意为内应。据说这份情报和说辞被李朝采纳了。

历史上中原政权往往以关闭边境贸易惩罚周边经济较落后的政权，也常常引发这些政权的军事进攻。此前宋朝曾要求李朝停止对南方占婆国的侵略，李朝没有理会。此时北宋停止宋越贸易，李朝认为是宋朝惩罚自己的信号，而且很可能是军事打击的前奏，于是李朝决定"先发制人"，入寇宋境。

1075 年 11 月（熙宁七年），李朝国防部长（太尉），也是越南历史上最有名的大将李常杰率军进攻宋朝。为师出有名，李军四处张榜称：宋朝作青苗、助役之法，穷困生民，今出兵欲相拯救。

李军在三个月内连破宋朝钦、廉二州，杀 8000 余人，而后合围南宁（邕州）。省长（邕州知府）苏缄率众坚守。当时南宁兵力仅 2800 人，后经募兵，勉强有 4000 多人。苏缄率南宁军民在孤立无援的情况下，给李军造成很大伤亡，杀伤李军 1 万 5 千余人和大量战象。

越南史料记载：苏缄固守城池，宋军顽强抵抗。李军用云梯攻城，宋军以火炬烧云梯，并以毒箭射杀李军大量人马，死者相枕。李军用南方特有的象军进攻，宋军用神臂弓远距离射击，象军损失惨重。李军攻城四十余日不

---

① 《续资治通鉴长编》卷二百七十三。

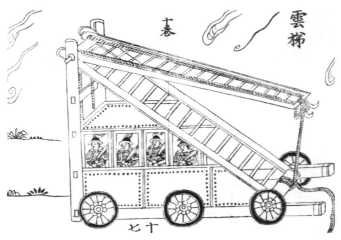

宋代云梯

能下。围城期间，李军击败了宋朝援军，并向投降的宋朝援军询问攻城之道。降兵建议堆积土囊登城，李军采用此法终于攻陷南宁。当时南宁城已粮尽泉涸，疾病蔓延，守城军民枕藉以死，但无一叛者。城破之后，苏缄先令其家属30余人自杀，然后他本人也纵火自焚。李军因为苏缄率领城内军民拼死抵抗使其损失惨重，破城后大开杀戒，杀城内军民五万八千余，每百人一堆，共聚580余堆。

李军在宋境内的横行震惊了宋廷。宋神宗一方面罢免在李朝边境整军经武的宋朝官员，理由是"相继生事"，令交趾"疑惧为变"；另一方面调发北方禁军，会同当地募兵，决心武力惩越。

李军听说宋朝中央军前来，改变攻取桂林的方案，开始后撤。宋军分兵追击并收复钦、廉二州，并大规模进入李朝境内。李军列象阵阻击，宋军持强弩猛射，以长刀砍象鼻，战象受惊向后回奔，李军溃退。宋军乘胜追击，直抵富良江（今红河），两军决战。

由于李军接连战败，士气低落，统帅李常杰担心军队无心恋战，作了一首很有名的诗《南国山河》，伪称神仙所作，使军队闻之而重拾战意，恢复斗志。诗云：

> 南国山河南帝居，
>
> 截然定分在天书。
>
> 如何逆虏来侵犯？
>
> 汝等行看取败虚。

针对李军有 400 余艘战船在江南阻住水路，宋军无法渡河强攻，宋军伐木制造很多发石机，同时暗遣军队在山间设伏。然后在阵前逐步减兵，示弱诱敌。

李常杰中计，数万军队倾城出动，渡江出击。宋军伏兵尽发，步骑合击，陆上发石机齐动，水师乘大筏猛攻，李军战船摧樯折帆，大败而归。此役李军死数千，李朝太子和王子战死，多名大将被俘。

李朝在富良江战败后奉表求和。其时宋军疫病流行，死者大半。宋朝同意讲和撤兵。此后两国边境近 200 年未再起大的争端，文化交流日益频繁。此外，在李朝的请求下，宋朝（1081 年）放弃广源州（今越南广渊州）等地区，将其赐予李朝，李朝归还俘获的宋朝军民作为回报。王安石则在此役后正式罢相，再不复出。

蒙古三征

李朝到了后期，国运衰落，君主多病且无子，而后戚集团陈氏家族渐渐成为权力中心。机会一到，就通过"禅让"的形式夺取了李家的政权，1225年建立了陈朝。

此时的北方，正是蒙古人席卷中原的时期。1252年，蒙古大汗蒙哥派皇弟忽必烈发动第三次、也是最后一次对大理的进攻。征服云贵地区后，蒙古已经完成对南宋南北夹击的预定战略部署。

忽必烈在谋划消灭南宋的同时，让大将兀良哈台收服与云南接壤的安南。兀良哈台是蒙古开国名将速不台之子，父子二人都在蒙古西征的战争中声名远扬。兀良哈台坐镇昆明，派出使臣令安南归降。

陈朝不降，并将蒙古使者送进大牢。兀良哈台大怒，率军讨陈，在红河边与陈朝军队展开厮杀。

蒙军采用其一贯的迂回战术，先切断陈军水陆退路，再发动前后夹击，陈军的红河防线顿时土崩瓦解。御驾亲征的陈朝君主抢了一条船逃走，效仿宋高宗避金兵，驾舟浮于海上。蒙军长驱直入，进占陈朝国都，发现两个使者里有一个已经死在狱中，便纵兵屠城作为报复。

此时陈朝大将陈国峻率部勤王，对蒙军退路构成威胁。陈国峻又名陈峻，因其兴邦复国的大功被封为兴道王，后世尊称他为陈兴道，在越南历史上是与李常杰齐名的将领，甚至是更受人景仰的民族英雄，因为他领导安南军民击退了蒙古军队的三次入侵，在蒙古人的对外扩张浪潮中引人注目，也极大激发了越南人的民族自豪感，因此他被视为越南历史上的民族英雄。

由于陈兴道等部的骚扰，以及蒙军对炎热潮湿的天气很不适应，兀良哈台下令班师回云南。蒙军第一次征安南未能使其降服。但陈朝已领教了蒙古军队的强大战斗力，清楚双方实力对比，于是向蒙古遣使谢罪，愿降为臣属。忽必烈考虑到南宋未灭，征服安南并不急迫，也就接受了陈朝的求和。蒙古第二次征伐安南发生在元朝建立后。元世祖忽必烈认为安南并未受到元朝的实质控制，就命令镇守云南的皇子（镇南王脱欢）率军出师安南，假意要借道安南，支援攻打占城的元军。陈朝识破元朝的"假途灭虢"之计，告知元军，宁愿出粮助饷，但拒绝元军入境。

1284年，元军分六路侵入安南。陈兴道在各处险隘设守抵抗，消磨元军锐气。次年正月元军进抵红河。安南军早已在红河布阵，准备与元军决战。但还是没有抵挡住元军的进攻，一路溃败。

在元军直逼首都的紧急关头，文武双全的陈兴道写下名篇《檄将士文》，连续列举了中国历史（可见受中原文化熏陶之深）多位忠臣义士的壮举，大大激发了将士们的爱国热情和抗敌决心。然后，陈兴道针对元军急于速战速决的特点，制定了打游击战的方案，敌驻我扰，以拖待变，"如围棋然，随时制宜"。

元军对安南坚决抵抗的态度大为恼怒，焚毁都城王宫，处死安南俘虏，穷追陈朝君臣，同时要求占城的元军北上夹攻。但从占城北进的元军由于受到安南军的沿途阻截，无法与主力元军会师，主力元军在安南军民坚壁清野的战术下也缺少粮草。更糟糕的是，在安南进入雨季后，元军不耐瘴疠，军中疫病丛生。无奈之下，只得撤军。陈兴道趁势组织反攻，南北元军均损失惨重。

蒙军二征安南的失败引起忽必烈的高度重视，他搁置了第三次东征日本的计划，把人力物力调集到南方，决心消灭安南。1286年，元廷征调了江淮、湖广、江西、云南与海南岛等地士兵约10万人，战船500艘，仍由镇南王脱欢为主帅，第三次征讨安南。

此次元军三路攻入安南，步步为营，进展顺利，一路斩关夺隘，渡过红河，再次攻占首都。安南军采取了坚壁清野、避免决战的战术，以小规模的丛林战骚扰元军，并伺机切断元军粮道。元军欲战不能，欲守缺粮。海陆粮道经常被切断或袭扰，又无法运用以前惯用的"因粮于敌"，元军只好各路人马分道撤回。

陈兴道同样运用吴权发明的"水中植桩"之法，围堵了元朝水师400余艘战船，将其当成活靶，乱箭齐发，元全军覆没。元军指挥官（乌马儿）被倒吊在海里，活活溺死。元朝陆军也遭到伏击，损失十之六七，统帅脱欢仓皇从小路逃跑，脚上中了毒箭，逃回广西后被贬到扬州，终身不准入觐。

安南虽然再获大胜，但也明白自己与元朝的实力相差太过悬殊，于是再度遣使上表，送还俘虏，并献上安南王的金制跪像，谢罪乞和。忽必烈后来又调集大军，准备四征安南，但随即去世，继位的元成宗铁穆耳下诏罢征安南，元朝和安南关系才算稳定。终元之世，安南一直向元朝称臣纳贡，但也保住了自己的政治独立。

明收安南

陈朝传 12 世，共历 175 年，被胡朝所替。据越南史书记载，与李、陈两朝开国君主均为福建人之后不同，胡朝开国君主胡季犛（lí）为浙江人之后[①]。

胡季犛原名黎季犛，是陈朝末期的权臣。1400 年，灭陈朝自立为皇帝，改国号为大虞，自己也改名胡一元。由于受到众多陈朝遗臣的强烈反对，篡位当年，胡一元不得不传位给了有陈朝皇室血统的次子胡汉苍，自称太上皇。

胡一元为避免长子胡元澄（又称胡澄）因其传位次子闹情绪，引发内部矛盾，曾写诗告诫要和睦：

> 天也覆，地也载，
>
> 兄弟二人如何不相爱？
>
> 呜呼哀哉兮歌慷慨！

后来胡元澄曾奉命率军杀死明朝护送回安南的陈朝宗室陈天平，引发明朝武力讨伐，胡朝因此灭亡。胡元澄被俘后归降明朝，改名黎澄，在明朝工部任职，因擅长火器，被明代军士奉为"火器之神"。

为取得中原政权的谅解，胡一元自称是帝舜的后裔，遣使奉表到明朝，诡称陈氏宗族已绝，作为陈氏外戚，由自己儿子暂时登基理政。

---

① 张秀民：《安南王朝多为华裔创建考》，《印度支那》1989 年第 3 期（总第 43 期）。

同时，胡朝为预防北方明朝进攻，修筑了众多防御工事并大举征兵，造船、造枪弹。

当时明朝正值"靖难之役"，建文帝无暇他顾，对胡一元的请示置之不理。明成祖朱棣登基后，胡朝遣使者到南京朝贺并请封。朱棣派使者对安南政治情况详加考察。明朝使者受胡氏重贿，回来后为胡氏请命。明廷遂册封胡汉苍为安南国王。

明成祖朱棣

但不久，一个陈朝旧臣突然来到南京，称胡一元篡位，他的父母家人同时遇害，他当时正在东海领兵作战，得知变故，逃入深山避祸，后乔装为商人，辗转才来到明朝，请求大明出兵主持正义。明成祖朱棣仅命赐其衣食，并未对此事做出表态。

巧的是，十几天后，老挝居然派人送来了陈朝宗室陈天平。陈天平自称在陈朝被颠覆后曾一度招兵复仇，但被胡一元所败，从者四散。陈天平逃匿谷中，转投老挝。老挝无力相助他复国，遂送其至明朝。

陈天平来到明朝后向朱棣哭诉，称胡一元篡权的目的是为抗衡大明，而且其横征暴敛，酷法淫刑，百姓愁怨，如蹈水火，恳请明朝皇帝伐罪吊民，安抚远夷。朱棣命赐其府地，月支俸禄，暂住中国。

年底，安南胡汉苍遣使来朝贺，朱棣特命陈天平参与朝见。安南使臣见到陈天平后都很错愕，还有人当场下拜，朱棣确信陈天平确为陈朝后人，于是决定帮他复国。

先是下诏向胡汉苍问罪，命其解释。胡汉苍遣使谢罪，表示愿意"迎归天平，以君事之"，"臣亦当率国人逆于境上"。对于胡汉苍的恭顺，朱棣既满意又疑惑，认为安南政权原来习于变诈，这番表态也许不是诚心诚意的，但本着对远人布德诚信的考虑，还是予以相信，并封胡汉苍为顺化郡公，以示安抚。

随后朱棣赐陈天平绮罗纱衣各二袭、钞一万贯，告诫他要宽仁待下，悉心防患，又派使臣及官兵五千人护送。

陈天平进入安南境内后，胡汉苍派人前来迎接，还以牛酒犒劳护送的明军。明军派骑兵四处侦察，也未发现可疑之处，一路上都是迎接的安南百姓，于是冒雨前行。

泥泞雨雾之中，突然安南伏兵四出，鼓噪之声，震动山谷，将明军全部包围。随后有安南劲卒突入队中，并不与明军交战，只是将陈天平掳走。

一名安南将领隔涧遥呼道："远夷不敢抗大国，犯王师，缘天平实疏远小人，非陈氏亲属，而敢肆其巧伪，以惑圣听，劳师旅，死有余责，今幸而杀之，以谢天子，吾王即当上表待罪，天兵远临，小国贫乏，不足以久淹从者。"

有明朝官员因职责所在，义不偷生，中伏后众寡悬殊无法反击而自尽，余众引兵而还。陈天平之死，一说当阵斩杀，一说胡朝将其押回审讯后，认定其为陈朝贵族的家奴冒充后裔而予以凌迟。

朱棣闻讯大怒："蕞尔小丑，罪恶滔天，犹敢潜伏奸谋，肆毒如此，朕推诚容纳，乃为所欺，此而不诛，兵则奚用？"随后朱棣委命其倚之甚重的头号战将朱能为统帅，当年（1406 年）出兵安南。

大军出发前，朱棣特颁谕旨，说明此次出征"惟黎氏父子及其同恶在必获，其胁从及无辜者必释，罪人既得，即择陈氏子孙之贤者立之，使抚治一方，然后还师，告成宗庙，扬功名于无穷。"

然而不到 3 个月，37 岁的南征军统帅朱能突然病逝。因朱能"勇决得士心"，不但朱棣悲痛无比，军中也一片哀哭。

然远征之举不可废，年仅 31 岁的右将军张辅临危受命，主动承担起指挥全军的重任。张辅为"靖难"名将张玉之子，少年老成。一入安南境内，先采攻心之策，命人将胡一元父子的二十条罪状写成榜文，刻于木牌上，顺流放下，安南军民见到榜文后，人心离散。

明军兵分两路，斩关而进，勇往直前，大败胡军。胡氏父子料不到明军进展竟如此神速，倾全国之兵号称二百余万，伐木筑寨，绵延九百余里，又沿江置木桩，征发国内所有船只，排列在桩内，所有江口，概置横木，严防明军攻击。

张辅大军进至多邦城下，胡氏父子则厚集兵力于多邦城内，据险抵抗。多邦城坚固高峻，城下设有重濠，濠内密置竹刺。张辅下令趁夜攻城，明军万炬齐明，势如破竹，攻入城中。

安南兵拼死拒战，驱象出阵，明军受挫。战象体型巨大，不避弓矢，吓退战马，踩踏敌兵，安南兵还可骑于象背，居高临下射箭进攻。

针对象军特点，张辅采取三项反制措施：一是令明军蒙住战马双眼，使之看不到庞大的战象，尽情冲击；二是以颜料画狮裹在战马和战车上，吓唬对方的战象；三是两翼大放火器，震慑对方士兵及战象。

明军用此法后，战象受惊回奔，安南兵大溃，明军趁势掩杀，"斩其帅二人"，尽焚沿江木栅。经过激战，明军又克安南东西二都，张辅辑吏民，抚降附，来归者日以万计。[①]

胡氏父子见败局已定，焚毁宫室，亡命海中，继续与明军为敌。明军水陆并进，穷追不舍，又斩首三万七千余级。胡一元长子胡澄以战船三百艘来战，明军迎头痛击，斩首万级，江水为之赤。

几经追击，安南残部全军覆没，胡氏父子仅以数舟逃遁，明军在当地百姓协助下，将胡一元及其长子胡澄、次子胡汉苍和伪太子胡芮一一擒获，全部押送京师。

至此，明军出师仅一年，就大获全胜，消灭了篡位的胡氏政权，得府州

---

① 《明史·列传第四十二》。

四十八、县一百八十。由于陈朝宗室已被胡朝清理，后继无人，朱棣改安南为交趾布政使司，分设官吏，改置17府，自此安南正式成了明朝的一个行政区。

1408年，张辅大军刚刚班师，安南地方势力就起兵叛乱，明朝驻军镇压不力，致使叛乱不断蔓延。朱棣在张辅支持下坚持武力进讨的方针，调发云南、贵州、四川军队共四万人，再征安南，却因轻敌遭到惨败，安南形势大乱。

次年朱棣被迫再度启用张辅督师，发兵二十万，要求张辅必须尽快平定安南事态。张辅并不急于前进，而是伐木造舟，招避寇者复业。形势稳定后，张辅才率大军进攻。安南乱军聚集战船六百余艘，张辅以水师进攻，乘风纵火，大破其众，擒其将帅。乘大胜余威，水陆并进，屡败叛军，次年削平安南各处变乱，向朝廷告捷。

当时明军北征正遇重大挫折，十万大军遭蒙古军伏击。朱棣见张辅获胜，认为安南不足为患，于是召回张辅。1410年，朱棣亲征漠北得胜而归，自称陈朝后裔的陈季扩趁机派使臣入贺并求封，朱棣授其为交趾布政使。陈季扩见明朝不肯封其为安南国王，遂继续称兵作乱。1411年，朱棣命令张辅三征安南。

安南军民对张辅颇为忌惮，明军一到，作乱局势开始发生变化。张辅趁势展开一系列作战，在其清醒周密的指挥下，明军克服各种困难，不断取得胜利，终于在1414年将陈季扩活捉，与其妻子一起械送京师。至此，安南全部平定。

在明军的武力镇压下，交趾虽然再次平定，但明朝官吏不善于安抚，内部又钩心斗角，安南民心不附。后来安南人黎利召集各部起兵反明，迅速形成燎原之势，明军多次进剿失败，损失惨重。

明朝边将私下与黎利议和，并送黎利使者入朝，请封所谓的陈氏后人陈高为安南国王。明宣宗朱瞻基召集群臣商议，英国公张辅道："这是黎利诈谋，必不可从，当再益兵讨贼，臣誓将元凶首恶，絷献阙下。"但以杨荣、杨士奇为代表的重臣，看出宣宗已有厌战之意，皆言交趾荒远，不如许了黎利，以息兵争。

宣宗遂决计罢兵，赦免黎利抗命之罪，封陈高为安南国王，罢交趾布政使司。安南重新获得独立。陈高作为黎利的傀儡，很快被逼服毒自尽。明英宗正式册封黎利为安南国王，黎朝也始终奉明朝正朔。

山高水丽——朝鲜的故事

　　中国中央政权的统治曾延伸至朝鲜半岛，但这一地区历史上更多时候是相对独立的藩属国，最终则成为独立的国家。总的说来，该地区的历史有 6 大阶段：一是箕子朝鲜时期；二是卫满朝鲜时期；三是高氏高丽（高句丽，三国）时期；四是统一新罗时期；五是王氏高丽时期；六是李氏朝鲜时期。到 1910 年日本吞并韩国，李氏高丽灭亡。后 3 个阶段政权的领土都不出朝鲜半岛。当然这只是一个历史的粗线条，期间还有作为汉朝的郡县、元朝的行省等与中国统一的历史时期。

中朝边境的长白山天池

东北强权

象其他地区一样，朝鲜半岛最初的人类社会状态只是一些散居的原始部落。这些土著从何而来，学界尚无定论。后来，一支从中国来的部落带来了较先进的文明，在中国东北和朝鲜半岛北部建立了一个国家，史称"箕子朝鲜"。

箕子是商纣王的叔叔，是"殷末三贤"之一。他见纣王性情怪僻，暴虐无道，就苦心谏阻，反被囚禁，贬为奴隶。箕子索性割发装疯，每日弹唱《箕子操》曲，以发泄心中悲愤。后来周武王伐纣，灭了商朝，箕子便逃走隐居。

求贤若渴的周武王找到了箕子，恳切请教治国的道理，箕子便将夏禹传下的"洪范九畴"提供给武王。"洪范九畴"涵盖了对自然、人身、行为、治国、政纲、天文、历数、法律、气候、占卜等人生实践内容的全部，是君王治理社会政治的经验总结，在中国思想史上有重要意义，同时也奠定了阴阳五行说的基础，提供了中国人传统思维的框架。

武王十分钦佩，就想请箕子出山辅佐其治理国事。箕子早就说过"殷商如果灭亡了，我不会作新王朝的臣仆"，因而不从。武王

箕子

走后，箕子迅速率领弟子与一批商朝后裔向东方而去，最终到达一个叫作朝鲜的地方，箕子带领的五千余人就在那里定居下来。

相传箕子到朝鲜后便建筑房屋、开垦农田、养蚕织布、烧陶编竹，还施用八种简单的法律，来防止和解决人们的争执，并把故国的文化包括围棋传播开来。根据《汉书·地理志》记载，箕子还在朝鲜颁布了第一部成文法"箕子八条（《乐浪朝鲜民犯禁八条》）"。

后来周武王派人到朝鲜封箕子为朝鲜侯，不把他当臣下看待，并邀请他回乡探望。这时箕子已经 52 岁。4 年后箕子从朝鲜来朝见周王，经过殷商都城遗址，看见原来的宫室已经残破不堪，有些地方种上庄稼。箕子作《麦秀歌》，以"狡童"比喻不听忠告终致亡国的纣王：

> 麦秀渐渐兮，禾黍油油，
> 彼狡童兮，不与我好兮。

诗歌采用男女恋歌的形式，反映君臣关系，为后世比兴手法的渊源，也被称为是中国第一首文人诗。

箕子朝鲜可以说是朝鲜半岛文明开化之始，据说今之朝鲜喜爱白色的民俗即商代尚白遗风。以上历史主要依靠中国和朝鲜的史籍，中国记载箕子开发朝鲜事迹的史籍包括《尚书大传》《史记》《汉书》《后汉书》《三国志》等。此外，学者们还从考古、姓氏、神话、民俗等多方面考证其真实性，但尚无充分论据使其完全被各方接受。

在"箕子朝鲜"之前，还有"檀君朝鲜"的传说：早在中原尧舜时代，朝鲜半岛就有了像样的国家，开创者叫"檀君"，建都于平壤，国号"朝鲜"。檀君的后人在箕子来到朝鲜之后，带着人民南迁，以免和箕子带来的人造成冲突，其后裔在朝鲜半岛南部建立了"三韩"。

但这个传说似乎不太靠谱，因为这个说法最早来自元朝时期一个高丽和尚的著作《三国遗事》，书中称此说法来自中国某史籍，但据查中国该史籍并没有相关内容，学者认为应是伪托杜撰。

箕子朝鲜的历史延续千余年，直到被燕国人卫满所灭。"卫满朝鲜"（又称"卫氏朝鲜"）应该是朝鲜半岛有考古证实的最早国家。与"箕子朝鲜"一样，也是中国人在中国东北与朝鲜半岛建立的政权。

《史记》记载，西汉初年，燕王卢绾反叛刘邦，投降匈奴，其部下燕将卫满逃入朝鲜。朝鲜王箕准重用卫满，封给他方圆百里的地方，令其守护西部边境。但卫满利用大量从中原迁移来的流民，壮大自己势力，后来推翻了箕子朝鲜的政权，在平壤一带建立卫氏政权。

吕后当权时，卫满与西汉约定：朝鲜为汉朝藩属"外臣"，须定期朝见汉朝天子，汉朝则给予卫满财物上的支援。卫满利用汉朝的支持征讨邻近小国，将领地扩大到方圆几千里。

卫满传国三代，至孙子右渠王。汉武帝时期，为防御匈奴，汉朝加强了北方边郡的守卫。汉朝使者与右渠王关系紧张，被右渠王杀死。汉武帝发兵从海陆两路进攻朝鲜，未胜，再派兵。元封三年（公元前108年），在汉朝大军压境的情况下，朝鲜人杀右渠王投降。卫满朝鲜灭亡。汉武帝在卫满朝鲜原领地内设置汉四郡，并封右渠王的儿子及杀右渠王者等人为侯，朝鲜半岛统一于中央政权。

随着西汉中央政权力量的衰弱，失去控制的辽东与朝鲜半岛又出现小政权林立的局面。有一个叫作"高句丽（Gāogōulí）"（或"高句骊"，简称"句丽"或"高丽"）的政权在鸭绿江流域兴起，开始只是隶属于汉朝高句丽县的一个部落政权，其民众为古代中国东北少数民族[①]。

"高句丽"这个名称至少在汉武帝灭亡卫满朝鲜之前就有了，但原来只是一个地理名词，"武帝灭朝鲜，以高句丽为县（今辽宁抚顺）。"后来高句丽政权以此为国号。这一点《汉书》《后汉书》中均有记载。"高句丽国"建

---

① 在夫余族人朱蒙（高句丽开国始祖）刚刚建立高句丽国时，曾经叫作"卒本夫余"，后改国号为"高句骊"，是以古代中国东北少数民族夫余族为中心力量、集合该地区其他民族而形成的国家。

于西汉元帝时期（公元前 37 年），[①] 前后更迭 28 王，历经 705 年。国王姓高，"高句丽"也称"高氏高丽"，有别于后来在朝鲜半岛的"王氏高丽"政权。

高句丽建国之初位于今天的中国境内，但随着逐渐扩张，国土延伸至现今韩国的部分地区，后来都城也迁到平壤地区，这也是今天的韩国将高句丽视为本国历史的原因。

高句丽利用中原地区分裂动荡的局面，不断壮大，逐步统一其周边国家，并在西晋末年吞并了汉四郡的最后一郡。中国南北朝分裂时期，高句丽进入鼎盛时期，控制了朝鲜半岛大部地区及中国辽东半岛。

此时的朝鲜半岛史称"朝鲜三国时期"。除高句丽外，还有百济、新罗两个南部国家。百济的都城原来大致在今天首尔的位置，后受高句丽的进攻，都城一再南迁。新罗位于朝鲜半岛东南部地区，最初是北方强国高句丽的盟友。随着高句丽向南扩张，新罗改与百济联盟。

隋唐年间，中国重新出现统一强大的中央政权，对高句丽也提出恢复西汉时期服从中央秩序的要求。从这一角度看，隋唐征高句丽是中央为加强地方管理进行的统一战争。[②]

当时的地方强权高句丽在抵抗隋朝进攻之后，一再上表请和，并不断向南扩张，与百济联手攻陷新罗三十余城。新罗与新兴的唐朝结盟，并向唐朝告急求救。唐朝出兵与新罗联手先后灭百济和高句丽。其后新罗又与唐朝爆发战争，击退唐军，统一朝鲜半岛大部分地区。

[①] 高句丽建国称王后，西汉元帝、成帝、哀帝、平帝也承认其高句丽王号，并令玄菟郡管理。王莽令更名高句丽为下句丽，高句丽王被贬为下句丽侯，高句丽县也改为下句丽县。高句丽反。汉光武帝刘秀击败高句丽，以朝鲜半岛上清川江为界，以北归东汉，以南归高句丽。汉光武帝后令下句丽复名高句丽，并复高句丽国王号。三国时期，曹魏太尉司马懿灭公孙渊，设高句丽、高显、辽阳、望平四县于玄菟郡。南北朝时期，高句丽不仅占有了辽东四郡，而且迫使朝鲜半岛上的新罗、百济政权臣服，成为一时强权。

[②] 马大正：《略论高句丽历史研究中的几个相关问题》，《古代中国高句丽历史丛论》，黑龙江教育出版社 2001 年版。

隋朝四征

公元 6 世纪，隋朝建立并日益强大，统一的趋势进一步明朗化。589 年，隋朝南下灭陈，北威诸夷，一匡天下，四方来朝。已成地方强权的高句丽与隋朝存在附属与宗主的关系①，但高句丽害怕强大统一的隋朝出兵重新夺回辽东之地，于是"治兵积谷，为守拒之策"，随时准备迎战隋朝大军，并在边境地区发生摩擦。

隋文帝对高句丽的态度和行动十分不满，曾致书高句丽王高汤："辽水之广，何如长江？高丽之人，多少陈国？朕若不存含育，责王前愆（qiān，意为过失），命一将军，何待多力！"

在隋朝的眼中，高句丽从来就是中原政权的一个附属国，本应服从隋朝的天下秩序，因此隋朝大臣曾对隋炀帝说："高丽本箕子所封之地，汉、晋皆为郡县；今乃不臣，别为异域，先帝欲征之久矣。"②

高句丽王高元继位后的 596 年，隋文帝要求高句丽终止与突厥的军事联盟，停止对隋朝边疆的连年侵袭，并对隋臣服。高句丽虽表示接受，但第二年却攻击隋朝在河北的军事驻地。

于是第一次隋高战争爆发了。598 年，隋文帝派 30 万海陆大军攻打高

---

① "高祖受禅，汤复遣使诣阙，进授大将军，改封高丽王。岁遣使朝贡不绝。""会病（汤）卒，子元立，高祖使使拜元为上开府，仪同三司，袭爵辽东郡公，赐衣一袭。元奉表谢恩，并贺祥瑞，因请封王。高祖优册元为王。"（《隋书》卷八十一《东夷传》高丽）
② 《资治通鉴》卷一百八十一。

句丽。由于正值高句丽的雨季，道路泥泞，粮草供应不上，军中疫病流行，虽勉强进至辽水，但高句丽的频频袭击使隋朝陆军损失惨重。隋朝海军也是困难重重，在海上遇大风，船多沉没。隋朝海军抛锚休息时又遭到高句丽军队的袭击。后来与高句丽海军在渤海交锋，由于先前已损兵折将，士气低落，败于高句丽。

此次征战是隋文帝仅有的一次大败仗。隋军撤退时已溃不成军。《隋书》记载这次战役中隋军损失90%。

但高句丽清醒地意识到双方的综合实力悬殊。为防止隋的再次入侵，高句丽王高元上表谢罪，并自称"辽东粪土臣元"，隋文帝只好适时罢兵。

隋炀帝登基后，开凿隋唐大运河，将中国北部的政治中心与经济发达的南方连接起来，这使得跨地区大规模运送军队成为可能。加之隋朝经济实力雄厚，粮食储备足够50年之用，隋炀帝又动东征之念。

612年，由于高句丽王不服从隋炀帝的要求前来朝见，第二次隋高战争爆发，隋炀帝杨广御驾亲征。

这时百济王也陈兵边境，声言助隋，实际上却按兵不动，意在静观其变。此前百济王曾遣使入隋朝贡，请求隋朝讨伐高句丽，表示愿为隋军先导。隋炀帝很高兴，大加赏赐，同时遣使赴百济筹划协作。

利用刚建成的大运河，隋炀帝将各地士兵集中在北京（涿郡）。据《隋书》记载，此次共动员了大约113万的作战部队，负责后勤和运输的人员估计在300万到500万之间。隋朝大军由于人数庞大，用了40天才从北京出发完毕，行进的部队绵延400公里。

隋军到达辽河时，辽河水已全部融化。隋炀帝下令在辽河上修建3座桥梁。桥还没修到对岸，高句丽就对隋发动了进攻。不过隋军最终将桥修好，包围了辽东城。

开战前，隋炀帝下令隋将不得擅自做出任何作战决定，必须听从他的直接命令。这使得隋朝军队在战场上很被动。隋将在做每个决定的时候都要先派人驰报远在后方的隋炀帝，这就延误了军情，高句丽军也因此有充足的时间进行重整和反击。

此外，在隋朝大军行进的过程中，隋炀帝曾下达过命令，凡所到之处如果守军投降，就不得再纵兵进攻。结果，每当城池将陷落时，高句丽的守军便要求投降，隋军就停止进攻。可是，等到隋军继续进发的时候，原先投降的守军便又乘机重整防卫。高句丽军擅用的诈降之计在隋军决策烦琐的指挥下屡屡得手。

隋炀帝杨广

因此，隋军5个月没拿下辽东城。隋炀帝于是改变策略。在同辽东的高句丽军作战的同时，另派30多万陆军和20万海军攻打高句丽的首都平壤。隋朝海军先于陆军到达了大同江。简单交锋后，高句丽军队假装被击败并向城里撤退。隋军将领中计，带领10万军队开始进攻平壤。

当隋朝军队来到平壤的外围城堡时，发现大门敞开，城墙上也无人把守。进入城堡后，发现地上放着钱财和武器。为了谨慎起见，隋军将领下令禁止掠夺。当隋军来到一个寺庙后，遭到了高句丽军的伏击。不过高句丽的军队并没有取胜，然后就撤逃了。这次隋军将领确信高句丽已经溃散，于是开始掠夺外围城堡。

正当隋军纪律松懈之时，一支由几千人组成的高句丽先遣部队对隋朝军队进行了伏击。毫无防备的隋军一时慌了手脚，不知所措，并开始向海边撤退。海军单独行动失败后，隋军将领决定还是等隋朝陆军到达后再围攻平壤。

然而，隋炀帝派出的陆军在路上也出了问题。

鸭绿江和平壤之间有一条清川江，高句丽军在清川江上游修筑堤坝蓄水。隋军涉水过江时，高句丽军开闸放水，数千隋朝士兵被淹死。

尽管如此，隋军依然渡过清川江，并取得几场胜利。但进入高句丽境内后，隋军的后勤供应屡屡遭到高句丽的伏击。虽然隋炀帝下令每个士兵都要自己携带食物，但许多士兵为了减负作战，丢弃不少食物，造成隋军物资严重缺乏。

这一消息被高句丽得知，当隋军在距平壤城附近扎营时，高句丽大臣诈降，说如果隋撤走大军，他一定将高丽王生擒奉上。隋军兵疲粮尽，于是决定拔营撤军。高句丽军忽然杀出，隋军一触即溃，大败而回。这一仗有点像淝水之战的翻版，敌人利用了隋军低落的士气。

第二年（613 年）隋炀帝再次亲征高句丽，第三次隋高战争爆发。此次出征，隋炀帝接受上次教训，允许诸将"便宜从事"。隋军包围辽阳城，昼夜不停地猛攻 20 余日，辽阳岌岌可危，但此时后方负责督运粮草的杨玄感叛乱（该叛乱最终导致隋朝灭亡），隋炀帝不得不撤兵回国平乱，军资、器械大量丢弃。此次征高句丽虽未大败，但半途而废没达到任何目的。

第三年（614 年），隋炀帝在平息了杨玄感的叛乱后，又发动了第四次隋高战争。虽然隋炀帝冲破了高句丽的第一道防线，但由于高句丽持续伏击并切断隋朝军队供给线，隋炀帝始终不能拿下辽河。

战争处于胶着状态。高句丽与隋接连三年的战争，国力早已不支，几乎到了山穷水尽的地步，只好向隋朝称臣请和，并将逃到高句丽的参与杨玄感造反的隋朝叛将遣返给隋炀帝。隋炀帝接受请和并撤军。但后来隋炀帝仍坚持要高句丽王到隋朝来晋见，高句丽王不至。隋炀帝大怒，下诏再征高句丽，后因国内的变乱而作罢。

隋朝的外交存在问题，没有很好地利用朝鲜半岛的三国矛盾。早在隋文帝时期，百济向隋朝朝贡，欲与结盟，"请为军导"，竟遭拒绝。高句丽以兵侵掠，逼百济屈服，百济成为高句丽的盟友。新罗想要打通和隋朝的联系，但缺乏隋朝的配合，在半岛上陷入孤立。直到唐高宗时期才较好地运用了新罗的力量，消灭了高句丽和百济。

唐宗威德

隋朝攻打高句丽惨败后，国内发生民变而灭亡。唐高祖李渊建立唐朝后，曾努力与高句丽修好，双方交换过战俘。朝鲜半岛三国国王均接受唐高祖的册封，高句丽王并接受了唐朝的年号。

唐太宗李世民继位后，相当长时间里，与高句丽大致维持着友好的关系，还曾在得到高句丽王同意后，派特使到高句丽重新安葬阵亡的隋兵。后来派出的使臣向唐太宗汇报高句丽境内有许多安顿下来的原隋朝兵将及中原移民，临别之时，"望之而哭者，遍于郊野"。唐太宗认为高句丽据有的辽东为"旧中国之有"，而今"九瀛大定，唯此一隅"，应该考虑发动对高句丽的统一战争。

高句丽也在采取措施防备中原政权再次进攻：一是加强防御，花费巨大人工物力，前后16年在沿唐边境修筑了高丽长城，自夫余城（今吉林四平西）至渤海，长千余里；二是加紧进攻百济和新罗，意图消灭唐朝在朝鲜半岛上的盟国，解除后顾之忧；三是用厚利挑唆漠北薛延陀汗国进攻唐朝，从北面牵制唐朝；四是频繁向唐朝进贡，放低姿态，让唐朝没有出兵理由。

高句丽内部发生政变让唐朝看到出兵的机会。一名强悍的大臣在宴席上诱杀了高句丽王，立新王而由自己摄政。唐朝得知这一消息后，有地方官员立即建议攻打高句丽。但唐太宗却认为高句丽王被杀已属不幸，乘其国丧出兵征伐，时机上并不合适。

高句丽摄政大臣稳定国内政局后，立刻发动对唐朝盟友新罗的战争。新罗向唐朝求援。

唐太宗李世民

唐太宗告诉来使可供选择的三策：一是唐朝少发边兵，直入辽东，可解新罗燃眉之急，但高句丽知道唐朝派兵有限，仍会继续侵侮；二是唐朝不发兵，只送数千唐朝军旗军装，阵前使用吓走敌军；三是唐朝遣海军袭百济，同时派皇室成员出任新罗国王，保护新罗。①

新罗坚持要唐朝发兵。唐太宗于是遣使到高句丽，下令高句丽和百济停止攻打新罗。唐使到达平壤，高句丽王令摄政大臣从战场上返回到平壤会见唐朝特使。摄政大臣返回平壤后，态度傲慢，声称如果新罗不将其在隋末侵占的 500 里高句丽土地归还，"恐兵未能已"。唐使驳斥说："既往之事，焉可追论！至于辽东诸城，本皆中国郡县，中国尚且不言，高丽岂得必求故地。"但摄政大臣最终拒绝了唐太宗的要求。特使回到长安后将此事禀告唐太宗，唐太宗对高句丽不听劝告非常不满，于是决意攻打高句丽。

唐太宗对朝廷内劝阻征讨高句丽的大臣说，此次东征高丽与隋朝东征不同，有五点必胜的理由："一曰以大击小，二曰以顺讨逆，三曰以治乘乱，四曰以逸待劳，五曰以悦当怨"。

644 年，唐太宗准备动员 10 万军队亲征高句丽。为避免隋炀帝征高句丽的失败，唐太宗总结教训，实行新法：一是采用募兵制，不像隋朝时进行全国征兵，减少民怨。结果，诏令发布以后，"募十得百，募百得千，其不得从军者，皆愤叹郁邑。"考虑到经过隋末乱世，不少人惯于以战士为职

---

① 张晓东：《论唐太宗对高句丽之战跨海战略的决策作用：兼论海上力量与高句丽之战战略成败的关系》，《史林》2011 年第 4 期。

业，踊跃报名也是可能的。而且由于隋高之战"杀中国良善不可胜数（唐太宗语）"，应征者不少自愿以私装从军，称"不求封官勋赏，惟愿效死辽东"。最后"发天下甲士，招募十万（《旧唐书》）"，士气高昂，素质优秀。二是解决后勤供应。唐军将原来士兵携带干粮改为随队驱赶大量的食用牛羊，沿途还能背负辎重，大大减轻了士兵负担。三是组织工匠集中制造云梯、撞车等攻城器械，同时收集天下各处贡献的攻城器械进行选择和创新，为攻坚战做充分准备，并在江西筹建大量战船。

　　唐太宗离开长安向高句丽进发，先在洛阳做了几个月的准备。期间让忠于唐朝的契丹和鞑鞨部队对高句丽进行探试性攻击。高句丽摄政大臣派特使到唐朝纳贡讲和，不过唐太宗心意已决，并没有接受高句丽的朝贡，反将来使扣留，责备他们参与谋害先王，助纣为虐。

　　645年，唐朝军队兵分两路进攻高句丽。6万陆军从北京进军辽东，4万余水军乘500艘战船从山东出发，渡黄海向平壤进军。

　　高句丽守军凭借辽水、辽泽、长城三大屏障恃险以待。辽东著名的沼泽区泥淖二百余里，人马不可通，后来唐军经过，辽泽上面还浮有很多当年隋军将士的遗骨，唐太宗命人收敛安葬。为减少进军损失，唐军声东击西，在高丽人意想不到的地方渡过了辽水，填土搭桥过辽泽，高句丽闻知唐军进兵神速，跨水越泽，举国震惊，急派援兵。

李勣

　　提出并使用声东击西之计的是唐朝名将李勣（jì，原名徐茂公），此次东征担任唐军主将（辽东道行军大总管）。李勣不仅有谋，而且有勇。在辽东城下，唐军前锋部队4000余骑与高句丽援军步骑4万遭遇，李勣阵前动员："不遇劲敌，何以显壮士！"唐军策马向敌阵冲击，两军大战于辽东城下，高军最终崩溃，被歼1000余人。

值得一提的是，23年后，正是李勣统率唐朝水陆大军，跨过鸭绿江，以破竹之势，长驱200余里，直捣平壤，克城灭国，生擒高句丽王，并押回长安，在昭陵前祭奠唐太宗。

唐太宗生前未能看到统一高句丽，的确运气差了一点，或者说高句丽此时气数未尽。因为从唐太宗此次战争的准备、动员、指挥、用人等各方面看，都不愧为一代英主。未能实现目标，多少令人扼腕。

此时唐太宗46岁，御驾亲征，深得军心。在唐军为进攻辽东城负土填堑时，唐太宗也在马上负土递送。一名唐将（李道宗）在修筑土山时足部受伤，唐太宗亲自为其针灸。有突厥族唐军将领（阿史那思摩，又名李思摩）被流矢击中，唐太宗亲自为其吮血。还有一次，唐军中一名铁勒族将领（契苾何力）率800骑兵冲击万余高句丽军，高句丽军在战阵中以长矛乱扎，刺中唐将腰部，血流如注。该将被救回后，略略包扎，束疮再战，高句丽军大溃，唐军追杀十余里，斩首千余级而还。唐太宗见其伤口恶化，亲自为他上药。唐军将士无不感动，故作战时人人奋击不畏生死。

闻知唐军包围了辽东城（今辽宁辽阳）后，高句丽急调15万援军星夜驰援。唐太宗指挥3万唐军对5倍于己的高句丽援军打了一场以少对多的包围战，将士齐心，铁骑冲突，逼得高句丽援军主将走投无路，率领近4万高句丽将士投降。唐太宗坑杀了3300名靺鞨兵俘虏，其余士兵全部放回平壤。获释士兵举手顿地，欢呼雀跃。史料未曾记载唐太宗为何要杀这些靺鞨兵，一个可能的解释是，唐太宗认为靺鞨人作为唐朝人不效忠自己的政府，是应该受到严惩的"唐奸"。

此时唐军士气高昂，涌现诸多勇将。最令人瞩目的莫过于一战成名的白袍将军薛仁贵。薛仁贵生于隋末乱世，自幼习武，天生神力，食量惊人。潦倒之时，应征入伍，立志富贵还乡。这次随军征讨高句丽，薛仁贵还只是一介无名小卒，但在与高句丽军激战时，薛仁贵却成了辽东战场上一颗闪亮的明星。薛仁贵身着白色衣甲，手持方天画戟，腰挎双弓，单骑冲阵，在数万人的敌营中纵横驰骋，所向无敌，如入无人之境。敌军每次组织队列都被其冲散，观战的唐太宗立即注意到这员猛将，战后亲自召见，立即提拔赏赐，并在归途中对薛仁贵说："朕不喜得辽东，喜得卿也。"

后来薛仁贵成为唐朝名将，23 年后作为唐军主要将领灭亡高句丽，并镇守该地。薛仁贵曾经在与 10 余万的回纥军队作战时阵前连发三箭射死三名敌军，而后乘势掩杀，回纥惊恐大溃，不再为边患。军中传

薛仁贵

唱"将军三箭定天山，壮士长歌入汉关"。在灭亡高句丽的战役中，薛仁贵曾经以 2000 骑兵奔袭夫余城，14 个小时斩获敌军万余，威震辽东，高句丽 40 余城随后向薛仁贵投降，最终攻破都城平壤。

这是后话。此次唐军拿下辽东后已攻取 8 城，然后向安市（今辽宁鞍山）进军。没想到安市城却成为此次唐军东征难以逾越的障碍。

唐朝部队包围安市城后，安市城守军每次看见唐太宗旌旗麾盖，必乘城鼓噪，以弓矢相拒。唐太宗大怒，唐朝将领于是请命拿下安市城后屠城，这使得安市城的守军更加奋力抵抗，唐军一时难以攻破。

一天，唐军从安市城中传出杀鸡宰猪的声音判断城内部队可能准备突袭，不出所料，守军当晚真的对唐军进行了突袭。不过唐军早有防备，唐太宗亲自率兵击退了安市城守军的进攻。

与此同时，唐军在安市城的东南构筑一个用于攻城的土山。60 天后，土山已经高到可以看到安市城的里面。不幸的是，土山基础不牢，突然倒塌，压在安市城的城墙上，城墙被压倒。这本是唐军乘机攻入城内的绝好机会，

但该辖区唐将却未及时组织有效进攻，反而让高句丽军趁乱占领了土山，凭高防守。此后唐军全力攻击三天也没拿下土山，唐太宗怒斩贻误战机的该辖区唐将。

安市城使战事陷入胶着，唐军虽另有几套进攻方案，例如绕道而进，或分兵突袭平壤，但均因兵力不足、较有风险而未被实施。唐朝海军成功登陆后也进展有限，无法与陆军形成合力。

辽东半岛雨季过后很快就是漫长的冬季，全年适合作战的时间只有两三个月。随着冬天的临近，唐军供给开始匮乏，又传薛延陀入侵唐朝，唐太宗下令撤退。此战虽未最终胜利，但唐太宗在政治方面取得积极影响，敌军佩服，民心归附，为以后灭亡高句丽奠定基础。

回师前，唐太宗特别准备百匹绸缎堆在城前，赐给安市城城主，表示对其顽强守卫的欣赏和奖励。城主登城拜谢，遥送唐军班师回朝。战争期间，唐太宗每次攻城受降，要设帐给城中百姓赏赐食物，80岁以上的还赐以锦帛，所俘士兵大多予以释放，任其所往，是真正的攻心战术。

唐军以损失数千士兵的代价，歼敌4万，攻取10城，战果也相当辉煌。之所以没有达到统一高句丽的目标，与唐太宗轻敌有关。当初秦国灭楚先用李信发兵20万不克，才采用老将王翦的方案动用60万军队取得成功。高句丽为地方强权，隋朝四征而不胜，唐朝寄望以10万之众灭其国，是犯了秦国灭楚时李信式的错误。事后来看，高宗时期唐朝国力进一步加强后，最终派出20余万精锐部队，并与新罗联合，才完成统一高句丽的任务。

新罗时代

太宗东征后，唐朝对高句丽仅采取过一些小规模的突袭，同时也在为大规模作战积极筹备，包括在浙江、湖南、四川大造战船。期间高句丽王曾献给唐太宗两个美女，唐太宗没有接受。消灭了北方敌人薛延陀后，唐太宗再次着手海陆两军攻打辽东半岛和鸭绿江口，但不幸此时去世（649 年），唐朝暂停了大规模征讨高句丽的计划。唐高宗即位后，先对高句丽发动了三次小型战役，均取得胜利。

660 年，唐高宗定下"先灭百济、再南北合击高句丽"的战略方针，命令唐朝名将苏定方率军 13 万讨伐百济。苏定方引军自山东渡海，新罗也出兵助唐，唐罗联军很快攻陷了百济王城，百济灭亡。

值得一提的是，百济王室不甘心失败，曾经转而寻求日本的支持，并引发中日历史上的第一次战争——白江口海战。日本与百济友好，又有染指朝鲜半岛的图谋，借流亡的百济王室求援的机会，派遣水军出征。唐朝闻知也增派援军，两军在白江（今韩国锦江）口遭遇交兵。

当时唐朝海军有 170 余艘军舰，日本战船则超过千艘。但日本船小，而唐军战舰却高大结实。日军诸将商议采取群狼战术，利用船多势众，一拥而上，迫使唐军后撤，再乘胜追击。于是，日本水军也不讲究战斗队形，蜂拥冲向阵形齐整的唐朝舰队。唐舰布下口袋阵，日舰大量进入后，唐舰马上左右合拢，围困其中，居高临下，展开攻击。日军大溃，被击毁战船 400 余艘，死伤不计其数。此战后日本撤回入朝的水陆两军，百济王子率军向唐朝投降，百济彻底灭亡。日本自此次失败，直至丰臣秀吉入侵朝鲜，未曾再向朝鲜半岛用兵。

百济灭亡后，唐朝又派 10 余万军队渡辽水，与新罗联军合击高句丽，重创高句丽。屋漏偏逢连夜雨，高句丽发生内乱。摄政大臣去世后，他的三个儿子发生争斗。长子到前方视察军情备战，两个弟弟诬陷他叛逃到唐，并逼高句丽王通缉长子。

长子走投无路，只好投靠唐朝，并得到唐朝重用。唐朝派兵 8 万由长子率领攻打高句丽，后又根据其为唐朝提供的高句丽军事情报，增兵 15 万进攻高句丽。

668 年，各路唐朝大军在鸭绿江边会师。高句丽发动最后的反击，唐军依然继续推进到平壤城。高句丽军守城数月，难以为继，一名高句丽僧人打开城门出降，唐军攻入平壤，高句丽最终灭亡。唐平高句丽后，在平壤设安东都护府进行统治，名将薛仁贵领兵 2 万镇守其地。

然而吐蕃入侵唐朝使新罗趁机与唐朝发生战争，唐朝最终失去对已灭亡的高句丽和百济故地的统治。

新罗其实一直计划吞并高句丽和百济，在借唐朝之手消灭这两个国家后，便积极招降纳叛，扩张领土。唐高宗下诏责备。新罗一面遣使谢罪，一面整军备战。恰在此时（670 年），吐蕃大举入侵，攻取了唐朝安西四镇，与之相邻的吐谷浑、鄯善等地也被吐蕃占领[①]，唐朝西北局势告急。唐朝不得不调任刚刚在高句丽战场获胜的薛仁贵前往西北战场。只留下为数很少的军队驻守高句丽。唐朝在该地区军事力量的削弱给新罗发动战争提供了良好时机。

这一年，新罗兵分两路，一路由原高句丽旧将进攻原高句丽地区，一路由本国主力部队进攻原百济地区。开始唐朝目标只是对新罗支持的高句丽复

---

① 《新唐书·吐蕃传》。

兴势力平叛，并没有和多年的盟国新罗宣战。672 年，唐兵 4 万以平壤为中心对原高句丽地区发动收复战，大胜原高句丽叛军。但新罗借机占领了百济大部分地区。674 年，唐高宗与新罗王彻底决裂，唐军在仁川附近（买肖城）三胜新罗军。新罗王遣使入贡请罪。

唐朝接受新罗请罪，还彻底退出原百济地区，将安东都护府移至辽东（676 年），对朝鲜半岛采取退守政策。唐朝胜而退兵，"实由吐蕃炽盛，唐室为西北强敌所牵制，不得已乃在东北方取消极退守之策略"（陈寅恪语）。当然，也和新罗外交手段高明有关，虽然对唐开战，但却始终承认唐朝是宗主国，新罗是藩属国，并数次请罪，而不是像高句丽和百济那样在外交上桀骜不驯或不识时务。历代新罗王大部分时间（663 年以后）都在受封国王的同时世袭唐朝都督一职，其身份是唐朝在朝鲜半岛的地方行政官员。最终，新罗控制了朝鲜半岛大同江以南地区。一个以原新罗人、百济人为主体、收容了部分高句丽人的统一新罗出现了。从民族角度讲，韩（朝鲜）民族在唐罗战争后也逐渐形成了。高句丽人亡国后大部分留在当地或内迁，成为中国境内一个重要的少数民族，经过辽、金、元、明等朝代的历史变迁，高句丽人最终融入汉族。另有部分高句丽人流亡到朝鲜半岛南部和日本。

朝鲜半岛大同江以北地区及辽东地区则由唐朝和渤海国先后占据。中国学者和韩国学者各自多认为渤海国历史是本国历史。渤海国是高句丽灭亡后在原高句丽地区建立的新兴地方政权。渤海国创始人是大祚荣，粟末靺鞨（满族祖先）人。粟末是松花江的简称，靺鞨指山林部落。该地区另外一个重要部落黑水靺鞨是生活在黑龙江流域的山林部落。

大祚荣的父亲原是粟末靺鞨中的一个部落首领，曾依附于高句丽政权。唐灭高句丽后将大批高句丽遗民和包括大祚荣父亲在内的一部分靺鞨人强行迁往内地。大祚荣便在这一时期出生在营州（今辽宁省朝阳），并长大成人。

699 年，大祚荣自立为靺鞨国王，并以"大"（da，通古斯语"酋长"）为姓，因其父曾被唐朝封"震国公"，该政权又对外称大震国（或"大振国"）。唐玄宗时期（713 年），大祚荣被唐朝正式册封为渤海郡王，从此改国号为"渤海国"。向唐朝朝贡多达 130 多次，后被契丹人灭亡。

王朝更迭

唐朝末年，新罗王朝也四分五裂，朝鲜半岛进入"后三国时期"。衰落的新罗和新建立的后百济、后高句丽（泰封国）三国鼎立。这段时间可谓天下大乱，曾经称雄一时的唐朝和吐蕃也都分崩离析。

918 年，取代唐朝的后梁王朝与后唐政权正在厮杀，后高句丽大将王建在朝鲜半岛发动政变，建立了高丽王朝（今韩国国名的英文"Korea"是"高丽"的音译），定都开京（今朝鲜开城），并用 18 年时间统一了朝鲜半岛。

高丽国王趁五代十国大乱时中原政权无暇东顾之际，谋求独立，自命为皇（第四代国王光宗始），还采用中原皇室制度，都城称"皇都"，君主的命令称"诏"，并建立年号，三省六部的僚属名号也一遵皇帝朝廷的规范，几乎全盘与中原皇帝看齐。直到元朝后才恢复比中原政权低位阶的制度。

王建重视经略北方、拓展领土，采取了移民实边的策略，将大量的人口从半岛的南部迁往北部，既增强了高丽北部的边防力量，又大大拓展了国土面积。这使朝鲜半岛在中原大体统一前又形成了一个较有力的政权。这个政权与宋朝初期关系友好。北宋建立（960 年）后逐渐结束了中原分裂混乱的局面。高丽国君（王建之子王昭）向宋太祖遣使朝贡。高丽与宋结好是为了对付共同的敌人——契丹。

契丹人最早生活在中国东北辽河流域，唐朝灭亡那年（907 年）建立了契丹国，后改称辽，期间一度恢复过契丹的国号。五代时期契丹占据了包括北京在内的幽云十六州，成为统治中国北方的强权。

契丹国灭亡渤海国（926 年）后，与不断向北扩张的高丽发生冲突。为避免两面受敌，契丹国主动送给高丽 50 匹骆驼，意图示好，但遭王建拒绝，而且契丹使臣被放逐到孤岛，所送骆驼也都被饿死。王建以奉行汉文化的高句丽政权的继承者自居，对占据高句丽旧地的文化较落后的契丹颇有不屑，称之为"无道之国"。契丹为全力攻宋，开始筹划先征服高丽以解决后顾之忧。

辽国（契丹）第一次征伐高丽（993 年）就迫使战败的高丽向辽称臣纳贡，辽则赐高丽鸭绿江东数百里，允许高丽在那里建立江东六城。高丽被迫与宋断交，采用辽的年号纪年，而不再用宋的年号。后来宋神宗时期宋朝实行王安石变法，表示愿与高丽复交，高丽积极回应，但申明奉辽为正朔，继续保持向辽称臣纳贡。

高丽不甘心失败和屈服，曾经遣使至宋，要求与宋共同攻辽，以报战败之仇。北宋此时已不想与辽再动干戈，于是回绝，但善待高丽，送了不少礼物。辽国当然知道高丽不服气，后来又对高丽发动三次大规模战役，两胜一败。后期高丽遣使入辽朝贡十分殷勤，辽与高丽和平友好，没有战争。不过有辽一代，高丽通过不断蚕食拓荒，已将领土北界，由前朝新罗时的大同江，向北扩张至清川江中上游及鸭绿江下游，疆域已大大超过了统一时期的新罗。

辽朝末期，居住中国东北的女真人起兵反辽，并建立金朝（1115 年）。金为攻辽，在建国不久后就主动遣使高丽。后来在金辽战争中，高丽向金表示，金军进攻的两座城是高丽的旧地，希望金军在打败辽军后，能够将此二城归还高丽。金军攻下二城后果真交给了高丽，高丽终于得到长年用兵无法攻克的两座辽城，于是与金结成兄弟之盟。

但金国势力发展太快，一口气消灭了辽朝（1125 年）与北宋（1126 年），开始要求高丽以朝贡辽朝的方式臣服金朝。高丽慑于金朝的实力，遣使赴金朝贡，并且上表称臣。这时，南宋曾试图联合高丽夹攻金国，但被高丽回绝。不久南宋在战场上出现反弹，韩世忠、岳飞等将领率宋军接连击败金兵，战线北移，高丽国王得知金宋战事的变化，又恐得罪南宋，于是遣使入宋解释拒绝攻金原因，并表示道歉。

金朝末年，居住在漠北的蒙古人兴起，高丽认为"蒙古于夷狄中最为凶悍"，不可与之为敌，于是与蒙古结为"兄弟之国"。但与西夏等国一样，很快作为"兄弟之国"的高丽就不堪蒙古人的索要重负，不满与仇视情绪发酵，终于引爆战争。蒙古人先后九次征伐高丽（1231 年至 1273 年），最终高丽投降，成为元朝的征东行省（1280 年）。

元朝规定，高丽君主继承人必须在大都（北京）以蒙古人的方式长大成人后，方可回高丽。元朝朝廷可以随意废立高丽君主。高丽国王的许多称呼、用语因为曾经与元朝皇帝一样，必须全部改变。如"朕"改为"孤"，"陛下"改为"殿下"，"太子"改为"世子"，"奏"改为"呈"。高丽国王的庙号，自忠烈王之后一律不得用"宗"和"祖"，而用"王"，且以"忠"字冠之，以表示效忠元朝。

为了保全高丽不被蒙元彻底吞并，也可以使本家族在元朝支持下取得稳固地位，高丽君主（元宗）向元世祖忽必烈请求联姻，希望忽必烈将公主嫁给自己的世子。元朝答应了这一请求。

此举虽使高丽在政治上获得了利益，但高丽国王生活中受到不少限制。元朝公主一旦下嫁高丽国王，无论高丽国王是否已有嫔妃，元朝公主立刻册立为正宫皇后，如有所出则自动获得嫡子的地位，且优先立为世子。元朝公主及其随从广泛地参加宫廷内的各种活动，甚至还干预国事。有的元朝公主飞扬跋扈，如齐国公主虽然比高丽国王（忠烈王）年幼 23 岁，但对高丽王伸手就打，张口就骂，乃至棍棒相加，高丽王不敢回应一句，最激烈的反抗只是"露坐于外"而已。

高丽和元朝联姻也使高丽获得了一些实际好处。例如，高丽国王（忠烈王）携元朝公主第一次朝见忽必烈时，提请废除元朝在高丽设置的特派员（达鲁花赤）制度，忽必烈许可，高丽民众闻之喜出望外。高丽还通过这种方式从元朝手中和平收回两处领土。

高丽的服饰本来与汉族是一致的，与蒙古联姻后，高丽王室在服装和发式上便效仿蒙古。高丽忠烈王从元朝回国时穿着蒙式服装，头发也结成辫子，高丽民众见之都摇头叹息，甚至痛哭流涕。后来忠烈王更是规定高丽境内的服饰都依照蒙古。

元朝末年，中原烽烟四起，反元义军此起彼伏，高丽也开始清除亲元力量。后来蒙古人被新兴起的明朝逐回漠北，高丽也摆脱了蒙古人的控制，并且高丽国王拟派兵进攻辽东。高丽军队首领李成桂上演了一出朝鲜版的"陈桥兵变"。在军队开出后，发动属下支持，回军废黜高丽国王，夺取政权，高丽灭亡。

这样，李成桂废王自立（1392 年），开启了长达 500 多年的李氏朝鲜的时代。李氏取得政权后立即上奏明朝请求册封，明朝赐李成桂为"朝鲜王"，"高丽"改国号为"朝鲜"。李氏臣服于明朝，中国也无意再将其并入版图。朱元璋不仅将其作为只维持封贡关系的"不征之国"，还明确承认朝鲜的独立性："我中国纲常所在，列圣相传，守而不失。高丽限山隔海，僻处东夷，非我中国所治。"[1] "朕视高丽不止一弹丸，僻处一隅，风俗殊异，得人不足以广众，得地不足以广疆，历代所以征伐者，皆其自生衅端，初非中国好土地而欲吞并也。"[2]

明朝万历年间（1592 年），日本发动侵略朝鲜半岛的战争，很短时间内，李氏王朝即丧失了大部分国土，国王逃到中朝边境附近向明廷恳请"内附"。明朝为了援助李氏朝鲜，派兵参战，在朝鲜半岛与日军血战七年，最终将日本军队逐出朝鲜半岛。而后，明朝不附带任何条件，从朝鲜半岛撤军。明朝此举被朝鲜称为"再造之恩"。

明朝对朝鲜的保护与援助巩固了中朝之间的宗藩关系，朝鲜视中国为

---

① 《明太祖实录》卷二百二十一。
② 《明太祖实录》卷二百二十五。

宗主的观念根深蒂固，以致后来清太宗皇太极派兵要求朝鲜与明朝断交时，一些朝鲜大臣不惜被押到沈阳处死，也不肯背弃与明朝的君臣之义，并对清使说："吾国父事明天子且三百年，臣民惟知有明天子耳……成败存亡不论也。"① 朝鲜民间也对明朝有强烈的认同感，即使明朝灭亡，也有大量私人著述不用清朝年号，直到清末仍有人书写崇祯年号，以至于竟然有"崇祯二百六十五年"的纪年。

创建清朝的满族人，前身为生活在辽东与朝鲜半岛北部的女真人，长期是原始部落的社会形态，被朝鲜视为"胡虏"或"夷狄"。起初朝鲜在双方关系中占据绝对主动，或战或和，两手运用武力清剿与笼络羁縻的控制女真政策，女真则长期处于分散、被动的境地。后来女真在首领努尔哈赤的带领下迅速崛起，朝鲜开始警惕，重新审视与女真后金政权的关系。

萨尔浒之战是明朝与后金战争的转折点，明朝倾全国之力意图一举剿灭努尔哈赤的势力，却因此役失败再没有主动军事出击的能力。在这场关键战役的过程中，朝鲜扮演了首鼠两端的角色。此时的朝鲜执政者（光海君）可能是朝鲜王朝中唯一对明朝不忠心的国王，因为他不是长子，明朝曾经极力反对他继承王位，他对明朝多有怨恨。在他成为朝鲜国王后，虽然礼节上对明朝还维持事大的传统，但面对日益严重的女真人的威胁，他采取"事大则日新恪谨，待夷则务尽其权"② 的两面策略，对明朝多次催促其出兵共讨后金久拖不决。最后虽被迫出兵参战，朝鲜主将却在其国君的授意下暗通后金，不战而降。

消息传来，朝鲜举国哗然，朝野均认为此举有违君臣礼义，明朝刚刚全力助朝鲜击退日本，朝鲜就坐视明朝与后金作战而不助，是"忘恩背德，罔畏天命"，为朝鲜王室和臣民所不容。因此朝鲜国王以"灭天理、斁人伦，上以得罪于宗社，下以结怨于万邦"而被宗室废黜，流放至死。继任者重新

---

① 黄景源：《江汉集》卷二十七《明陪臣传·吴达济传》。
② 《李朝光海君日记》卷一百四十三，光海君十一年八月壬戌。

全力效忠明朝，不惜与后金开战。

但后金力量崛起甚快，朝鲜在屡战屡败的情形下被迫与后金签署城下之盟，约为兄弟之国，但坚持不肯断绝与明朝的关系，并将臣事明朝作为谈判的最重要条件。后金以其忠义最终答应了这一条件。但在皇太极称帝建立清朝后，朝鲜竟不派人朝贺，加之朝鲜对后金使者的礼遇远不如对明朝使者，引发皇太极二次出兵朝鲜，再次兵临城下，迫使朝鲜由兄弟之国降为藩属之国。

朝鲜虽在清朝的军事压力下被迫断绝与明朝的外交关系，但暗中仍有联系，清朝还为此严惩了一些朝鲜大臣。明朝也体谅朝鲜的无奈，即使在朝鲜绝交后仍善待朝鲜君臣故旧，令朝鲜君臣感激万分。后来明朝为清朝所灭，朝鲜曾暗中筹划联合南明与日本力量，北伐清朝，恢复明室，但因清朝察觉而功亏一篑。直到清朝统一台湾后，复明力量彻底溃散，加之清朝对朝鲜极力施恩，朝鲜才逐渐建立对清朝的忠诚，这种宗藩关系一直维持到 20 世纪初日本侵占朝鲜灭亡李朝。

大漠孤悬——蒙古的故事

中国北方有地域辽阔的草原和沙漠戈壁地带，自古生活着一些游牧民族，虽不断演化，却生生不息。蒙古人在这片土地成长和兴盛起来之后，800 多年来蒙古人一直是这片土地的主要居民。蒙古人铁木真及其子孙建立了人类历史上面积最大的国家，中国的元朝一度成为各蒙古汗国的宗主国。元末明初，残元势力退居漠北，清朝崛起后重新将这片地区纳入中原中央政权管辖。按照与清政府的亲疏不同，蒙古地区习惯上被分为内蒙古与外蒙古。外蒙古土地面积 156 万平方公里，相当于 43 个台湾，牧场占全国的 80%，铜矿资源占全国的 50%，石油、煤炭、稀土等自然资源均占全国重要地位。在沙俄及后来苏联的协助下，外蒙古 20 世纪中期从中国独立出去，成为世界上最大的内陆国家。

中蒙边境的贝尔湖

成吉思汗

　　蒙古的故事要从成吉思汗讲起。正是成吉思汗的出现，使得"蒙古"的名称在世界范围内几乎家喻户晓，西方学者历史上曾将黄色人种统称"蒙古利亚人种"。成吉思汗凭借其出色的组织和军事才能，使各蒙古部落统一成为极具战斗力的国家，并通过不断扩张版图，建立起人类历史上连续性疆域最辽阔的国家，而且这个国家在他去世后仍能延续，较之亚历山大大帝的身死国灭，历史业绩更为辉煌。

　　全盛时的蒙古帝国包括中国本土的元朝、窝阔台汗国、察合台汗国和境外的钦察汗国、伊儿汗国，其疆域东起朝鲜半岛，西到巴尔干地区，北起西伯利亚，南到中南半岛，总面积超过 3000 万平方公里（1279 年蒙古帝国的面积达 3570 万平方公里，其中元朝疆域 2400 万平方公里），版图涵盖当今世界 30 多个国家和 30 多亿人口。

　　成吉思汗的历史如此传奇，几乎使人们忽略了在他出生前蒙古族已经在蒙古草原生活了很久。

　　蒙古族源于东胡（一说源于鲜卑或契丹，或为新兴民族），也称"狄历""丁零""敕勒"。东胡被匈奴击败后东迁，后在南北朝时期于漠北建立柔然王朝（北朝称其"蠕蠕"，南朝称其"芮芮"），与北朝和南朝呈三足鼎立之势，与统治中国北方的北魏政权多次交战。柔然后被突厥击败，分为南北两支：南支逃到辽河上游，成为契丹人的祖先之一；北支逃到外兴安岭地区，成为蒙古人的祖先之一室韦（一说室韦与鲜卑为同一民族 Sirbi，室韦山即鲜卑山，若此说成立，则蒙古人建立的元朝与鲜卑人建立的北魏颇有渊源）。

总之，在亚洲北方的草原上，始终生活着不同的游牧部落，他们时而分散，时而聚合，时而迁移，民族成分也不断分解或融合。他们有时被组织起来形成强大的势力，历史会留下这一政权或民族的名称，而当他们分散弱小的时候，就没有太多的史料记载流传下来。

成吉思汗出生的时候（1162 年），蒙古草原依然处于部落分散的状态，不但互相为争夺马匹、牛羊、牧场和女人经常攻杀，还要面对南方的金朝经常到这里来索取贡物和征发壮丁，日子过得非常艰苦。

成吉思汗的父亲是一个蒙古部落（乞颜部孛儿只斤氏，属于"黄金家族"，即相传蒙古族始祖母与神仙生下的三个儿子之后裔）的酋长，他出生时父亲刚好打败了另一个部落（塔塔儿部），抓了敌方一个叫作铁木真的头目，于是就给他起名为铁木真。

铁木真 9 岁时父亲被原来俘虏的"铁木真"之子毒死。此后他与家人备受冷落，屡遭攻击。但铁木真顽强地生存下来，并凭借自身的勇气与智慧重起炉灶，28 岁时成为部落首领，接着四方征战，统一蒙古，44 岁那年被蒙古各部落尊称为"成吉思汗（拥有四海的首领）"。

古今英雄大多经历苦难，这对塑造坚韧品质必不可少。铁木真也曾经数次死里逃生，而后杀仇家、败义兄、击义父，扫清对手，一统蒙古，再对外扩张。

铁木真第一次死里逃生是在 14 岁那年。铁木真父亲死后，对其父不满的部落族人排斥铁木真一家，在祭祖仪式上不分给铁木真家猎物。铁木真母亲说："你们以为铁木真长不大吗？"族人干脆在迁移时故意抛弃铁木真母子，迫使他们靠采果挖菜生存。但在铁木真 14 岁时，族人怕有后患，还是突袭和俘虏了铁木真，本来准备示众后杀掉，但被同情他的人营救。铁木真逃回后全家迁移至较远的地方。

　　第二次是铁木真完婚后。铁木真的新婚妻子是小时候订的娃娃亲，这门婚事引起了一个部落的注意。该部落首领的弟弟在 22 年前曾有一个美丽的新婚妻子，在归途中被人抢走，抢人者就是铁木真的父亲（也速该），被抢的新婚妻子成了铁木真的母亲。22 年后，这种耻辱终于有了可以报复的机会。该部落趁铁木真家族不备实施突袭，铁木真落荒而逃，将备用马也带走，妻子则因没有坐骑而被俘 [①]。后来铁木真将在敌营有了身孕的妻子救了回来，但仍非常尊重，妻子生下铁木真的长子术赤（蒙语"客人"之意），后来术赤因血统而不能继位，只好到莫斯科建立钦察汗国，为日后土地辽阔的俄罗斯打下基础。

　　为抢回妻子，击败仇敌，铁木真联合草原上势力强大的义兄（札木合）与义父（王汗），以 4 万骑兵奇袭对手，大获全胜。参与突袭劫持铁木真妻子的 300 名敌方士兵及其儿子或孙子，统统被杀死。

　　有了这次胜利的名气，追随铁木真的人多了起来。铁木真不甘久居人下，于是不辞而别，离开了札木合，并带走了一些札木合的部下。利用自己"黄金家族"的优势身份，铁木真称蒙古可汗（部落首领）。

　　在铁木真称汗以后，蒙古草原中东部事实上形成了王汗、札木合、铁木真三足鼎立的形势。

　　札木合与铁木真这对曾经同食共寝、无话不谈的好兄弟面临着谁来主宰蒙古草原的抉择。札木合才略过人，雄心勃勃，而且少年有成，20 出头就成了部落联盟的首领，并帮助铁木真打败对手，抢回妻子。铁木真发迹较晚，势单力薄，但待人宽厚，深得人心，而且血统高贵，政治地位发展迅速，二人逐渐有了瑜亮情结。

　　铁木真最终赢得了竞争的胜利，转折点是蒙古史上有名的"十三翼（即铁木真所率的 13 个部落）之战"。在这次战役中，双方各投入兵力 3 万，札

---

① 　[法] 勒内·格鲁塞:《成吉思汗》，陕西师范大学出版社 2009 年版，第 11 章。

木合是攻势，铁木真是守势。札木合的军队迫使铁木真败退。这也是铁木真一生在两军对决中罕见的败仗。

不可思议的是，铁木真输了军事却赢了政治。对手过于残酷的战争手段，比如用 70 口大锅煮俘虏，令不少士兵畏惧其严厉惩罚而投奔了铁木真，铁木真的军力反倒得以迅速恢复和壮大。铁木真在后来与札木合率领的 12 部落联军作战中取得胜利，成为蒙古东部之王。

札木合投奔了铁木真的义父王汗，并与王汗联手对铁木真发动了突袭。铁木真虽然提前一点得到了情报，立即组织转移，但还是被追击得很惨，几乎被逐出了蒙古草原，当其逃到大兴安岭附近休整时，身边只剩下 4000 多人（一说 2000 多人）。

这时铁木真的领袖才能发挥得淋漓尽致，他不但凝聚了这些士兵没有最终溃散，一起喝浑水发誓同甘共苦，还采用计策麻痹敌人，而后组织部队发起反攻。战斗进行了三天三夜，居然击败了王汗的强大军队。王汗虽在战场上幸免于难，但在向西逃亡的途中被乃蛮部落的边境巡逻队当作奸细误杀。乃蛮部落是控制蒙古草原西部的突厥族政权，游牧于大阿尔泰山及其周围广阔的地域内，是蒙古高原诸部中势力最强的部落。与没有文字的铁木真等蒙古部落相比，使用畏兀儿（维吾尔）文字的乃蛮部落也是草原上最文明的部落。因此，他们很轻视正在崛起的铁木真部。乃蛮王冒失地收留了铁木真的敌人札木合，并轻易与刚刚获胜的铁木真开战，结果自以为兵强马壮的乃蛮政权被铁木真彻底消灭。

铁木真消灭乃蛮部落后札木合再次逃亡。途中他的五个随从吃了他一只珍贵的盘羊，被他训斥，五个随从怨愤之下将他绑了送给铁木真。面对这位义结金兰的兄弟，铁木真感慨万千。他们曾经豪气冲天，为了统一蒙古、打败金朝而共同努力，但最终却在权力的争夺中反目成仇，为了蒙古草原的领导权刀兵相见。当铁木真完成了统一蒙古的事业时，曾经的手足兄弟札木合最终潦倒阶下，只求一死。铁木真处死了犯上的札木合的五个随从后，按札木合的请求处以不流血之死。

消灭乃蛮部落后（1206 年），蒙古贵族们在斡难河（今鄂嫩河）源头召开大会，为统一了蒙古草原的铁木真奉上尊号"成吉思汗"（有的西方史书称为"大蒙古国皇帝"）。由铁木真开创的蒙古帝国的历史开始了。这一年铁木真 44 岁。

蒙古扩张

在成吉思汗的领导下，蒙古帝国不断扩张，灭掉了西辽和花剌子模两个中亚大国。成吉思汗临终前还留下灭西夏、金的密计方略，并得到成功实施。

先说灭西辽。西辽是金灭辽后、辽朝残余势力在中亚建立的政权，后来元朝灭亡，元朝残余势力退至漠北维持北元政权也与此类似。西辽国土面积广阔，与南宋相仿，最强大时东接甘肃，西至咸海，中心在今吉尔吉斯境内，后人称其为"中亚雄狮"，最后被成吉思汗所灭。

西辽的建立者耶律大石是辽代的贵族，他是《辽史》中记载的辽朝唯一一个契丹进士，能骑射，精通汉文和契丹文。在辽被金灭亡前夕，耶律大石曾率残余辽军在北京南边大败 20 万乘虚而入的宋军。但因辽朝内讧，他被迫带领 200 亲兵向西迁徙。他在今蒙古境内召集了契丹 18 个部落的首领集会，重建辽朝。后来在今新疆称帝，正式成立西辽帝国。随着领土不断向西扩张，耶律大石将都城定在虎思斡耳朵（意为强盛宫帐，在今吉尔吉斯境内）。

在西辽向西扩张的过程中，最有名的战役是击败当时以巴格达为中心的中亚强权塞尔柱帝国。塞尔柱突厥人是唐朝时分裂的西突厥的一支，他们从吉尔吉斯草原出发，在征战中皈依了伊斯兰教并逐渐强大，最终横扫中亚和西亚，占领巴格达，开创了阿拉伯帝国的塞尔柱王朝时代。耶律大石正是凭借其军事天才以少胜多，击败了称雄一时的塞尔柱帝国的 10 万骑兵，威震中亚，并顺势征服了西喀喇汗、花剌子模等塞尔柱帝国的附属国。

耶律大石去世后，西辽逐渐没落，却仍不失为中亚大国。但在成吉思汗消灭乃蛮部落后，乃蛮部落王子逃到西辽，竟篡夺了帝位。成吉思汗不想留下遗患，于是派大将哲别率军进入西辽追击。

哲别曾出现在金庸小说《射雕英雄传》里，哲别遭到成吉思汗追击时为郭靖所救，后来教给郭靖"箭无虚发"的箭术。在真实的历史中，确有哲别其人，他的确是"百发百中"的神箭手，曾在战斗中徒手抓到敌军射来的飞箭，搭弓回射，一箭穿透敌方主将心窝。哲别先效力于成吉思汗的敌对部落，后投降成吉思汗。成吉思汗看重他的箭术和坦诚，原谅他曾经射死自己的爱马，赐名"哲别"（意为"箭"），并予以重用。但哲别能成为四虎将之一，还是因为他有勇有谋。

在出征西辽的过程中，乃蛮王子逃往今阿富汗境内的山谷，蒙古军因山谷崎岖无法深入。哲别一改乃蛮王子对当地人宗教信仰进行强制的做法，宣布：每个人都可以有自己的信仰，保持自己祖先的宗教规矩。并在宗教信仰自由的政策基础上，跟当地猎户达成协议：如果能捉住该王子并交付于蒙古军，蒙古军不再向猎户索取任何物品。猎户因此包围并捉拿了该王子及其部卒，送交了蒙古军。哲别下令将其处死，西辽灭亡。

在西辽没落的过程中，花剌子模（旧译"回回国"或"火寻"）逐步兴起，摆脱西辽统治，在中亚地区称霸。其领土包括今伊朗、乌兹别克斯坦、土库曼斯坦等地，东与西辽接壤（领土以中国新疆、吉尔吉斯、哈萨克斯坦为主），面积与印度次大陆相仿。

蒙古军西征花剌子模之前，成吉思汗面临来自三方面的挑战：一是对金作战，二是西夏反叛，三是花剌子模的欺辱。成吉思汗权衡利弊，最终决定采用稳住西夏、牵住金朝、全力西征花剌子模的策略。

花剌子模是实力强大的中亚大国，成吉思汗本想与其友好通商，曾向花剌子模国王传递口信：你统治日落地方，我统治日升地方。但该国由于对蒙古不够了解，颇有轻蔑，竟然图财害命，斩杀蒙古使臣，屠劫蒙古商队，并且由于政权内部有矛盾，成吉思汗遣使问罪时不但未惩处肇事者，反而杀害了使团团长，其余的成员被剃光胡须押出国境。成吉思汗被彻底激怒，报复开始了。

成吉思汗率领 12 万左右的蒙古军队西征，而花剌子模却有 40 万装备精良的军队以逸待劳，本土作战，形势似乎对成吉思汗并不利。但历史事实是：成吉思汗创下了以少击多、打包围战全歼敌军的军事奇迹，在地图上一举抹掉了花剌子模这个正处于强盛阶段的国家。

花剌子模人为保卫国家也进行了顽强抵抗，大量勇将战死。有的城堡在蒙古人潮水般的进攻下能守城长达 5 个月，刀枪尽折仍然用砖头以死相拼，却终究不能摆脱灭亡的命运。

听到花剌子模国王逃跑，成吉思汗下令让哲别等人追杀："直到将他们追上为止，你们不擒获他不要回来。有反抗情绪者一律消灭掉！三年内结束战争，通过钦察草原回到我们的老家蒙古。"结果，花剌子模王室成员被蒙古军追杀殆尽，大量被俘士兵和百姓被集中起来予以屠杀。成吉思汗有一次在屠杀前向他们发表颇有哲学意味的演讲：你们必定是有罪的，不然，上天为什么指派我杀掉你们？

就这样，成吉思汗亲率蒙古军队征服了大部分中亚地区。数量并不占优的蒙古军队屡屡获胜的主要原因，是战术、后勤、装备和战士。

蒙古军西征花剌子模兵分三路。其中大皇子术赤和大将军哲别率领 3 万人穿过帕米尔高原的死亡地带。他们在 7 千多米的高山之间、一丈多深的积雪中行军，"为了暖和身体，用小刀切开马的血管，吸喝了马的温暖的血液，又把血管封闭起来。"[①] 成吉思汗亲率 5 万蒙古骑兵，从北方迂回行军，通过了被认为人和动物无法通过的 500 公里大沙漠，堵住了花剌子模人西逃的路径。这时的花剌子模已被蒙古军队四面包围，这是成吉思汗大迂回战略最典

---

① ［法］布鲁丁、［俄］伊万宁：《大统帅成吉思汗兵略》（都固尔扎布、巴图吉尔嘎拉译），内蒙古人民出版社 1991 年版，第 150 页。

型的一个战例。

千里奔袭必须解决后勤供给问题，隋唐征高句丽几乎每次都是供给中断被迫撤军。蒙古军队以自己独有的方式解决了军队的供给问题，他们不需要组织很长的辎重队，因为蒙古人平时即食用羊或马，不需要特别的装备来运送，从而大大减轻了蒙古军队的负重。蒙古士兵以肉干和酸奶为饮食，军队可以随身携带战斗时用的一切物品，携带食物吃光了，还可以吃其他动物肉，依然有强大的野战生存能力。所谓"食羊尽则射兔鹿野豕为食，故屯数十万之师不举烟火"。

解决后勤供给的另一个办法是因粮于敌。一是在敌区抢夺牲畜。二是软硬兼施迫使对方供给粮食。哲别在占领花剌子模的南方后告示居民：如果想免于被杀，快快投降提供粮食。成吉思汗的作法则更温和一些，他登上城里清真寺的圣坛，对回教僧侣们说："在野外既没有肉，也没有草，马饿了人也饿急了，战士们非常苦，打开你们的粮库。"[1] 僧侣们只好交出粮食。三是每征服一地，就建立作战基地，以战养战。"蒙古贵族在开始进入中原时，掠夺财富是他们从事战争的一大目的，从金银、牲畜到人口，都是他们掠夺的对象。"[2]

后勤有了保障就可以增加军队的速度和力量，大胆向敌人的纵深穿插迂回，其距离的深远常常使敌人难以置信，这就是为什么蒙古军队攻下一个个城堡竟是那么容易。因为这些城堡的守军被突如其来的敌人吓蒙了，他们来不及作坚固防御，即使做、了准备，但蒙古军却偏偏出现在他们尚未防守的地段，而那些地段他们认为敌人是无法前来偷袭的。当然，这也和蒙古军队的装备有关。

蒙古骑兵通常备有不止一匹蒙古马。蒙古马身材矮小，跑速慢，越障碍

---

① [法] 布鲁丁、[俄] 伊万宁：《大统帅成吉思汗兵略》，内蒙古人民出版社 1991 年版，第 159 页。

② 泰亦赤兀惕·满昌主编：《蒙古族通史》，辽宁民族出版社 2004 年版，第 143 页。

能力也远远不及欧洲的高头大马。但是蒙古马是世界上忍耐力最强的马，可以长距离不停地奔跑，而且无论严寒酷暑都可以在野外生存，对环境和食物的要求也是最低的，可以随时找到食物。当成吉思汗西征时，花剌子模国王从间谍那里得知：蒙古军队的马不需要麦子和稻草。它们能用蹄子刨开积雪找草吃，甚至还能刨开土找草根和草籽吃。任何高山峻岭和大川小河都阻挡不了他们的进击。花剌子模国王闻此受到强烈震撼，以致无心交战。蒙古马在蒙古军队除了作为骑乘工具外，还可以提供马奶，减少了蒙古军队对后勤的要求。

除每人配备数匹蒙古马外，蒙古骑兵随身携带有弓箭、马刀、长矛、狼牙棒。他们的弓箭长，射程远，需大约 80 公斤的力量才能拉开。大多数蒙古骑兵射箭技术非常高超，在飞奔之中射箭也极准确，能够向后精确射中追来的敌人。每个蒙古武士在一场战斗中要带至少 60 支箭，可以有效杀伤至少 30 名敌人。因此，蒙古军队一和敌人交锋，首先就是撤退，和敌人拉开距离，用弓箭射杀敌人。这样，敌人的刀剑无法对付远距离的弓箭，蒙古军队就完全占据了优势。如果弓箭无法穿透敌人的盔甲，他们就改射敌人的坐骑，掉下马的骑士就只能任由蒙古骑兵随意砍杀。

蒙古人"恃北方之马力，就中国之技巧"，将与金国和南宋作战时遇到的先进武器全都学过来，不但全盘照搬，而且发扬光大，并用到欧洲战场。这当中包括投石机、折叠桥、浓烟毒箭、火箭、燃烧油、突火枪、震天雷等。以抛射武器震天雷为例，铁罐盛药，以火点之，炮起火发，其声如雷，闻百里外，甲铁皆透。当时蒙古军队的敌人，尤其是欧洲军队，尚不知火药为何物，亲眼见后称之为"妖术"，给他们造成极大的心理震撼，尚未交手，往往已经军心涣散。史料记载蒙古人的毒箭含砒霜巴豆，产生强烈的毒烟，造成敌人极大恐慌而逃跑。身着轻装的蒙古军队再利用远远高于逃跑者的速度和耐力，不停顿地换马四处截杀。

蒙古士兵和中国北方的其他游牧民族一样从小就是战士。蒙古人三四岁就被投入专门的军事训练部门进行骑马、射箭的训练。在马背上和严寒艰苦的环境中长大，具有极为坚韧耐劳的性格，对物质条件的待遇几乎从不讲求，爬冰卧雪视为常事，远距离跋涉更是不在话下，连续作战的意志和能力更是西方养尊处优的贵族骑兵们和中国被抓来的百姓士兵难望其项背的。和所有的敌人相比，蒙古人在文化和物质上都处于落后地位，大规模攻占和掠夺始终是激励其保持旺盛战斗力的原因和动力。对外发动战争时，可以全民动员，全民不分男女老幼都可以参加作战行动。如对花剌子模国的长期围困，就是全民参与，在城下放牧生活，维持军队持续不断的攻击力，直到城市被攻克。

在以上四方面的优势基础上，蒙古军队的统帅成吉思汗追求蒙古草原统一的努力取得相当大的成功。事实上，他控制的领土面积远远超过其早年最大胆的想象。后来成吉思汗曾指着广袤的草原对手下自豪地说：我们的国家无论从东到西，还是从北到南，都需要骑马走一年的时间。

成吉思汗追求统一的主要动力大概来自报复和征服的欲望。他自幼饱经苦难和欺凌，对财物充满争夺的欲望，对敌人充满报复的仇恨。他少年时曾因为争夺猎物亲手用自制的弓箭射杀同父异母的弟弟。成为蒙古部落可汗后，为报复有杀父之仇的部落，他曾下令杀光所有身高超过车轮的塔塔儿士兵和男子。对杀害蒙古商人的花剌子模将领，成吉思汗命令融化银汁灌其耳目，为遇害者报仇。

但同时，成吉思汗又很有政治头脑，在报复和征服的同时，他又非常慷慨，性格中表现出恩怨赏罚分明的特点。早期在与友好部落围猎时，经常将猎物赶向别人的一边。为赏赐守卫他的侍从，他曾将自己的妃妾许配给下人。成吉思汗统一蒙古后一下子封了 95 个千户，4 个万户，犒赏手下的力度和气魄远远超过了汉高祖刘邦，而且受封者大多数都不是自己的亲戚。[①]

与辽朝开国皇帝耶律阿保机的 54 岁和金朝开国皇帝完颜阿骨打的 55 岁

---

① 陈文中：《成吉思汗家族是如何打到欧洲的——蒙古西征纪实》第 17 节，http：//www.yi-see.com/read_159210_8559.html。

相比，成吉思汗活了 66 岁，已经算长寿的开国之君了，这也使他有机会开创更多的功业。他为创建空前广阔的帝国打下坚实的基础，并使帝国在其死后仍保持扩张的动力和能量。

除成吉思汗亲自领导的西征外，另外两次西征均因蒙古帝国的大汗去世而停止了胜利的步伐，否则世界历史又将是另一种想象。

成吉思汗去世后，第三子窝阔台继任大汗（1229 年），他活了 55 岁，在其任内，蒙古征服了高丽（1231 年），灭亡了金国（1234 年）。后来因为窝阔台酗酒而暴毙（1241 年），使蒙古军的西征进程被迫中止，正向欧洲维也纳胜利推进的蒙古军急忙撤回。

窝阔台死后，其长子贵由曾在位三年，而后由 43 岁的蒙哥（成吉思汗第四子拖雷的长子）即位。蒙哥沉默寡言、不好侈靡，是位杰出的蒙古大汗。在其任内，蒙古军灭亡大理（1254 年），占领阿拉伯帝国首都巴格达（1258 年），消灭了阿拔斯王朝，次年占领大马士革（现为叙利亚首都）这座据说是有人持续居住的亚洲最古老城市。① 蒙古军本来还有望在蒙哥任内灭亡腐败的南宋政权，但蒙哥亲率军队在重庆与南宋军队作战时暴毙（一说中箭，一说疟疾），导致同时进行第三次西征的蒙古军团停止了横扫中东的进程。

---

① 姚大力：《另一种视角的蒙古史〈成吉思汗与今日世界之形成〉汉译本代序》，http：//vip. book.sina.com.cn/book/catalog.php？ book=40138.

帝国兴衰

　　成吉思汗及其子孙领导下的蒙古帝国历经数次西征，在被征服的辽阔疆域内建立了"四大汗国"：钦察汗国、察合台汗国、窝阔台汗国和伊儿汗国。四大汗国的统治者在血统上均出自成吉思汗"黄金家族"，初期同奉入主中原的元朝为宗主。

　　钦察汗国（金帐汗国）：成吉思汗长子术赤的封地，主要辖区是东起额尔齐斯河、西至多瑙河、南起巴尔喀什湖、北到北极圈附近的广大地区。四大汗国中，钦察汗国疆域最为辽阔，并成为后来出现的俄罗斯的基础。15世纪20年代初，钦察汗国分裂成9个相互独立的国家。一个叫莫斯科公国的属国崛起，并不断兼并钦察汗国的其他属国，成为后来著名的俄罗斯帝国。俄罗斯人的日常生活深受蒙古影响，有大量蒙古语借字，邮政、税收、衣服、军制与法制也受蒙古影响。

　　察合台汗国：成吉思汗的次子察合台封地，主要辖区在天山南北。后分裂为东西两部。1369年西察合台汗国被帖木儿帝国消灭。在此稍早前，东察合台汗国统治者强迫民众改信伊斯兰教，使该教后来在新疆地区盛行。1570年东察合台汗国（吐鲁番汗国）亡于叶尔羌汗国（该汗国清初被漠西蒙古的准噶尔部吞并）。

　　窝阔台汗国：成吉思汗第三子窝阔台的封地，领有额尔齐斯河上游和巴尔喀什湖以东地区。忽必烈时期被元朝消灭，领土分别被并入元朝、钦察汗国和察合台汗国。

伊儿汗国（伊尔汗国或伊利汗国）：成吉思汗孙子旭烈兀（成吉思汗第四子拖雷之子，忽必烈的三弟）西征后建立，以现今两伊地区为核心，东滨阿姆河，西临地中海，北界里海、黑海、高加索，南至波斯湾。1295 年该汗国改宗伊斯兰教，伊尔汗国组建成为一个伊斯兰国家。后分裂，1388 年为帖木儿帝国所灭。

元朝开国皇帝元世祖忽必烈去世后，其他三个蒙古汗国（此时窝阔台汗国已亡）完全各自为政，互不隶属。到元朝末代皇帝元顺帝的时候，其他汗国已经根本不关心中原地区由谁来统治。即使在元朝内部，也是分崩离析，山头林立，毫无蒙古帝国初期的团结气势。

明朝开国皇帝朱元璋在统一南方后，遣将挥师北上，一举将元顺帝赶回蒙古草原。按说此时元军战斗力也不算太弱，还能灭倭寇、平西域、败红巾，但却被明军追亡逐北，摧枯拉朽，打得溃不成军。除了士气、战术等因素外，明军最令人瞩目的是武器装备相当先进。大部分明军骑兵都配有火龙枪，可以弥补与蒙古骑兵在骑射上的差距。明军还大范围地使用了火炮，使元军最后的精锐部队大多成了炮灰。

回到漠北草原的蒙古政权被史学家称为"北元"，但也只维持了 20 年。明朝 6 次北伐，深入漠北，大败元军，后来蒙古政权干脆废弃元朝国号、年号、帝号（1388 年），还原蒙古，明朝称其为"鞑靼"。

蒙古各部又恢复到兴起之初时的状态，围绕宗主权（大汗之位）展开激烈争夺。成吉思汗的黄金家族势力逐渐式微，有的后代（本雅失里）不甘心失败，意图恢复往日荣耀，但因拒绝向明朝臣服，明成祖朱棣亲自率军进入蒙古，直抵成吉思汗故地——鄂嫩河上游平原，将其彻底击溃。

蒙古分裂为瓦剌（卫拉特）、鞑靼、兀良哈（朵颜三卫）三部。其中西部的瓦剌发展最快，势力一度最大。当时瓦剌在向明朝朝贡时发生利益纠纷，加上明朝拒绝将公主嫁给瓦剌王子，瓦剌首领也先率蒙古骑兵分三路入侵明朝。23 岁的明英宗率 20 倍于敌军的明军御驾亲征，但因宦官当权，指挥不当，被瓦剌军击溃。皇帝被俘，66 名大臣战死，50 万军队全军覆没。这就是历史上著名的"土木堡之变"。

后来位于蒙古草原中部的鞑靼又再度强盛，首领俺答汗原本亲近明朝，几次表示归服意愿，并恳请明朝恢复在长城关口的互市贸易，遭到拒绝。更糟糕的是，明朝政府不但多次拒绝鞑靼的互市请求，还公开处死蒙古使臣。如果嘉靖君臣知道当初花刺子模处死蒙古使臣后、成吉思汗不惜倾国西征的历史，他们就应该清楚蒙古人对这样的事有多么重视。果然，俺答汗终于被激怒了，集结了 10 余万骑兵南下，明朝边防军一触即溃，蒙古军队包围北京，恣意掳掠，满载而归。明朝颜面尽失，史称"庚戌之变"。此后鞑靼与明朝长期敌对。

兀良哈是生活在大兴安岭以东的蒙古部落，明朝将之统称为"朵颜三卫"或"兀良哈三卫"，在明朝初年明军对蒙古人的强大攻势下，归附了明廷。明成祖朱棣发动夺取皇位的"靖难之役"时，兀良哈三卫曾向其提供蒙古骑兵，并成为朱棣"靖难军"的精锐部队，为击败南京方面的军队立下战功。后来为土地问题与明朝翻脸，先后联合鞑靼和瓦剌进攻明朝。明朝后期该部落逐步融入其他蒙古部落而消失。

明朝末年，蒙古末代大汗林丹继位。从继承汗位开始，林丹汗便着手统一蒙古各部，一度颇有成效，所辖地域东起辽东，西至甘肃，声威日隆。但漠北与漠南蒙古诸部与林丹汗却是貌合神离。其中一个重要原因是林丹汗 26 岁时改为信奉红教，这与蒙古地区多信仰黄教的传统不符。此外辽东新兴的后金政权极力靠联姻拉拢漠南蒙古部落，使越来越多的蒙古部落归附了后金。

林丹汗意识到后金的威胁，调整了一度进攻明朝的策略，改为"联明制金"。在明朝与后金激烈作战时甚至派兵支援明军，但被金军击败。即使如此，林丹汗仍在政治上压制后金，他在给后金大汗努尔哈赤的信中自称"统领四十万众蒙古国巴图鲁青吉斯（成吉思）汗"，要求"水滨三万人之王"

的努尔哈赤不得与自己的蒙古部落结盟。

努尔哈赤并不把林丹汗放在眼里，不但回信措辞强硬，还干脆兵戎相见，击败了林丹汗。皇太极继位后，亲率大兵三征林丹汗。第三次大败林丹汗的 10 万劲旅，皇太极分兵三路穷追林丹汗 41 天，一直打到林丹汗的据点归化城（今呼和浩特）。

林丹汗无奈自归化城驱人畜十万渡黄河西逃。但面对大势已去的大汗，部众十之七八在途中散去。林丹汗逃奔青海，整军经武准备反攻。但不幸的是两年后病死。后金军队渡河招降林丹汗部众，林丹汗的妻子和儿子归降，交出可汗印信，整个漠南蒙古完全纳入了后金帝国的版图，蒙古帝国的汗位至此断绝。

次年（1636 年），漠南蒙古十六部首领齐聚沈阳，承认皇太极为汗，并奉上"博格达·彻辰汗"的尊号[1]。这一年，皇太极在沈阳称帝，改国号"清"。8 年后，清军入关，明朝灭亡，清朝问鼎中原。

漠南蒙古归顺清朝时，蒙古人统治的另外两块地区——漠北蒙古和漠西蒙古尚未归属清朝。但在清军入关前，漠北蒙古三个主要部落首领（土谢图汗、札萨克图汗、车臣汗）纷纷向清朝遣使朝贡，与清朝关系密切。康熙年间，漠北蒙古遭到漠西蒙古的进攻，漠北蒙古各部内附投清。康熙与内外蒙古各部首领会盟（1691 年，多伦），宣布保留漠北蒙古三部首领的汗号，并赐以满洲贵族的封号，其行政体制也和内蒙古一样，加强和巩固了清朝对漠北蒙古各部的管辖。

接着，清朝顺势加快对漠西蒙古的统一，历经康、雍、乾三朝用兵，彻底将其重新纳入中央政权的管辖版图（1757 年）。

---

[1]　泰亦赤兀惕·满昌主编：《蒙古族通史》，辽宁民族出版社 2004 年版。

独立运动

　　清朝先后统一了蒙古人控制的漠南、漠北和漠西，但在这三个地方实施的政策和后果是不同的。漠北后来产生强烈的独立倾向。

　　清朝早在后金时期就与内蒙古（漠南蒙古）联姻，二者融合程度高，内蒙古贵族可以和清廷贵族共同分享主宰天下的权势和荣光，因此十分认同清朝。清廷对内蒙古也非常信任，管理基本上是"自治"。

　　外蒙古（漠北蒙古）归附的时间晚，又是在被漠西蒙古击溃后不得已而降清的，且其后又有反复，所以清朝对外蒙古并不十分信任，虽也封官予爵，但还要在库伦（今乌兰巴托）设立办事大臣进行监督。

　　导致外蒙古产生独立倾向的是最初原因是政府负担太重。当初蒙古扩张时，每征服一地或与他国结盟，立即征人征马征税，毫不客气。清朝也是一样的思路：既然清朝为帮助外蒙古打败噶尔丹付出那么多，外蒙古也不应该为支援清朝吝惜什么。于是，在继续征讨漠西蒙古的过程中，外蒙古也就理所当然的需要承担对清朝的种种义务。

　　噶尔丹死后，策妄阿拉布坦掌控漠西蒙古与清朝作对。清朝发动对漠西蒙古的战争，外蒙古承担了大量物资与人力支持。据蒙古档案记载，征讨漠西蒙古的 20 年间（康熙五十四年到雍正十三年），清朝从外蒙古征调骟马 23 万匹，骒马 5.3 万匹，骆驼 10 万峰，牛 4000 头，绵羊 200 万只，毡子 3 万块。实物征调外，还有繁重的徭役，包括驿站、哨所，都要派遣外蒙古士兵驻守，各王公要为此供应一切军需物资，清朝军队的物资运输也完全由喀尔喀人负担。

外蒙古不堪重负，牧民大量破产，成群的人逃到俄罗斯避难。据俄国档案记载，一年间（1730 年）有多达 2091 帐的蒙古人赶着 5210 峰骆驼、68465 匹马、14962 头牛和 131610 只羊逃到俄国境内。

与此同时，清朝对于内蒙古则是采取轻徭薄赋的政策，内蒙古只需供应少量的战马、汤羊、乳酒等物，虽然也要承担一些守卡、驿递等劳役，但相对负担较轻。遇到天灾，清廷要调拨大量的米粮、皮裘、牲畜、毡房、银两给予救济。除此之外还实行养赡制度，相当于现代的扶贫政策，使内蒙古经济很快得到恢复。

清人张穆的《蒙古游牧记》记载在康熙三十五年（1696 年）时，内蒙古沿途各地"骆驼皆健，马匹较少，牛羊饶裕"，鄂尔多斯地区"见其人多有礼貌，不失旧时蒙古规矩，各旗县和睦一体。无盗贼，驼马牛羊不必防守，生计周全，牲畜繁盛，较它蒙古殷富，围猎娴熟，稚兔复多，所献马皆极驯，取马不用套杆，随手执之，水土食物皆甚宜"。

两相对比，外蒙古人对清朝的不满日益高涨，终于酿成 1756 年的"撤驿之变"。此前外蒙古发生了白灾和瘟疫，生计艰难的外蒙古人对清朝的赋税杂役愈发厌恶。偏在此时，乾隆皇帝杀死了因为疏忽而放走准噶尔首领阿睦尔撒纳的一个外蒙古亲王，这个亲王是外蒙古活佛哲布尊丹巴二世的哥哥。他的被杀引起了外蒙古诸王公的普遍愤怒，纷纷撤驿站、弃哨探，各地牧民举行暴动，袭击清军，打击汉商，清朝在漠北的驿站全部瘫痪。但这次撤驿之变仅维持了数月便彻底失败，发起人及追随者遭到镇压。

这次事件使清廷对外蒙古加强了警惕和控制。清朝设置了驻库伦办事大臣，直接对中央负责，管理当地所有事务，将土谢图汗、车臣汗和哲布尊丹巴活佛这些在外蒙古有着崇高威望和号召力的贵族架空，处于绝对控制之下。清朝并将外蒙古的军政管辖从间接转为直接。

同时，清朝操纵哲布尊丹巴活佛的转世系统。哲布尊丹巴活佛一世和二世都是在外蒙古贵族土谢图汗家族中转世，从三世起，清朝指定必须在藏人中转世，并成为定制。活佛系统和外蒙古贵族的血缘联系被切断。这些措施有利于稳定清朝对外蒙古地区的统治，但加重了外蒙古贵族和普通牧民对清廷的不满。

哲布尊丹巴活佛地位的不断下降成为外蒙古独立的直接导火索。1840年以后，哲布尊丹巴八世没有一次被清廷召见，而在他之前的五十年，历任哲布尊丹巴活佛没有受过一次朝廷的褒奖。1878年，新上任的满族办事大臣要求废除以往办事大臣谒见哲布尊丹巴时的叩拜礼，并要求哲布尊丹巴站立迎接。几经交涉后，哲布尊丹巴虽不用起身迎接，但也从此免除了清朝办事大臣对哲布尊丹巴的叩拜之礼。这对当时的外蒙古人是不可忍受的耻辱。

中国1911年爆发辛亥革命为外蒙古脱离中央政府提供了条件。此前一些蒙古王公向哲布尊丹巴八世递送了建议独立的呈文，提出为了"保护我们的黄教"要"争取独立"，"将派特使去我们的北方邻邦俄国，并以友好的方式阐述这些事实，请求它考虑给我们援助。"[1]另一个谋求独立的重要原因，是在清朝对蒙古族地区实行蒙地放垦和设置州县政策的背景下，大量蒙古族人失去了大片牧场，经济条件恶化，欲谋求经济和政治上的自主权力。1911年7月，以哲布尊丹巴活佛为首的外蒙古王公，以会盟为名，在库伦召开秘密会议，决定实行外蒙古独立，并派遣代表团密往俄国寻求庇护。[2]沙俄政府决定："不承担以武力支持喀尔喀蒙人脱离中国之义务，而是居间调停，通过外交途径支持蒙人捍卫独立之愿望，勿与其宗主国君主清朝大皇帝脱离关系。"但允诺"将支持他们为捍卫喀尔喀之独特制度，同中国人进行斗争"。

1911年10月10日武昌起义爆发。外蒙古王公宣布"蒙古全土自行保护，定为大蒙古独立帝国，公推哲布尊丹巴为大皇帝，不日登极"，要清朝办事大臣立刻出境。12月16日，库伦独立集团正式宣布成立大蒙古国，以

---

① 希·散达格《蒙古政治外交》第1卷，1971年乌兰巴托版，第244页。
② 阿·波波夫《沙俄与蒙古》，《红档》杂志第6卷，1929年第37期。

共戴为年号，奉哲布尊丹巴呼图克图为皇帝。但此独立未被当时的清朝政府和后继的中华民国政府承认。

趁中国中央政府无暇北顾，且西藏正在谋求军事独立，1912 年 5 月，库伦独立军 5000 余人进攻科布多中央驻军。科布多守军 300 余人奋战几十天后失陷。至此，外蒙古独立政权控制了外蒙古全境。

在此过程中，外蒙古还企图并入内蒙古，向内蒙古王公发出的第一次《檄文》提到："现值南方大乱，各省独立，清皇权势，日就凌夷。国体变更，指日可待"；"我蒙古亦应联合各盟，自立为国，以便保我黄教，而免受人权力压制之苦。自应协力同心，奋勉图维。"①

内蒙古地区历经明清两代大量汉族、回族人口迁入，蒙古族原住民已不占多数，而且文化交流频繁，在外蒙古有着至高无上地位的黄教，在内蒙古并不能成为争取独立的理由。虽然有一些王公倾向独立或是并入外蒙古，但无法形成外蒙古那种一呼百应的局面。

因此，著名的内蒙古王公贡王（贡桑诺尔布）1912 年 3 月在乌兰哈达（今赤峰市）召开会议，提出内蒙古要"脱离中国加入大蒙古国"时，出席会议的蒙古王公"不发一言"，"会场默然"，最后"不欢而散"，未取得任何结果。

---

① 《民国经世文编》第十八册，经世文社 1914 年版。

中苏谈判

　　独立运动往往与中央政权实力下降和外部强权插手密切相关。外蒙古与西藏的独立运动的背后分别有俄国和英国的支持。

　　外蒙古独立先是沙俄支持，后又得到苏联的扶植。1911 年外蒙古在沙俄鼓动下驱逐清政府官员，宣布独立。1912 年"日俄密约"中，日、俄两国相互承诺："俄国承认日本在东北的特殊利益，日本承认俄国在外蒙古和西蒙古地区的利益。"

　　1913 年沙俄迫使袁世凯执政的北洋政府签订了《中俄声明》。声明规定：外蒙古承认中国宗主权，为中国领土的一部分。中国、俄国承认外蒙古自治。中国不得在外蒙古派驻官员、军队，不得移民。

　　在国内各界的压力下，袁世凯政府派兵将外蒙古军队逐出内蒙古，稳定了内蒙古的局势。1915 年中俄蒙签订《恰克图协定》，重申中国对外蒙古的宗主权。据此外蒙古宣布取消"独立的大蒙古国"。袁世凯册封八世哲布尊丹巴为"呼图克图汗"，并赦免独立运动人士。外蒙古实行自治，但实际上为沙俄所控制。

　　俄国此时正在酝酿十月革命。革命领导人列宁在世时曾说，要把沙皇掠夺的中国土地全部无条件还给中国人民，并承诺外蒙古在中国革命取得成功后将自然回归中国。

　　十月革命后俄国陷入内战而无暇顾及外蒙古，1919 年 11 月中华民国总统徐世昌和总理段祺瑞下令出兵外蒙古，软禁哲布尊丹巴活佛，全面否定

《中俄声明》。同月，外蒙古正式上书中华民国大总统徐世昌，呈请废除俄蒙一切条约，蒙古全境归还中国。南方孙中山护法军政府对此致电庆贺。北洋政府下令取缔外蒙古自治，恢复旧制，同时取消《中俄声明》和《恰克图协定》，在库伦设立"中华民国西北筹边使公署"。

1921 年，外蒙古中国驻军先后遭苏联白匪和红军的进攻，最后撤回内地。苏联红军进入外蒙古，协助蒙古人民党建立了亲苏的"君主立宪政府"。1922 年签订《苏蒙修好条约》，苏联承认外蒙"独立"。

外蒙古宣布"独立"的消息传到内地，舆论大哗，包括内蒙古王公在内的国内各民间团体、民主党派纷纷发表宣言，反对蒙古王公贵族分裂祖国的倒行逆施，谴责苏联对中国外蒙古的武装占领。

当时的中国中央政府（北洋政府）发表严厉声明，拒绝承认外蒙古独立，但由于当时中国陷于内战，北洋政府没有派军队收复外蒙古。本希望借助英、美、日出面干涉，但未达到效果。

不久，蒙古君主哲布尊丹巴去世。在苏联第三国际以及蒙古人民党的支持与行动下，蒙古政府 1924 年宣布废除君主立宪制，成立"蒙古人民共和国"，定都乌兰巴托（原库伦）。这期间，那些在苏联控制下被剥夺了权力的蒙古上层王公开始后悔反抗中国的行为，纷纷逃到中国要求发兵收回外蒙古主权，赶走俄国人。但是苏联不断增加驻蒙军队规模，制止中国收回外蒙古主权的行动。北洋政府中的实力派人物曹锟、吴佩孚、张作霖等只有怒骂，却无可奈何。

1924 年，当时的中国中央政府（北洋政府）和苏联签订《中俄解决悬案大纲协定》，也叫《中苏协定》，其中第六条明确"承认外蒙古是中国领土，中国在外蒙古有完全的永久的主权"。这意味着此时蒙古至少在名义上尚未能获得独立。

1927 年，蒋介石主持中央政府时，苏联要求中国承认外蒙古的独立，蒋介石回电拒绝，并责令外蒙古执政者放弃独立，回归中国。1928 年，外蒙古发生大规模反对独立并要求回归祖国的统一进步运动，苏联以"平叛"为由出兵外蒙古进行血腥镇压。蒙古统一人士要求中华民国政府出兵外蒙古，中苏军队在外蒙古东部边界发生小规模战斗。此后中国军队再也没有进入外蒙古。

中华民国从北伐、中原大战、国共内战，到"九一八"事变和1937年全面抗日战争爆发，长期处于战争状态，无力处理外蒙古问题。亲苏的蒙古领导人乔巴山等人在蒙古人民共和国实行了苏联式的政治制度，使外蒙古在中国战乱频繁的年代形成了事实上的分离。

1945年德国投降后，美英在雅尔塔国际会议中与苏联达成默契，以牺牲中国部分利益换取苏联尽快对日作战。斯大林提出要跟中国签约，然后进攻中国东北的日本军队，条件是中国要承认外蒙古独立，并给予苏联在中国东北的特权。蒋介石也知道把外蒙古丢了是千古罪人，所以开始坚决不同意。

根据蒋经国对1945年随宋子文赴苏联谈判签订《中苏友好同盟条约》的回忆，斯大林当时对蒋经国说："我之所以要外蒙古，完全是站在军事的战略观点而要这块地方的。倘使有一个军事力量从外蒙古向苏联进攻，西伯利亚铁路一被切断，俄国就完了。"

蒋经国说："现在你用不着再在军事上有所忧虑，你如果参加对日作战，日本打败之后，他不会再起来，他再也不会有力量占领外蒙古，作为侵略苏联的根据地。你所顾虑从外蒙古进攻苏联的，日本以外，只有一个中国，但中国和你订立'友好条约'，你说25年，我们再加5年，则30年内，中国也不会打你们。即使中国要想攻击你们，也还没有这个力量，你是很明白的。"

斯大林反驳说："你这话说得不对。第一，你说日本打败后，就不会再来占领外蒙古打俄国，一时可能如此，但非永久如此。如果日本打败了，日本这个民族还是要起来的。""天下什么力量都可以消灭，唯有民族的力量是不会消灭的，尤其是像日本这个民族，更不会消灭。""再则，你还有一个错误，你说中国没有力量侵略俄国，今天可以讲这话，但是只要你们中国能够统一，比任何国家的进步都要快。""你说日本和中国都没有力量占领外蒙古来打俄国，但是不能说就没有'第三个力量'出来这样做。"蒋经国问："是不是美国？"斯大林回答："当然！"

对于中国代表提出"如果出卖了国土，国民一定不会原谅我们"，斯大林傲慢地说："今天并不是我要你来帮忙，而是你要我来帮忙。倘使你本国有力量，自己可以打日本，我自然不会提出要求。今天，你没有这个力量，还要讲这些话，就等于废话！"

中苏谈判期间，美国在日本长崎扔了一颗原子弹，日本投降态势明朗。斯大林决定立即出兵。8 月 8 日，苏联 150 万大军分三个方向占领了外蒙古和东北，跟着日本就投降了。这个时候斯大林跟蒋介石讲，你如签约，第一，苏联承认国民政府是中国唯一合法政府，不支持共产党；第二，苏联占领东北三个月以后就撤军。你若不签这个约，苏联就可能支持共产党，而且苏军已经占了东北，不知什么时候撤军。

蒋介石面对斯大林的重压，又得不到罗斯福的支持，在万般无奈之中，于 1945 年 8 月 14 日，与苏联签订了《中苏友好同盟条约》，在条约中正式承认了"蒙古人民共和国"。不过对此决定，中华民国外交家顾维钧表示非常困惑："我仍然无法理解为什么我们在莫斯科的代表团认为非得向苏联做出超过需要之外的让步不可。"

根据《中苏友好同盟条约》，允许外蒙古依公正的公民投票的结果决定是否独立。10 月 20 日外蒙古举行公民投票，中国政府派员前去参观，"不与外蒙当局进行任何交涉"，"不发表任何声明"。但在苏联势力的影响下，97.8% 的蒙古公民赞成外蒙古从中国独立出去。

尽管联合国所派观察员不承认此次投票，中华民国政府仍在 1946 年 1 月 5 日承认蒙古人民共和国独立。2 月 13 日，中华民国政府与蒙古建立外交关系。从此，中国失去了对外蒙古的宗主权。

1949 年蒋介石退到台湾后，对斯大林没有遵守《中苏友好同盟条约》中的"不援助中共"等条款感到愤慨，于是以苏联违约为由，在联合国状告苏联，宣布《中苏友好同盟条约》失效，从而不承认外蒙古的独立。联合国对此（"控苏案"）予以承认。联合国大会以 25 票赞成，9 票反对，24 票弃权通过联合国大会 505 号决议谴责苏联。这就是至今在台湾的"中华民国"版图上还包括外蒙古的依据。

事后蒋介石在国民党的中央会议上检讨说："承认外蒙独立的决策，虽然是中央正式通过一致赞成的，但我本人愿负其全责。这是我个人的决策，是我的责任，亦是我的罪愆。""对总理、对革命、对国家和人民应该引咎自责。"不过 1955 年，在美国的压力下，有联合国席位的台湾当局在安理会上弃权，同意蒙古加入联合国。

在蒋介石撤退台湾之前，1949 年 1 月，毛泽东曾非正式地试图通过苏联政治局委员米高扬向苏联提出要求，希望外蒙古回归中国。当时毛泽东委婉地说，有一个民主派，他们认为如果中国是共产党掌握了政权，是不是外蒙古就能合并进来？米高扬马上说这个问题不行，这是有条约的。第二天斯大林来了个电报，口气非常强硬，说如果蒙古要统一的话，它就不是外蒙古统一到内蒙古的问题，而是内蒙古要统一到外蒙古去。[①] 毛泽东只好说先不提这个问题了。

后来中共向苏共提出一套方案，要求苏联归还在中国东北的特权，代价是中国承认外蒙古独立。苏联同意了。1949 年 10 月 16 日新中国和蒙古人民共和国建交。1950 年中蒙两国正式建立大使级外交关系。整个 50 年代，中国向蒙古输送了大量工人帮助其经济建设。

60 年代中苏决裂初期，蒙古人民共和国试图保持中立。后来倒向苏联一边，把大约 7000 名中国的援建人员驱逐回国。当时苏联在整个中苏、中

---

① 沈志华教授谈外蒙古独立问题，http : //bbs.guoxue.com/viewthread.php？ tid=449072。

蒙边界上加强军事设施，在外蒙古部署的导弹相当于苏联全部导弹的三分之一，军队总数达到了一百万人，对中国产生巨大威胁。直到 1992 年苏联解体后，苏联军队才彻底从蒙古国撤走。

1980 年代中期，中蒙关系缓和。1990 年，一个蒙古代表团 28 年来第一次正式访问中国。1994 年两国签订《中蒙友好互助条约》，表示互相尊重国家主权和领土完整。

值得一提的是，外蒙古在成为苏联保护下的蒙古人民共和国后，仅仅是名义上的独立国家。有自己的政府，但总理任命得由苏联说了算，有自己的军队，但完全听命于苏联。开国领袖苏赫巴特尔就是因为民族精神过于突出，而在国家成立仅一年后，便不明不白地死在了医院。苏联时代，蒙古有十位总理因为反对苏联的政策而被杀害。原有文字被废除，改为俄文字母拼写。原来要求独立而保护的黄教也遭到了灭顶之灾，曾经是被人崇敬的喇嘛集团被成群的逼令还俗。这种情况直到苏联解体后（20 世纪 90 年代）才改变。

跋

理论需要与现实相结合，历史需要与未来相呼应。

古人说，天下大势，分久必合，合久必分。那么，国家统一的目标是否正确？既然人类社会的发展趋势是由无序走向有序，由分散走向统一，我们就有理由相信，国家统一是历史发展的必然阶段。

一、国家统一是历史选择

从中华民族的角度看，中华民族的复兴需要完成国家统一，这既是历史传统与民族情感的内在要求，也是国际经验与现实利益的必然选择。

首先是历史传统。中国是世界上唯一拥有悠久历史、稳定疆域并呈现出同一性和延续性特点的大国。回顾历史，中国这片土地上一直有建立统一国家的传统。先秦时期即有"普天之下，莫非王土；率土之滨，莫非王臣"的观念。自秦朝建立首个郡县制的大一统帝国以来的 2234 年间，疆域广阔而政令统一的王朝更迭不绝，统一局面延绵久长。秦、汉、西晋、隋、唐、元、明、清、民国共 1492 年，统一时期占 60% 以上；即使按较严格的计算，减掉统一王朝中的分裂时期，实际统一时间为 952 年，仍占历史时期的 40% 以上。而且，即使在分裂时期，也常常不是民意不愿统一，而是不充分具备实现国家统一的历史条件，这才有"王师北定中原日，家祭无忘告乃翁"的悲壮情怀。追求国家统一在中国历史上从来都是主流民意，中国历史上的大多数政权也都以统一中国为己任。

其次是民族情感。在长期的历史发展中，中华民族形成了以集体主义和团结统一为核心的民族精神与民族情感。笔者虽然还没有具体的关于民族情感要求中国国家统一的现代民意调查资料，但却亲身感受到大陆民众及海外华侨对国家统一的支持与渴望。尤其在笔者国外生活访问期间，曾亲见耄耋华侨为国家不能统一而激动流涕，曾亲闻热心邻居愿为国家统一捐献半数家产。即使在尚未统一的台湾，也有着对国家统一的强烈期盼。50 年前于右任先生曾写下悲怆诗作《望故乡》极具代表性："葬我于高山之上兮，望我大陆；大陆不可见兮，唯有痛哭。葬我于高山之上兮，望我故乡；故乡不可见兮，永不能忘。天苍苍，野茫茫，山之上，国有殇！"渴求国家统一的深厚情感跃然纸上。

再次是国际规律。近五百年来，世界性大国无一不是先实现国家统一再出现强盛局面。西班牙、英国、德国、美国这些曾经或正在执世界牛耳的国家都是在完成或维护了国家统一后才得以翻开世界性大国的辉煌篇章。1479 年（明朝中期），欧洲比利牛斯半岛上的两个最大国家卡斯提和阿拉冈合并，西班牙初步实现国家统一，并在其纵横四海的无敌舰队护卫下，拉开了世界近代史上大航海时代的序幕。1707 年（清康熙年间），欧洲海岛上的英格兰和苏格兰两个王国达成了完全合并，工业革命的发源地大不列颠王国诞生，随后英国开启了殖民地遍及全球的"日不落帝国"时代。从 1864 年到 1871 年（清同治年间），普鲁士经过 7 年的系列战争，完成了国家统一，德意志帝国宣告成立，此后国力迅速超越英法，并成为两次世界大战的策源地。1865 年（清同治年间），美国结束了南方与北方的内战，维护了国家统一，为其日后成为世界性超级大国奠定了政治、制度和经济基础。21 世纪中国的和平崛起也同样需要先实现国家统一。

最后是现实利益。一是政治利益。国家统一将对凝聚国内信心、提升国际声望有极大的推动作用。相反，国家统一目标不能实现，意味着国家政权缺乏普遍认同性和强大力量，也就谈不上民族复兴。二是经济利益。国家统一将整合经济力量，扩大市场版图，优化资源配置，促进生产要素流动，提高民众生活福祉。三是社会利益。国家统一为增加民众更多更自由的就业、旅游、求学、商务等活动提供有力保障。四是军事利益。国家不能统一不仅分散了整体的国防实力，而且还会在空间上缺乏国防的完整性和纵深性。

二、国家统一的理论模式

关于国家统一的形式与状态，笔者将当前研究国家统一的主要思路归纳为以下三种模式（如下图）：

第一种是一体趋同，国家统一后制度完全一致，"你就是我"，包括台湾提出的"三民主义统一中国"以及大陆曾经提出的"解放台湾"都属于这种模式。第二种是黑白分明，"你是你，我是我"，但"我们同在一个国家里"，包括台湾提出的"一国两区"以及大陆提出的"一国两制"等都属于这种模式。第三种是太极图，阴中有阳，负阴抱阳，是"你中有我，我中有你"的思维方式，包括类似欧洲共同体的政治联合体模式，也包括目前尚未提出的其他可能创新模式。

国家统一的根本目的是为了让人民更加幸福。从这个角度出发，以上三种模式各有优劣，难分高下，其共同点是对外保持一个主权国家，不同点是统一之后存在单一还是多种制度，以及多种制度间的关系和影响。国家统一究竟应该采取何种模式，与推动及实现国家统一的方式密切相关。

国家统一的方式有军事战争、武力威慑及和平自愿三种。前两种方式实现的国家统一多会出现第一种模式，即一种制度，而后一种方式实现的统一则更可能出现后两种模式，即多种制度。这三种方式在中国历史中都可以找到不唯一的案例。相对而言，和平自愿统一伤亡最少，成本最低，最有利于民众福祉。但实现的概率也最小，因为任何政权都很难心甘情愿地放弃自己手中的政治权力。

国家统一的方式选择取决于"势、力、策"三方面要素，即统一形势、政权实力和策略运用三大条件。统一形势（"势"）包括政权的政治影响力、文化凝聚力、社会控制力、统一意志力和民意向心力。这些因素无法量化，难以对比，但实实在在存在，可以近似地理解为政权"软实力"。政权实力（"力"）包括双方政权在经济、军事和人才等方面的实力。这些因素可以量化，易于对比，可以近似地理解为政权"硬实力"。策略运用（"策"）包括政权对统一的前期准备工作以及为实现统一目标采取的战术行动。这三个要素强弱不一，会对国家统一的最终实现方式产生决定性影响。一般而言，在三方面条件基本满足的情况下，如果"势"最充分，则和平自愿统一实现概率较大；如果"力"最突出，则武力威慑或军事战争实现统一可能性较大。

如果"势"与"力"的条件尚未满足或不够充分，"策"的效果受到限制，国家统一难以立即实现，就需要继续培育有利于实现国家统一的积极因素，这个过程就是"和平发展"阶段。通过双方关系和平发展有可能走向和平自愿统一。

和平发展阶段的双方关系走势有三种可能：第一种是发散的，第二种是平行的，第三种是收敛的。如右图：

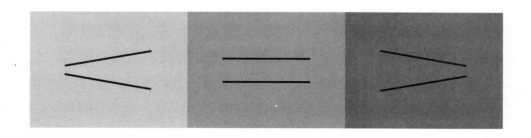

　　发散走势意味着双方软硬实力差距在缩小，关系却渐行渐远；平行走势意味着双方在软硬实力的发展方面速度相当，而合作关系却没有提升，双方关系缺乏交集；收敛走势意味着双方软硬实力差距在扩大，同时合作不断增强，双方关系越走越近，这种发展趋势为国家和平自愿走向统一提供了可能。维持收敛走势就要求强势主导国家统一的一方在软硬实力方面有较高的发展速度，并且对弱势的一方展示合作包容的态度。

　　双方关系趋于收敛需要双方有共同利益、稳定合作和相互认同三个条件。首先要有共同利益。兄弟两个分开久了，要突然拥抱在一起是很难的，因为缺乏互信。互信需要慢慢培养。在具备足够互信之前，需要有共同利益进行联系。因为博弈的任何一方即使不相信对方，也会相信自己的利益，所以双方发展共同利益是建立互信的良好途径。鉴于经济合作的双赢特性，从经济合作入手往往是发现共同利益的有效方式。其次要有稳定合作。合作不稳定会干扰双方关系的收敛走势，通过协议等制度化、机制化的合作才能维持稳定。最后，相互认同是国家统一的民意基础。双方愿意为共同的利益、理想、信仰重新走到一起是国家统一的重要动因。很多国家之间也有共同利益与稳定合作，但却没有相互认同，因此无法统一为一个国家。值得一提的是，国家认同、民族认同、政权认同和价值认同有不同的内涵，和平自愿统一过程中最重要的是政权认同。

三、两岸统一是当前课题

中华人民共和国大体继承了中华民国的版图，中华民国大体继承了晚清的版图。所不同的是，蒋介石政府在 1946 年 1 月承认蒙古人民共和国独立，2 月与蒙古建立外交关系，使得中华人民共和国继承的版图中缺少了外蒙古这一块，当然，中华人民共和国政府也并未提出外蒙古回归的要求。随着1997 年香港、1999 年澳门的回归，解决台湾问题就成为当前中国国家统一的最重要课题。

台湾问题的出现是中国内战的结果，本质上是中国的内政问题，这与东西德国、南北朝鲜等二战后根据国际协议形成的国家分裂有着本质区别。

1949 年以来，大陆和台湾尽管尚未统一，但不是中国领土和主权的分裂，而是 20 世纪 40 年代中后期中国内战遗留并延续的政治对立，这没有改变大陆和台湾同属一个中国的事实。两岸复归统一，不是主权和领土再造，而是结束政治对立，破镜重圆。

这种政治对立始于国共两党的内战。分别成立于 1894 年和 1921 年的中国国民党和中国共产党在孙中山先生的旗帜下曾经团结合作，共同北伐。但孙中山先生逝世后，蒋介石领导的国民党背离了孙中山先生的政策，分别于1927—1937 年和 1946—1949 年发动了两次旨在消灭共产党的国共内战。在第二次国共内战中，以蒋介石为首的国民党势力被击败，从大陆全面溃退到台湾，在美国反华势力的支持下，继续维持着一个所谓"代表全中国"的反共政治架构。自此，1945 年日本归还给中国的台湾再次陷入与大陆分离的状态中。

20 世纪 70 年代，中国政府在国际上反对制造"两个中国""一中一台"的斗争取得一系列有重大历史意义的胜利。中华人民共和国作为联合国安理会五个常任理事国之一，其政府代表成为中国在联合国的唯一合法代表，蒋介石的代表被联合国及其所属机构驱逐出去。日、美等国纷纷与中华人民共和国建交，并断绝与台湾方面的外交关系。台湾所谓的"邦交国"越来越少，迄今只有23个，多为中南美洲及南太平洋的小国。2008年以来，大陆提出"两岸在涉外事务中避免不必要的内耗，有利于增进中华民族整体利益"，对应台湾提出的"外交休兵"。

在台湾，岛内政治生态的演变也使两岸结束历史遗留的政治对立成为可能。70年代，国民党在台湾的专制统治开始松动，党外势力开始活跃并得到发展。1986年蒋经国当局宣布"政治革新"，解除戒严，开放党禁报禁，当年以反国民党为主要目标的民主进步党成立。后来由于民进党领导权基本上被"台独"分子把持，"台独"思潮在该党内泛滥。国民党政权标榜实行西方民主制度，并于1996年实行台湾领导人"公民直选"。利用国民党的内部分裂，2000年民进党获得岛内执政权，在8年执政中推动"台独"活动并多次碰壁。2008年后，主张"一个中国"的国民党在岛内重获执政权，两岸关系迎来难得历史机遇。两岸双方本着"建立互信、搁置争议、求同存异、共创双赢"的精神，在以"一个中国"为核心的"九二共识"的基础上恢复两岸协商并取得重要成果，两岸互信不断增强，择机结束两岸政治对立成为普遍关注的热点。民进党内部也在酝酿讨论是否应调整两岸政策，放弃"台独"党纲。如何早日结束两岸对立、实现国家统一成为相关学者与决策者研究的焦点问题及两岸各界普遍关注的热点议题。

为解决台湾问题最终实现国家统一，中国共产党和中国政府对台方针政策经历了"解放台湾"与"和平统一"两个时期。

1949年3月15日，新华社发表《中国人民一定要解放台湾》的社论，首次提出"解放台湾"的口号："中国人民解放军的任务就是解放全中国，直到解放台湾、海南岛和属于中国的最后一寸土地为止。"1950年朝鲜战争的爆发，使解放军的战略重点由东南转向东北，解放台湾的计划被迫搁置。

1979年元旦，全国人大常委会发表《告台湾同胞书》，强调在解决统一问题时"一定要考虑台湾的现实情况"，"采取合情合理的方法"，而不再提

"解放台湾"，标志着对台方针政策向"和平统一"的重大转变。1982 年邓小平首次提出"一个国家，两种制度"的概念，随后载入《中华人民共和国宪法》。"一国两制"的基本内容是：在一个中国的前提下，国家的主体坚持社会主义制度；香港、澳门、台湾是中华人民共和国不可分割的部分，它们作为特别行政区保持原有的资本主义制度长期不变。在国际上代表中国的，只能是中华人民共和国。1995 年江泽民发表《为促进祖国统一大业的完成而继续奋斗》的重要讲话，进一步阐述了"和平统一、一国两制"思想的深刻内涵。

2007 年中国共产党将"坚持一个中国原则是两岸关系和平发展的政治基础"写入党的十七大报告，并首次正式提出"构建两岸关系和平发展框架，开创两岸关系和平发展新局面"的工作目标。2008 年 12 月 31 日胡锦涛在纪念《告台湾同胞书》发表 30 周年座谈会上，发表了《携手推动两岸关系和平发展　同心实现中华民族伟大复兴》的重要讲话，标志着自胡锦涛 2005 年发表"四点意见"以来，两岸关系和平发展思想正式形成。

两岸关系和平发展的核心思想与逻辑是：和平统一最符合包括台湾同胞在内的中华民族的根本利益，实现和平统一首先要确保两岸关系和平发展。这也是当前大陆对台工作的总体思路与原则。其主要内容包括：把坚持大陆和台湾同属一个中国作为推动两岸关系和平发展的政治基础，把深化交流合作、推进协商谈判作为推动两岸关系和平发展的重要途径，把促进两岸同胞团结奋斗作为推动两岸关系和平发展的强大动力。为此，两岸应恪守一个中国原则，增进政治互信；推进经济合作，促进共同发展；弘扬中华文化，加强精神纽带；加强人员往来，扩大各界交流；维护国家主权，协商涉外事务；结束敌对状态，达成和平协议。

与此前的大陆对台政策相比，两岸关系和平发展思想更强调国家和平统一的复杂性、艰巨性、阶段性和长期性。1981 年叶剑英曾说："台湾回归祖国、完成统一大业是我们这一代人光荣、伟大的历史使命。"1983 年邓小平曾说："我们是要完成前人没有完成的统一事业。当然，实现和平统一需要一定时间。如果说不急，那是假话，我们上了年纪的人，总希望早日实现。"1995 年江泽民曾说："现在是完成祖国统一大业、实现全面振兴的时候了。"这些宣示都表达了大陆决策层对国家统一问题的高度责任感和紧迫感，总希望统一大业能在任内尽早实现。2008 年胡锦涛说："我们一定要以最大诚意、尽最大努力争取祖国和平统一，首先要确保两岸关系和平发展。"这一表态准确把握了两岸关系逐渐融冰、欲暖还寒的复杂现状，深刻洞察了岛内政党主张与社会民意诉求的现实，显示决策高层虽然并不急于在特定任期内完成国家统一的艰巨任务，但为和平统一不断积累条件、夯实基础的努力和绝不松懈的坚定意志。2013 年习近平关于"两岸长期存在的政治分歧问题终归要逐步解决，总不能将这些问题一代一代传下去"的讲话也充分体现了这一内涵。

当前两岸关系和平发展阶段，也就是培育"势"与"力"的和平发展时期，是国家崛起与民族复兴的战略发展机遇期。按照中共十八大报告提出的国家统一思路，"实现和平统一首先要确保两岸关系和平发展"，要"巩固和深化两岸关系和平发展的政治、经济、文化、社会基础，为和平统一创造更充分的条件"。

因此，两岸关系和平发展思想为如何引导两岸关系走向国家统一指明了工作方向。截至 2013 年，两岸政治、经济、文化、社会基础已经在两岸关系和平发展思想指导下取得了明显进步：

政治方面，确立了两岸关系政治基础，两岸的党际交流和两会交流实现制度化和机制化，两岸协商谈判不断取得成果。1. 党际交流方面，国共两党有关方面自 2006 年以来连续举办 9 届两岸经贸文化论坛，成为两党和两岸各界进行交流对话的重要平台。2. 两会交流方面，海协会与海基会自 2008 年以来在"九二共识"基础上恢复协商，相继签署了 19 项协议。

经济方面，初步实现了两岸经济关系的正常化与制度化，开创了两岸经济交流与合作空前紧密与繁荣的局面。1. 正常化方面，由以前的局部间接单向的经济往来，实现了两岸全面直接双向"三通"。2. 制度化方面，签署了海峡两岸经济合作框架协议（ECFA）以及一系列相关后续协议，并成立了两岸经济合作委员会，创办了两岸产业合作论坛和以两岸企业家为主体的紫金山峰会，丰富了两岸经济交流平台。

文化方面，建立和拓宽了两岸文化交流渠道，两岸文化交流正在向制度化、规范化、长期化方向发展。1. 制度平台方面，两岸共同举办了定期的"两岸文化论坛"，两岸文化主管部门负责人均出席论坛并进行了互动。2. 交流渠道方面，创办了海峡两岸文博会、两岸城市艺术节、两岸汉字艺术节、两岸非物质文化遗产月等一系列的文化交流平台。

社会方面，两岸各界大交流蓬勃发展，形成了全方位、宽领域、多层次的格局和形式多样、内容丰富、参与广泛的态势。1. 制度化平台方面，开创了面向两岸基层民众的海峡论坛，规模空前，领域广泛。2. 人员往来方面，大陆居民赴台团队和个人旅游相继启动，大陆游客迅速成为台湾旅游业第一大客源。两岸民众赴对方求学、从业、经商的人员也越来越多。

笔者认为，在推动两岸关系和平发展的过程中，中国大陆自身的全面进步是实现两岸和平自愿统一的关键。当一个政权做到了政治清明、社会稳定、文化昌盛、四海归心，就具备了有利的统一形势，追求或确保统一就成为水到渠成、自然而然的事业。中国大陆自身的全面进步包括经济建设、政治建设、文化建设、社会建设和生态文明建设全面发展，最终应建设成为富强中国、民主中国、文明中国、和谐中国和美丽中国。作为执政党，中国共产党在领导人民向这一目标迈进的过程中，提出有机统一的三大要素（可以理解为"势"与"力"的结合）：走中国道路、弘扬中国精神、凝聚中国力量。中国道路是坚持走中国特色社会主义道路，30多年来的实践说明这条道路是有强大生命力的。中国精神是以爱国主义和改革创新为核心的民族精神，是可以提供持久动力的价值体系。中国力量是以保障和改善民生为重点、以不断增进民众福祉为目标的施政方向，是在国家富强和民族复兴的同时，实现个人幸福、社会和谐的理想和力量源泉。

中国大陆在实现自身全面进步的同时，妥善处理好与台湾岛内各政党及各界民众的关系是推动和落实两岸关系和平发展思想的重要政策内容。其核心是要消除敌意，培养好感，加强往来，增强互信，深化合作，互惠互利，提升认同，携手努力。

对岛内执政党，要在"九二共识"的基础上推动两岸关系各个领域的机制化、制度化建设，努力营造一个有利于两岸关系和平发展的环境条件和机制，创造不可逆转的机制运行环境。不断加强双方政治互信，努力推动双方在认同两岸同属一国、维护一中框架这一原则问题上形成更为清晰的共同认知和一致立场。

对岛内在野党，只要不持"台独"主张，都可以与之进行党际交流。在野党无论大小蓝绿都代表岛内一部分民意，都是为推动统一大业需要团结或努力争取的工作对象。更广泛的交流有利于促进更多岛内民意认识到国家统一的潮流和好处，以及大陆方面的善意和诚意。同时，加强两岸学术界的交流，特别是要有计划地开展两岸具有政治影响力的不同政治倾向的智库学者之间的对话交流，在时机成熟时，进行官方授意或授权的"二轨"对话。

对岛内民众，两岸应该抓住和用好难得的机遇，全面加强和深化两岸在各个领域、各个层次的交流与合作，让两岸民众不断加深了解，摒弃偏见，互相信任，互相关怀，从而为两岸同属一国提供更加稳固、更加深厚的社会民意基础。

两岸关系和平发展要"为和平统一创造更充分的条件"，换句话说，未来两岸需要在各方面为国家统一铺垫好坚实的基础，构建好统一后的制度框架。政治方面，结束两岸敌对状态、达成两岸和平协议，进而讨论国家统一的具体制度安排。经济方面，建立两岸共同市场，实现两岸生产要素完全自由流动，打造两岸产业整合链条，形成两岸经济密不可分。文化方面，签署两岸文化交流与合作协议，共同推动中华文化复兴。社会方面，两岸形成共同生活圈，交通等基础设施完备，两岸民众往来自由便利，在共同治理等制度化层面有所突破。

在"势"与"力"不断增强的过程中，要把握"策"的重点与力度，坚持以人为本，以两岸人民的福祉为最高利益。"策"运用得好，可以化解政治僵局，取得两岸关系突破。例如，在台湾当局不愿或无法与大陆进行政治谈判的困境下，两岸可以继续推动经济合作，在两岸公权力逐步介入经济议题的过程中，增强互信，取得共识，经由经济领域突破政治障碍。同时发扬中华文化并引导社会民意认同国家统一，使之成为海峡两岸暨香港、澳门的主流民意和共同诉求，和平统一可以水到渠成。对大陆方面来说，尤其要理解、信赖、关心台湾同胞，体察他们的意愿，了解他们的诉求，民意对两岸融合的要求是任何岛内政党都无法阻挡的历史潮流。

两岸关系和平发展阶段并不必然自动过渡到两岸和平统一。正负因素都在与日俱增。有责任感的政权需要把握历史机遇，在条件基本成熟的时候尽力完成国家统一，避免国家走向分裂，将国家和人民的发展方向保持在正确的轨道上。和平自愿统一是成本最低、正面效应最长远、最符合两岸人民的根本利益、也是中国大陆方面最希望采取的统一方式。然而，如果台湾岛内始终无法形成和平自愿统一的多数人共识，武力威慑与军事战争两种方式也是不能排除的战略选择。万一出现最坏情况，"台独"分裂势力发展到难以遏制的程度，国家分裂已经成为迫在眉睫的现实威胁，军事手段仍然是确保国家统一的最后屏障。毋庸置疑，只要可能，国家统一须尽量避免采用非和平方式。

四、国家统一的外部因素

国际因素方面，要处理好与世界及地区主要相关国家的关系。中国近代史上曾经有西藏、外蒙古和满洲的独立与分裂行为，其背后分别有英国、苏俄和日本等外国势力作支撑，当前"台独"分裂势力的存在也与美日等国的背后支撑密不可分。因此，看待台湾问题要以历史的眼光和全球的格局来把握未来的发展方向和思路，不能与清朝收复台湾作简单类比。尤其考虑到在当今经济全球化的时代，中国在处理台湾问题时与其他国家的利益联系与矛盾斗争比历史上任何时候都要复杂和广泛，在国家统一的历史进程中，要深刻认识这种新背景与新局面。

第一，美国因素。美国是对中国国家统一影响最大的外部因素。当前美国对华政策的特点是"遏制＋接触"，一方面力图保持美国的国际地位和战略优势，避免中国崛起可能对现存国际秩序及美国领导地位有所动摇，另一方面美国需要与中国保持接触以获得中国在国际事务与地区事务中的合作。在此总体对华政策框架下，美国的台湾问题政策具有"双轨＋模糊"的特点。"双轨"是指美国既保持与中国的外交关系，签署一系列中美联合公报，同时又与台湾保持实质关系，坚守《与台湾关系法》，在承认"一个中国"的同时，坚持"和平解决"台湾问题。"模糊"是指美国对两岸可能发生的战争是否军事介入保持不置可否的战略模糊，力图使两岸长期保持"不独不统不武"的最符合美国利益的局面。

中美之争不仅是国家战略优势之争，更是制度与文明之争。笔者以为，既然经济领域中，市场（如企业间交易）和命令（如企业内交易）两种交易方式都有其自身边界，不能完全采取某种单一形式，那么，政治领域是不是民主和集权两种决策形式也可以并存，文化和社会领域是不是个人主义和集体主义可以并重？对中美两国而言，谁先对上述各种方式找到了符合国情的最适度构成，谁就掌握了最符合未来发展趋势的制度优势，从而成为人类文明的领航者。中美两国可以为此展开相互促进的良性之争。从这个角度看，台湾问题并非中美之争的关键。台湾对美国而言至多是较重要利益，绝非核心利益；但对中国而言则是事关国家统一、无可退让的核心利益。当中美两国"势"与"力"的对比发生显著变化时，美国调整其台湾问题政策是完全有可能的。中国政府一方面应持续发展中美两国建设性合作伙伴关系，使美国视中国为其合作伙伴与竞争对手，而非潜在敌人，另一方面需要高度警惕在美国调整对台政策之前不能让台湾分离主义势力裹胁台湾民众破坏两岸关系和平发展局面。

第二，日本因素。日本是对中国解决台湾问题有重大影响的外部因素。当前日本对华政策的特点是"抗衡＋交往"，一方面日本对其大国雄心受挫感到焦虑，不甘心其在地区乃至国际的影响力居于中国之下，另一方面日本在诸多领域，尤其是经济领域需要中国的支持与合作。日本国力虽弱于美国，但其对台湾的重视程度却远强于美国，因此其台湾问题政策较之美国更为保守，具有"弹性＋干涉"的特点。"弹性"是日本虽秉持"一个中国"政策，但对台湾地位保持弹性，对中国关于台湾是中国一部分的立场只是"理解和尊重"，从未"承认"，也不反对"台湾独立""两个中国"或"一中一台"。"干涉"是日本明确反对中国对台动武，并将台湾问题与日美安保体制联系起来，以"周边事态法"将台湾纳入其武力干涉范围。

中日之争既有领土之争，更有安全与尊严之争。日本作为与中国一衣带水的邻邦岛国，土地与资源有限，安全与尊严意识强烈。笔者以为，日本历史上多采取"与强为盟"的策略，尤其近代以来，先后与英国、德国、美国等称雄一时的世界一流强国结盟，这也反映出日本自身缺乏单独成为世界一流强国的条件。20世纪80年代以来，日本一直努力追求成为政治大国与军事大国，但随着中国的迅速发展，其在地区及全球的影响力不是上升了，而是相对下降了。再加上中日两国的历史恩怨，日本目前还难以接受中国崛起。近年来日本岛内右翼分子挑起中日两国的钓鱼岛争端，由于领土问题是任何主权国家最核心、最敏感的议题，中日双方都很难在这一问题上退步。因此，日本未来可能有更强烈的干涉台湾问题的倾向性，以换取中日解决争端谈判的筹码。针对日本国民特性，中国必须在"势"与"力"的各方面大力发展自身，重塑强者风范，获得日本认同。军事对抗永远是需要尽力避免的最后手段。考虑到日本在政治和经济的现实利益层面还需要保持与中国的交往，其台湾问题政策也需要追随美国的立场，中日之间即使不能在短期内解决棘手问题，与其保持稳定适度的合作关系还是有利于中国国家统一的。

第三，东盟因素。东盟国家是中国解决台湾问题不可忽略的外部因素。当前东盟对华政策的特点是"防范＋合作"，一方面对中国的崛起抱有疑虑，认为强大的中国会挤压他们的利益，因此需要防范中国，另一方面对中国的经济高速增长有需求和期待，希望能通过合作促进本国经济的发展。在此总体对华政策框架下，东盟各国对台湾问题的政策具有"明确＋低调"的特点。各国均明确表示坚持一个中国政策，承认台湾是中国的一部分，不支持"台湾独立""两个中国"或"一中一台"，不支持台湾加入由主权国家组成的国际组织，同时，各国均要求以和平方式解决台湾问题，反对使用武力。相比美日，东盟各国对"以台制华"的想法更加克制和低调，各国都在保持和加强与台湾的实质关系，一定程度上牵制大陆，并且不认为台湾问题是中国的内政，而是一个"地区问题"。

中国与东盟之间互补关系大于竞争关系。双方不存在国际地位的竞争关系，也没有强烈的意识形态的敌视态度，有充分理由可以发展成为平等互利、包容互鉴、合作共赢的伙伴关系。虽然在美国"重返亚太"后，东盟不少国家采取了"安全上靠美国、经济上靠中国"的外交政策，个别国家还在南海领土问题上与中国的摩擦加剧，但各国的台湾问题政策基本保持稳定，仍限于与台湾开展经贸文化关系，毕竟中国大陆能够给予东盟的政治经济利益远非台湾可比，而且挑战中国的核心利益对其显然是得不偿失的不理性举动。中国在"势"与"力"的方面均占有明显优势，未来需要在"策"的方面下更大功夫稳定和安抚好这些周边国家，尽量避免其成为国家统一与大国较量中对我不利的棋子。

第四，其他因素。在台湾问题的外部因素中，还存在一些其他国际因素。一是俄国因素。中俄两国接壤边界长达 4300 公里，俄国又是世界一流军事强国，中俄关系的好坏对中国解决台湾问题会产生直接影响。目前中俄已经建立的全面战略协作伙伴关系正在向更高水平发展，中俄两国互相尊重和支持对方的国家主权与领土完整，俄国是中国解决台湾问题的积极因素。未来中国应继续推动以务实合作为主导的互利双赢的中俄关系。二是欧盟因素。欧盟是世界政治格局中的重要一极，法、德等欧盟国家曾经是台湾重要的武器来源地，其立场会对台湾问题的解决产生一定影响。目前欧盟各国在坚持"一个中国"政策的同时，均反对武力解决台湾问题，并且和台湾保持密切的经济、社会联系，对中国解决台湾问题是中性可变因素。中国应继续通过友好合作巩固中欧友谊，减少双方的误解与误判，以多种方式争取其对我推进国家统一的理解与支持。三是印度因素。印度是近年来迅速发展的"金砖五国"中的重要国家，虽然坚持"一个中国"政策，但对中国时常流露出相当程度的敌意与不信任，充满浓厚的较劲意味，这与印度在 60 年代中印边境冲突中失败有关。近年来印度对与台湾发展关系及参与南海争端显示出较大兴趣，控制不好可能会成为中国国家统一的消极因素。中国应与印度发展成熟理性的毗邻大国关系，让两个古老文明相互促进与共同融合。

总之，中国国家统一虽然归根到底取决于政权自身的"势"和"力"的发展水平，需要经过较长期的两岸关系和平发展阶段培养积极因素，但"策"的运用同样至关重要，这要随两岸关系的变化及时调整，核心是利用各种手段坚决避免出现国家永久分裂，不过在增强两岸互相理解与信任方面要始终不渝地依靠广大台湾人民，同时理清并处理好外部因素是国家统一进程中必须重视的问题。在全面贯彻两岸关系和平发展思想的同时，中国在国际关系上坚定不移地走和平发展道路，前提是不能牺牲国家核心利益，坚决维护包括国家统一在内的主权、安全和发展利益。

回顾 1973 年英国著名历史学家汤因比与日本宗教和文化界著名人士池田大作关于人类社会和世界问题的谈话："全人类发展到形成单一社会之时，

可能就是实现世界统一之日。在原子能时代的今天，这种统一靠武力征服——过去把地球上的广大部分统一起来的传统方法——已经难以做到。同时，我所预见的和平统一，一定是以地理和文化主轴为中心，不断结晶扩大起来的。我预感到这个主轴不在美国、欧洲和苏联，而是在东亚。由中国、日本、朝鲜、越南组成的东亚，拥有众多的人口。这些民族的活力、勤奋、勇气、聪明，比世界上任何民族都毫无逊色。无论从地理上看，从具有中国文化和佛教这一共同遗产来看，他们都是联结在一条纽带上的。并且就中国人来说，几千年来，比世界任何民族都成功地把几亿民众，从政治文化上团结起来。他们显示出这种在政治、文化上统一的本领，具有无与伦比的成功经验。这样的统一正是今天世界的绝对要求。中国人和东亚各民族合作，在被人们认为是不可缺少和不可避免的人类统一的过程中，可能要发挥主导作用，其理由就在这里。如果我的推测没有错误，估计世界的统一将在和平中实现。"当被问及"如果再生来世，博士愿意生在哪个国家，做什么工作"时，汤因比毫不迟疑地回答："我愿意生在中国。因为我觉得，中国今后对于全人类的未来将起到非常重要的作用。要是生为中国人，我想自己可以做到某种有价值的工作。"当然，人类发展的历史具有阶段性。在当前历史阶段，中国首先要完成的历史任务，是实现国家统一与民族复兴。只有在自身的政治、经济、社会、文化、军事等方面取得举世瞩目的辉煌成就，才能成为引领世界文明走向天下和谐有序的楷模与典范。

以上是笔者在回顾完中国历史上的统一与分裂之后，对当前实现中国国家统一问题的现实思考。与"台独"不同，对"藏独""疆独""蒙独""港独"等分裂势力的斗争属于统一国家内部维护国家安定、避免国家分裂的斗争，因此不放在这里讨论。本书的撰写工作持续了几年，用去了笔者几乎全部的业余时间。虽然出于长期兴趣，自己对相关历史内容并不陌生，但为求材料的翔实与细节的准确，需要查阅大量资料，尽量呈现出最可能的历史真相以及后人研究的主流结论。尽管已经为此倾注大量心血，仍很难避免书中某些地方有疏漏不准之处，需要读者指正和谅解。

本书的出版需要感谢王守兵副编审和邓金艳编辑！同时感谢葛剑雄教授和刘方健教授对本书的关心与鼓励！

朱 磊

2013 年于北京